[再読] 実務に役立つ

建築環境工学
＋
建築設備

垂水弘夫・大立啓之・望月悦子・買手正浩

井上書院

まえがき

　本書を手に取っているあなたは，建築系の学科の卒業生か在学生でしょうね。

　書名が「[再読] 実務に役立つ 建築環境工学＋建築設備」なので，仕事として建築環境と建築設備に向き合うことが求められた時にどうすればよいか，これまでに得た知識や考えで十分か，気になっている人と思われます。

　ほとんどの大学・学校において，建築環境／建築設備を専門とする教員の数は2名程度ですから，音・光・熱・空気・水などの関係分野について，設備を含めて網羅的に学ぶのは難しかった現実があるでしょう。

　本書は4人で執筆しましたが，社会人に必要な知識を網羅的にカバーしたかというと，やはり難しい面があります。では，もっと大人数で書けばよい問題でしょうか。今度は大部の本となって，読み手が尻込みしてしまうかも知れません。

　本書は，建築熱環境，建築設備，建築光環境，建築音環境の各分野について，大学教員2人と実務家2人が「新入社員」を意識しながら，20項目程度ずつ伝えたいテーマを抽出し，建築分野の後輩諸君のために書き下ろした啓発本ともいうべき書物です。大学の学部レベルで学んだ基礎知識を確認しながら，それが実務のどこに結び付いているのかを示しています。

　「そういうことか」，「ふーん」などの感想とともに読み進んで頂ければ，筆者らにとって幸いなことです。それを機会に，さらに調べる，学ぶ意欲が湧いてくるようであれば，それこそが社会人としての一歩を踏み出すことになると，期待しているところです。

　本書を，あなたの建築技術者人生の道しるべとして活用して下さい。幸運を！

2013年3月　　著者を代表して　　垂水 弘夫

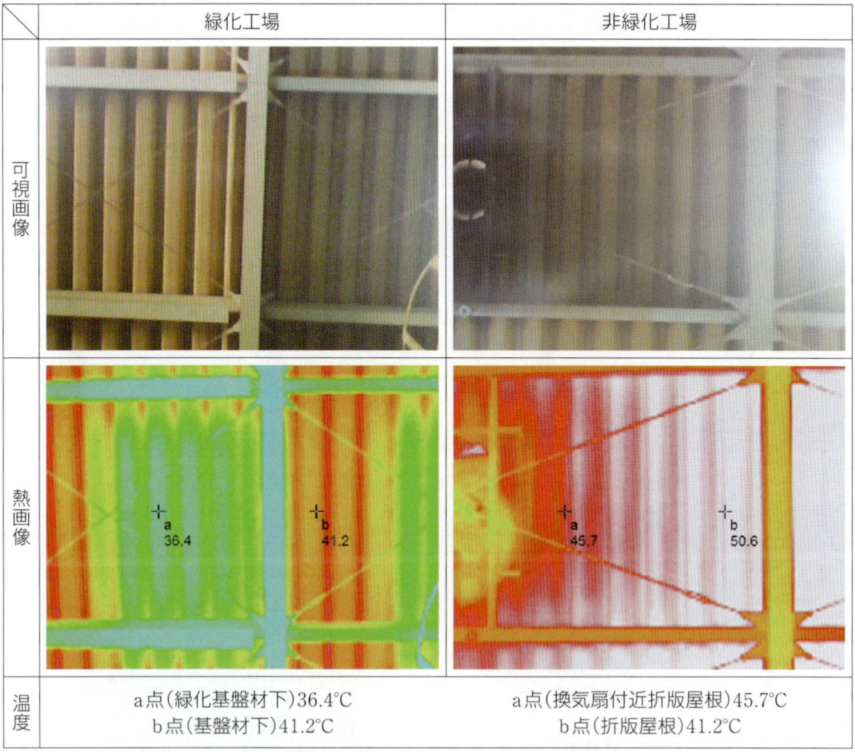

	緑化工場	非緑化工場
可視画像		
熱画像	a 36.4 b 41.2	a 45.7 b 50.6
温度	a点（緑化基盤材下）36.4℃ b点（基盤材下）41.2℃	a点（換気扇付近折版屋根）45.7℃ b点（折版屋根）41.2℃

緑化工場と非緑化工場の折版屋根・熱画像

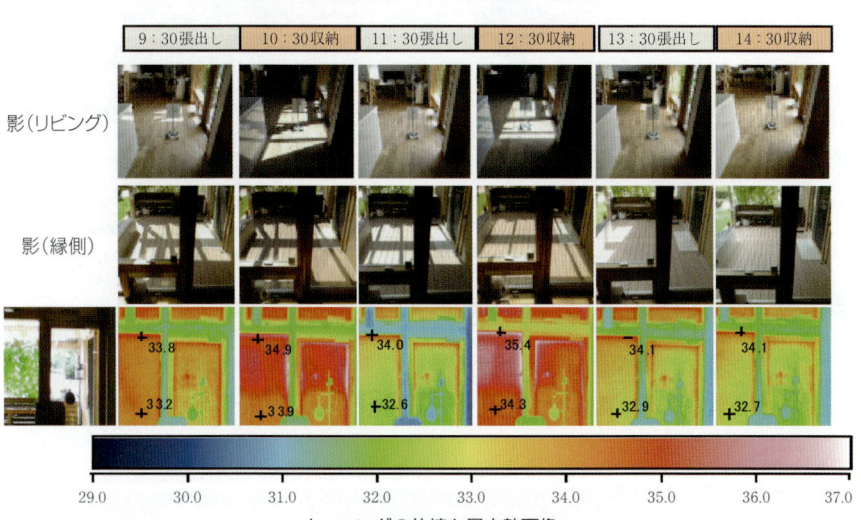

オーニングの伸縮と屋内熱画像

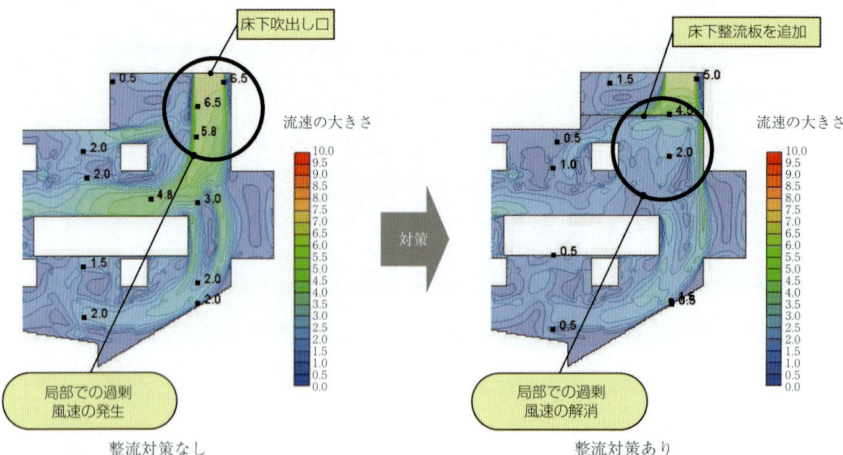

床吹出し空調システムのフリーアクセス内整流対策の検証事例

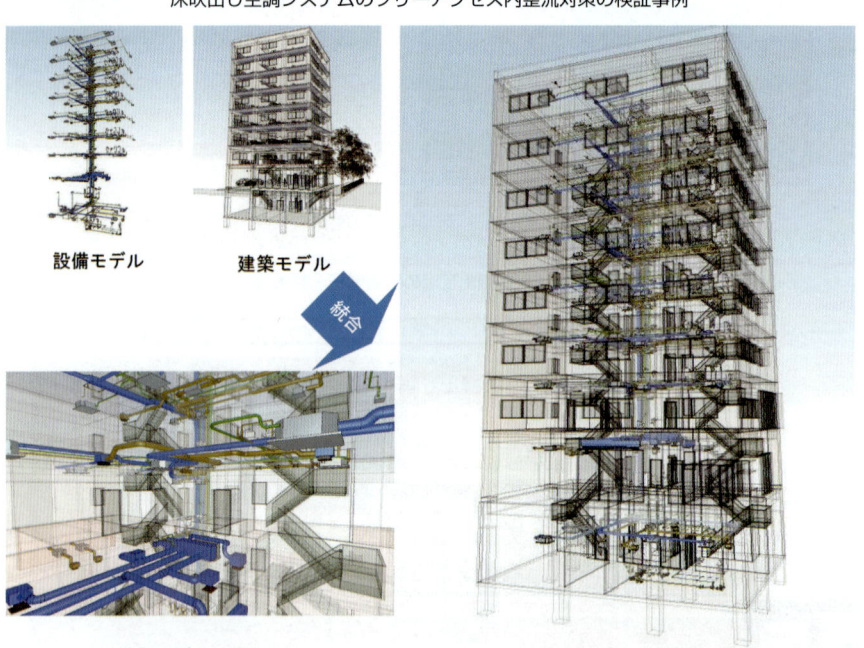

BIM 統合モデルの構築例

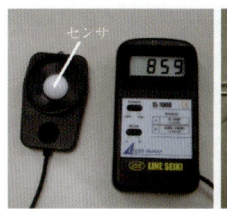   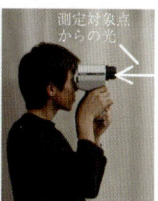

照度計の一例　　　　　　　　　　　　輝度計の一例と輝度の測定

 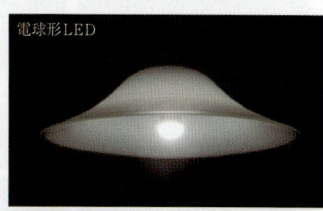 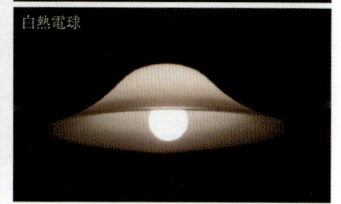

光庭からの昼光導入（T社本社ビル）　　　電球形LEDと白熱電球

↑水平型

垂直型→

光ダクトシステムの導入例

太陽を追尾する反射鏡と
プリズムパネル（T建設札幌支店）

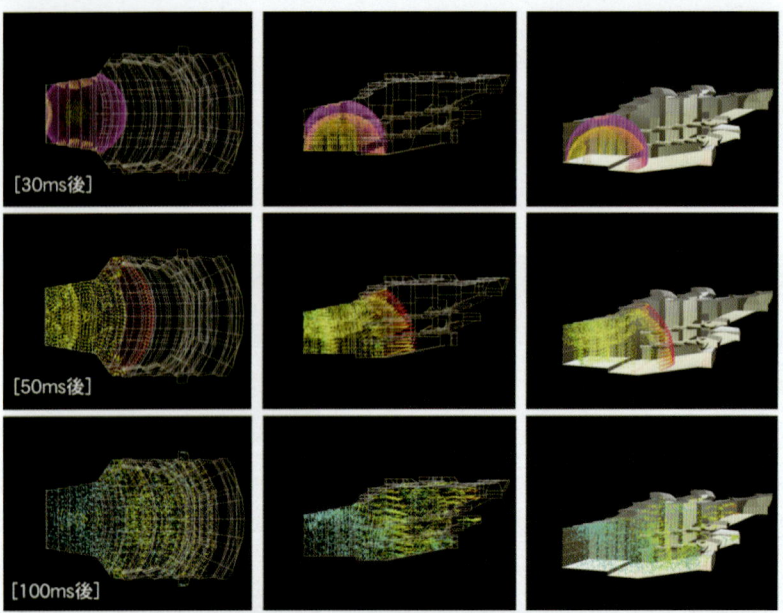

ホールの室内音響シミュレーション（波頭面伝搬性状）

ポンプ防振支持　　　　　　　　　　ダクト防振遮音貫通処理

防振ゴム浮床下地　　　　　　　　　防振遮音天井下地

静ひつ性確保のための防振・遮音対策

[再読]実務に役立つ 建築環境工学＋建築設備　　目次

まえがき ……………………………………………………………… 3
口絵 ………………………………………………………………… 5

第1章 熱環境 ──────────────────────── 13
01 温熱環境を測定する ………………………………………… 14
02 温熱環境の人体温冷感評価1（PMV評価）………………… 16
03 温熱環境の人体温冷感評価2（SET*評価）………………… 18
04 熱負荷のいろいろ …………………………………………… 20
05 湿り空気線図に暖房・冷房プロセスを表示する ………… 22
06 ビルにおける加湿の必要性 ………………………………… 24
07 外気取入れ口の配置について ……………………………… 26
08 ビル外壁で太陽光発電 ……………………………………… 28
09 日射反射率と長波放射率による外表面材料の選択 ……… 30
10 熱貫流率算定の基本を理解する …………………………… 32
11 結露の判定方法を確認する ………………………………… 34
12 外壁内の断熱材の位置を考える …………………………… 36
13 結露の現場チェックはどこから行うのか ………………… 38
14 相当外気温度の概念と利用について ……………………… 40
15 暖房デグリーデーの利用 …………………………………… 42
16 2013年省エネルギー基準 …………………………………… 44
17 PALと拡張デグリーデー …………………………………… 46
18 一次エネルギー消費を知る ………………………………… 48
19 CASBEEとは ………………………………………………… 50
20 ZEBとは ……………………………………………………… 52

第2章 建築設備 ──────────────────────── 55
01 設備計画の評価方法 ………………………………………… 56
02 個別空調方式について ……………………………………… 58
03 熱源機器の高効率化 ………………………………………… 60
04 熱源システムの役割 ………………………………………… 62
05 クールビズ空調の手法 ……………………………………… 64
06 高度化する自動制御設備 …………………………………… 66
07 安全でおいしい水を届ける ………………………………… 68
08 合理的なダクト計画のポイント …………………………… 70
09 配管の耐圧設計のポイント ………………………………… 72

10　テナント対応の計画とは ……………………………………… 74
　11　リニューアル(1)居ながら工事実施例 ………………………… 76
　12　リニューアル(2)省エネルギー化の事例 ……………………… 78
　13　非常時のBCP性能の確保 ……………………………………… 80
　14　建築設備の耐震設計 …………………………………………… 82
　15　生産性の向上(1)施工の合理化 ………………………………… 84
　16　生産性の向上(2)BIMの特徴と課題 …………………………… 86
　17　原理と実践(1)ベルヌーイの定理 ……………………………… 88
　18　原理と実践(2)ファンの比例法則 ……………………………… 90
　19　原理と実践(3)NPSH …………………………………………… 92
　20　原理と実践(4)空調機の選定 …………………………………… 94

第3章　光環境 ──────────────────────── 97
　01　人間はどうやってモノを見るのか …………………………… 98
　02　光をどう定量的に測るのか …………………………………… 100
　03　照計計画のフローと照明要件 ………………………………… 102
　04　太陽の位置を捉える …………………………………………… 104
　05　太陽位置を求める ……………………………………………… 106
　06　太陽位置の活用(1)日影 ……………………………………… 108
　07　太陽位置の活用(2)庇の設計 ………………………………… 110
　08　太陽位置の活用(3)ブラインド制御 ………………………… 112
　09　開口部の設計(天空光の確保) ………………………………… 114
　10　昼光利用による省エネルギー ………………………………… 116
　11　各種光源の特徴を表す指標 …………………………………… 118
　12　各種光源の特徴と選択 ………………………………………… 120
　13　配光と各種照明方式 …………………………………………… 122
　14　照明方式の分類と照明器具 …………………………………… 124
　15　照明器具の配置計画(光束法) ………………………………… 126
　16　室内照度分布の算出法 ………………………………………… 128
　17　シミュレーションによる検討 ………………………………… 130
　18　照明制御の方法 ………………………………………………… 132
　19　照明設計目標となる基準値 …………………………………… 134
　20　照明の省エネルギー性能評価 ………………………………… 136

第4章　音環境 ──────────────────────── 139
　01　建築の音環境 …………………………………………………… 140
　02　身近な音〜高さ ………………………………………………… 142
　03　身近な音〜大きさ ……………………………………………… 144
　04　音の伝搬 ………………………………………………………… 146

05 吸音材料の種類と吸音機構 …………………… 148
06 遮音の機構と遮音性能 ………………………… 150
07 室内の響き …………………………………… 152
08 空調騒音の低減対策 …………………………… 154
09 設備機械室の遮音対策 ………………………… 156
10 遮音性能の評価 ………………………………… 158
11 近隣の音環境保全 ……………………………… 160
12 近隣への騒音伝搬防止対策 …………………… 162
13 建物内の固体伝搬音対策 ……………………… 164
14 外部騒音に対する遮音計画 …………………… 166

索引 ……………………………………………………… 168

第1章

熱環境

01　温熱環境を測定する

　省エネルギー建築や設備の重要性が，建設業界側だけでなくユーザーサイドからも注目される時代を迎えている。社会的な節電要請とエネルギー消費の見える化システムの普及，国と自治体の各種誘導策・補助金の整備がこの動きを後押ししている。建築と設備の省エネルギーリフォーム等がプロジェクトとして実施されると，その効果を実証する必要に迫られる場合が多い。基本はエネルギー消費削減量の把握にあるが，温熱環境の改善効果の提示も含まれる場合がほとんどである。本項では，温熱環境測定の基本を確認するとともに，温熱環境の改善例として，屋上緑化を適用した工場建築について紹介する。

1 ── 温熱環境測定の基本

　人体温冷感は，次に示す環境の4要素と，人体の2要素によって左右される。
　・環境4要素：温度，湿度，風速（室内では気流速度），放射熱
　・人体2要素：活動状態，着衣状態

　このうち，測定の対象となるのは環境の4要素であり，特に温度，湿度および放射熱について時系列的にデータを取得する。図1は地下水利用・天井放射空調システム実験室における実際の測定の様子である。椅子に腰掛けた人の頭の位置を模して，床面から高さ1.1m付近に温湿度計とグローブ温度計が設置されている。黒球がグローブ温度計であり，その断面は図2のようなものである。直径15cmの銅製中空球で，放射率を1.0に近づけるための黒色艶消し塗装が施されている。最近はデータ収録の都合から，棒状温度計の代わりに熱電対や温度センサを中空の中心部に設置する。

　平均放射温度MRT［℃］とグローブ温度との関係は，次式で表される。

$$MRT = \theta g + 2.35\sqrt{v}\,(\theta g - \theta a) \tag{1}$$

ここに，
　　θg：グローブ温度［℃］
　　v　：気流速度［m/s］
　　θa：室温［℃］

　本来，MRTは周囲の各壁面の表面温度，放射率，形態係数などを用いる算定式[1]が示されているが，実空間では壁面以外に加熱源（日射，照明，パソコン，暖房器具など）が存在することもあり，煩雑な作業を回避するためにグローブ温度計を用いた実測が行われ，式(1)を用いて推定されるケースがほとんどである。

　グローブ温度の実測を通じてMRTが知れれば，体感温度指標の一つである作用温度OT［℃］を求めることが可能となる。OTは1937年にWinslawらによって提案された，湿度の影響を含まないやや古典的体感温度指標であるが，次式に示される単純明快さゆえに，現在でも使用される指標である。

$$OT = (\theta a + MRT)/2 \tag{2}$$

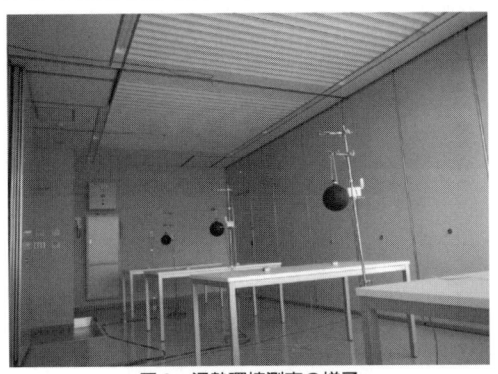

図1 温熱環境測定の様子

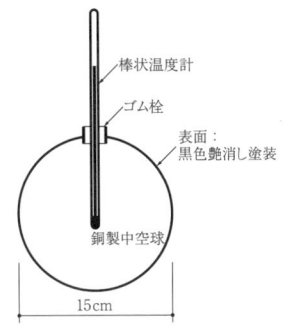

図2 グローブ温度計

2 ― 作用温度OTによる温熱環境の表現

図3は，工場の陸屋根に屋上緑化を施工した場合の場内夏季温熱環境の実測結果である。隣接する緑化工場と非緑化工場について，空気温度（実線）とグローブ温度（破線）の時刻変化を表している。

グラフから，次のことが読み取れる。
1) 緑化工場は非緑化工場に比較して，空気温度およびグローブ温度ともに低い。
2) 緑化工場では，空気温度に比してグローブ温度のほうが低い。
3) 非緑化工場では，空気温度に比べてグローブ温度のほうが高い。

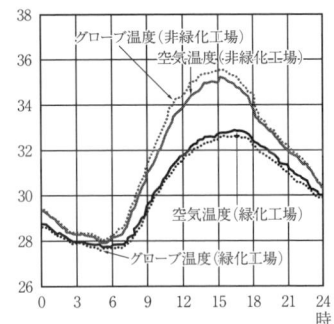

図3 屋上緑化を適用した工場建築における温熱環境実測例

この結果をもとに作用温度を計算し，日中の8～18時について表1に整理した。空気温度でみると，緑化工場は非緑化工場よりも2.0℃低くなっていることがわかる。これだけでも屋上緑化を適用した効果は認められるが，さらに作用温度でみると，緑化工場は非緑化工場に比べて2.5℃低くなっている。放射の人体影響を考慮した作用温度OTを用いるほうが，屋根面からの放射熱低減に有効な屋上緑化の効果を適切に表現できるといえよう。

表1 屋上緑化の適用による工場建築の夏季温熱環境の相違（8～18時の平均）

	緑化工場	非緑化工場	温度差
空気温度	31.7℃	33.7℃	−2.0℃
作用温度	31.6℃	34.1℃	−2.5℃

1) 斎藤平蔵，建築気候，共立出版，p.173，1974

02 温熱環境の人体温冷感評価1 (PMV評価)

人間が感じる温冷感を適切に表現できることが,建築空間における温熱環境コントロールの第一歩であり,それは我慢を強いるだけでない空調用エネルギー消費の抑制にも繋がる。
本項では,代表的な人体温冷感指標であるPMVを取り上げ,いくつかの実測結果を提示した上で,PMVを用いた室内温熱環境の制御例として,天井放射空調システムへの適用事例を紹介する。

1 — PMV (Predicted Mean Vote) の復習

PMVは,1970年頃にP.O.Fangerによって提案された。温冷感の6要素(環境4要素:温度,湿度,気流速度,放射熱,人体2要素:活動状態,着衣状態)に基づき,－3から＋3の範囲で算定され,表1の7段階尺度で温冷感が表現される。「0」が暑くも寒くもない中立の状態を表している。算定結果が温度でない点にPMVの特徴があり,算定結果を見てもう一度暑いか寒いかを判断するプロセスが省かれる。

また,図1に示すように,PPD (Predicted Percentage of Dissatisfied,予測不満足者率)と関連付けて表示される点も特徴の一つであり,PMVの快適域を$-0.5 \leq PMV \leq +0.5$とするとき,PPDは5～10%程度であることが知られている。

表1 PMVの温冷感尺度

スケール(PMV)	温冷感カテゴリー
＋3	hot
＋2	warm
＋1	slightly warm
0	neutral
－1	slightly cool
－2	cool
－3	cold

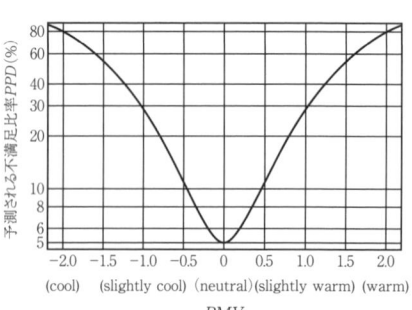

図1 PMVとPPDの関係[1]

2 — PMVによる温熱環境の評価

図2は住宅に設置されたオーニングの様子(出幅2m)であり,図3にはオーニングの伸縮(30分間隔)に応じた夏季晴日における室内温熱環境(窓面より0.6mの位置)の変化をPMVで表した。代謝量は1.1met,着衣量は0.6cloとして算定を行っている。PMVの評価を行うには,温度,湿度,気流速度を計測するほか,OT(作用温度)の場合と同様にグローブ温度計を設置し,平均放射温度MRTを求める必要がある。

グラフを見ると,オーニングを30分間張り出すことで,PMVは0.14～0.18程度低下し,30分間の収納でPMVは0.12～0.26程度上昇している。巻頭の口絵に示したように,オーニングの伸縮に応じて直達光が入射する面(窓,床)が変化しており,それが室温やMRTに影響した結果である。

図2 設置オーニングの様子

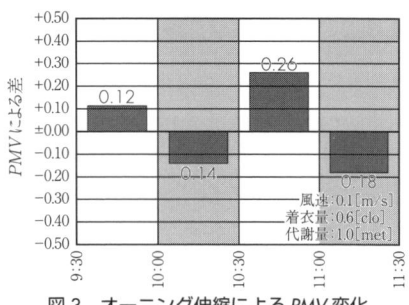

図3 オーニング伸縮によるPMV変化

図4は、「01」の図1に提示した地下水利用・天井放射空調システムの実験室を対象に、PMV制御を行った夏季実験のコントロール結果を示している。

ヒートポンプなどの熱源機を運転せずに、地下水と熱交換した冷水を天井の放射パネルに循環させることにより、負荷が小さい夜間で0、外気温度の上昇や日射がある昼間のピークで0.8程度（窓から2mのポイント）にPMVをコントロールできていることがわかる。実験室中央（窓から4m）や奥（窓から6mのポイント）では、加熱面となっている窓の形態係数が小さくなるため、PMVのピークはさらに低く、0.6程度となっている。

選択した室内制御代表点（室中央や壁際など）における温熱環境測定データから、リアルタイムでPMVを算定することにより、天井放射パネルに送る循環水の三方弁開度を決定し、送り出し温度を調整する一連のPMV制御の流れを図5に提示する。この場合のPMVの目標値は、+0.4であった。

建築物の自然エネルギー活用や省エネルギー化が求められる時代には、PMVなどの温熱環境指標に対する理解と利用が、一層求められてこよう。

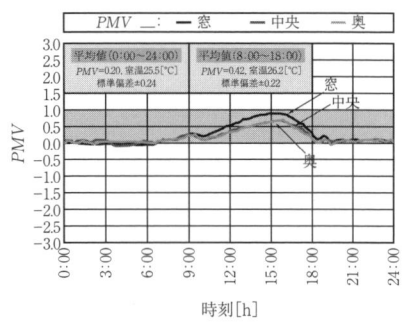

図4 PMV制御による夏季温熱環境

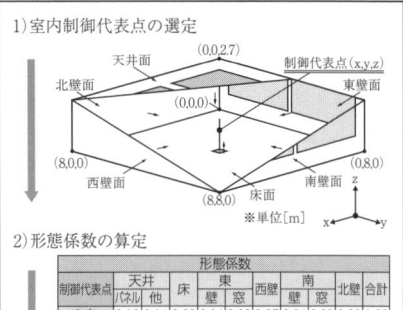

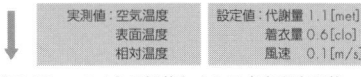

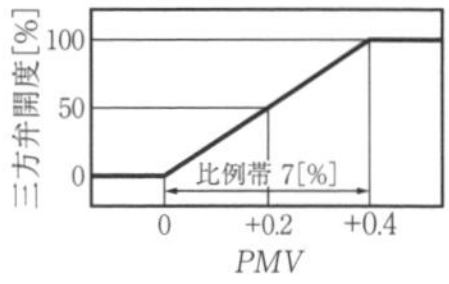

図5 天井放射空調システムのPMV制御の流れ

1) 坂本雄三, 建築熱環境, 東京大学出版会, p.31, 図2-8, 2011

03 温熱環境の人体温冷感評価 2 (SET*評価)

もう一つの代表的な人体温冷感指標にSET*がある。SET*の特徴は，温度以外の5つの要素（湿度，気流速度，放射熱，活動状態，着衣状態）が温冷感に与える影響を，温度に換算して表現できる点にある。また，PMVを用いた場合に，＋3あるいは－3に張り付いてしまうような温熱環境でも，妥当性の検証の問題は残るとして，温度軸上で表すことが可能である。

1 ― SET* の定義

SET*（Standard Effective Temperature，標準有効温度。エス・イー・ティー・スターと読む）は，米国の空調学会ASHRAE（American Society of Heating, Refrigerating and Air-conditioning Engineers）が採用している体感温度指標である。

実在環境（空気温度θa [℃]，平均放射温度MRT [℃]，相対湿度ϕ [%]，気流速度v [m/s]）に置かれた人間（代謝量M [Met]，着衣量I [clo]）が，ASHRAEの定める標準環境（相対湿度50%，気流速度0.1～0.15m/s，代謝量1.1Met，着衣量0.6clo，平均放射温度は空気温度に同じ）に移動した時に，同様の温冷感が得られる空気温度で表されるものである。

図1に，等SET*線とASHRAEの定めた夏・冬の快適域を示す。相対湿度50%の曲線と等SET*線の交点の作用温度を用い，SET*の値が表現される。夏，冬の快適域は，着衣量をそれぞれ0.5clo，1.0cloとして定められている。

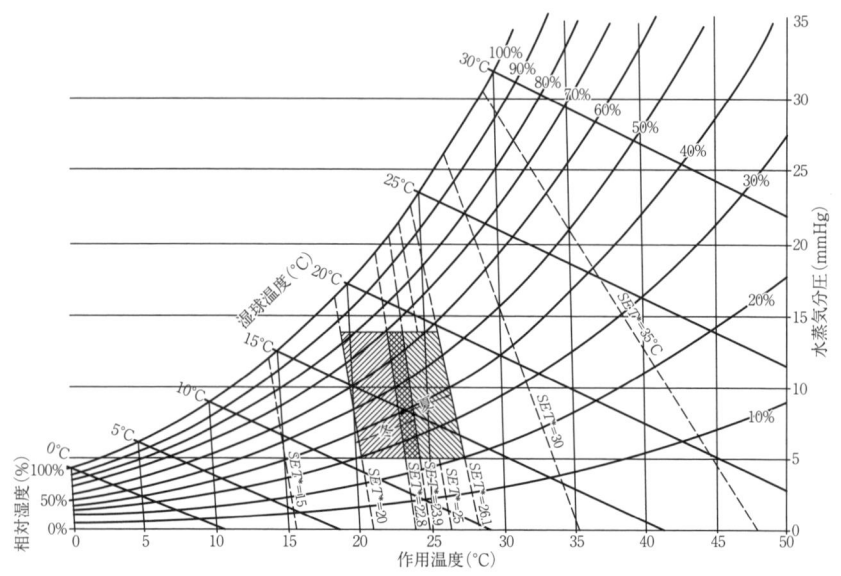

図1　等 SET* 線と ASHRAE の定めた夏・冬の快適域 [1]

2 ― SET*による温熱環境の評価

図2は，屋上緑化を施した工場の屋根の様子であり，図（巻頭口絵参照）はサーモカメラで撮影した夏季晴天日における工場陸屋根の昼間の熱画像である。「01」に提示した緑化工場と非緑化工場の屋根面を工場内部から見上げて撮影している。緑化工場では，36.4～41.2℃という表面温度に対して，非緑化工場では45.7～50.6℃などとなっている。

図2 屋上緑化工場の屋根上面

溶接工場なので従業員の方は，革製の前掛けを身に付けており，着衣量は1.7cloであった。活動状態から代謝量を2.4metとしてSET*を算定したところ，表1に示すように，ピーク値は非緑化工場で41.7℃，緑化工場で40.9℃となった。作用温度の差は工場間で2℃以上あるにもかかわらず，人の着衣状態と活動状態を反映するSET*では，0.8℃差にまで縮小するという結果である。大きな着衣量と活動量が影響している。

また，表1において着衣量と代謝量を落としていくことで，SET*の値が低下するとともに，工場間の差も拡大していく傾向が確認できる。屋上緑化による温熱環境改善効果を従業員の方々が実感するためには，着衣量の低下や，代謝量を下げるために適宜休息を取ること等に関する検討の必要性を示唆している。

表1 屋上緑化の適用による工場建築の夏季温熱環境の相違（8～18時の平均）

		着衣量：1.7clo 代謝量：2.4met 気流速度：0.1m/s	着衣量：1.1clo 代謝量：2.0met 気流速度：0.1m/s	着衣量：1.1clo 代謝量：1.1met 気流速度：0.1m/s
非緑化工場	ピーク値 （14：00）	41.7℃	38.9℃	37.5℃
	ボトム値 （5：00）	40.0℃	36.5℃	33.5℃
緑化工場	ピーク値 （13：15）	40.9℃	37.8℃	35.8℃
	ボトム値 （4：45）	39.8℃	36.2℃	33.1℃

屋上緑化による温熱環境の改善は，主に昼間のピーク時をねらったものであるが，表1や「01」の図3を見てわかるように，夜間から明け方にかけてなど，1日を通じて効果が現れる点も注目される。

1) 坂本雄三，建築熱環境，東京大学出版会，p.29，図2-7，2011

04 熱負荷のいろいろ

「熱負荷」という言葉を何気なしに使っていないだろうか。時代の要請で熱負荷の小さい省エネルギー建築・節電建築を創り出すには，まず，その定義をきちんと理解しておくことが必須となる。また，室内負荷・装置負荷・熱源負荷の大小関係，顕熱負荷と潜熱負荷，最大熱負荷と期間熱負荷，熱負荷計算における安全側の判断など，熱負荷の基礎的理解に繋がる事項について記述する。

1 ― 室内負荷の定義

一般のオフィスビルにおいて，空気調和の主な対象は執務室である。そして室の熱負荷を定める前提となるのが，夏季および冬季に室の温湿度をそれぞれ何℃，何％に保つかという基準値を定めることである。この温湿度があいまいなままでは，熱負荷は存在しない。なぜならば，室の熱負荷（室内負荷）は「室の温湿度を一定とするとき，外界から外壁や窓を通じて流入出する熱量」と簡単には定義されるからである。

このため，この基準とする温湿度を変更するだけでも，熱負荷の小さい省エネルギービルとしてアピールされてしまう場合があり得るので注意しよう。例えば冷房温度が28℃に設定され，比較の従来ケースでは26℃に設定されているときなどに生じる事態である。室内負荷の定義を理解していれば，謳われている省エネルギー効果が，ビルの躯体性能や空気調和設備の性能向上によるものか，単に冷暖房設定温度の変更によるものかを見極める目を養うことに繋がるはずである。

また，上記の定義に関連し，夏季に外界から室内に流入する熱量は冷房負荷，冬季に室内から外界へ流出する熱量は暖房負荷と呼ばれる。

2 ― 室内負荷・装置負荷・熱源負荷の大小関係

空気調和設備の構成例（ダクト方式）を図1に示す。上段に室，中段に空気調和機，下段にボイラや冷凍機などの熱源機が描かれており，これは，熱負荷の大小関係にも対応している。すなわち，

室内負荷＜装置負荷＜熱源負荷

の関係がある。装置負荷は「空調機負荷」とも呼ばれる。

冷房負荷を例に考えると，執務室等の室内負荷を賄うために，空気調和機から冷風が送られる。空気調和機から室までのダクトでは，断熱されていても経路上

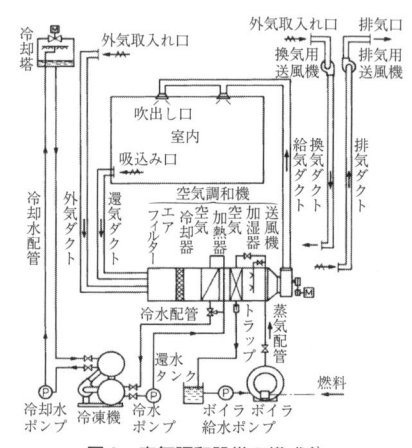

図1　空気調和設備の構成[1]

で熱取得が生じるし，空気調和機の一部を構成する送風機は，運転によって熱を発生させる。また，空気調和機は換気により新鮮空気を室まで送るという重要な役割を担っており，夏の高温高湿度の外気を処理するために外気負荷が生じる。こうしたことから，室内負荷＜装置負荷，の関係は容易に理解されよう。

次に，空気調和機の冷却器（冷却コイル）は冷凍機と，加熱器はボイラ等と繋がっており，これらの配管途中で熱損失が生じることなどから，装置負荷＜熱源負荷，の関係がある。

表1のように，熱負荷には多くの種類があり，わかりにくいと思われる面もあるが，ここで示した大小関係を軸に据えれば理解が容易になろう。

注）q_S：顕熱負荷　q_L：潜熱負荷
○：計算に取り入れる
△：無視することが多いが，影響が大きいと思われる場合は計算に取り入れる（本文参照）
×：無視する　－：関係なし

3 ― 負荷計算と安全側の判断

熱負荷の種類は表1のとおりであり，冷房負荷，暖房負荷によって，計算すべき顕熱負荷・潜熱負荷がほぼ定められている。表1の右欄の○△×の基準となっているのが，最大熱負荷を求める際の安全側の判断思想である。

例えば，暖房負荷計算では透過日射を計算しない。これは冬季に透過日射を計算すると暖房負荷が小さくなってしまい，これで最大熱負荷を定めてしまえば，雨天や曇天の日に供給熱量が不足する可能性が生じる。要するに，冷房負荷・暖房負荷の最大値を小さく見積もる可能性のある要素については計算の対象外とする，のが安全側の判断である。これによって求めた負荷の値を最大値として，空気調和機や熱源装置の設備容量を定めることができるようになる。

ただし，この判断基準はあくまでも最大熱負荷を求める場合のものであって，空気調和用エネルギー消費量に関係する期間熱負荷を動的熱負荷計算によってシミュレーションする場合は，立地地域の毎日・毎時刻の標準気象データ等を用いて各要素の計算を行うことになる。

1) 井上宇一ほか，建築設備，市ヶ谷出版社，p.97，1989
2) 建築設備技術者協会，最新建築設備設計マニュアル・空気調和編，井上書院，p.91，表7.1，2012

05　湿り空気線図に暖房・冷房プロセスを表示する

湿り空気線図上に空気の状態点を取れること，加熱・冷却・加湿・除湿の各処理に応じた状態の変化をトレースできることが，空気調和設計の基本である。暖房プロセスと冷房プロセスを表示してみよう。

1 ― 暖房プロセスの表示

単一ダクト方式を例に空気調和の系統を示すと，図1のようになる。「04」で提示した図の中で，空気調和機と室の部分を抜き出し，空気の状態が変化する位置ごとに番号を振ってある。

オールフレッシュの換気を行う施設は病院等に限られ，オフィスビルなどほとんどの建物用途では，室の吸込み口1から空気調和機に戻される還気が存在する。外気2

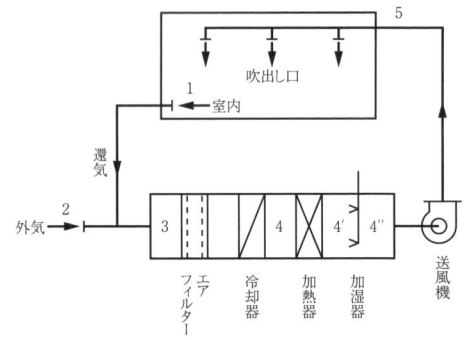

図1　空気調和の系統（単一ダクト方式）[1]

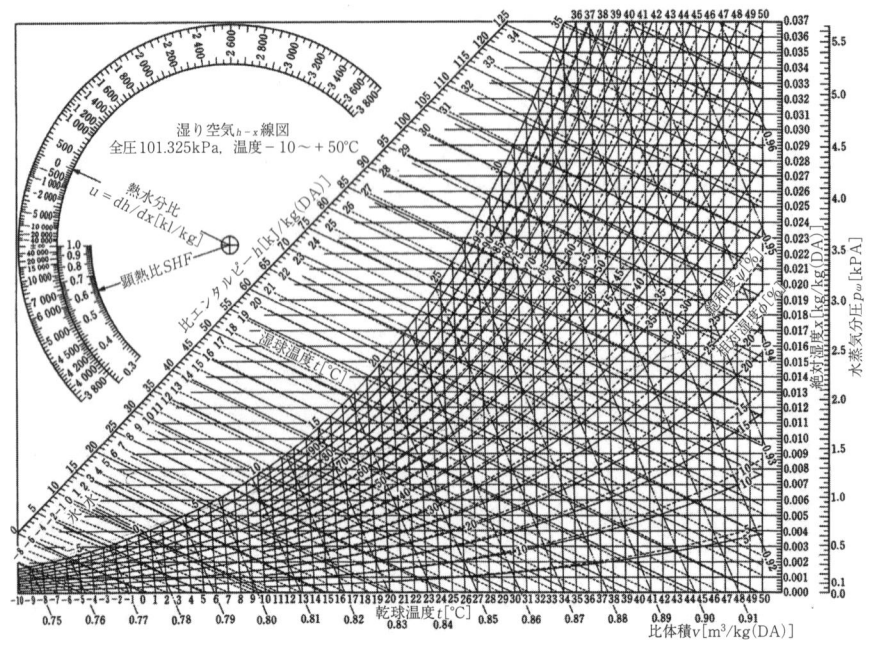

図2　湿り空気 $h-x$ 線図

と一定割合で混合された空気3が空気調和機内に入り，エアフィルターで除塵された後，加熱器を通過して4'となる。加湿器を通過した空気4"は送風機により室へと吹き出され，室内負荷を処理して1の状態に戻る。1が室の暖房状態（例えば20℃，60%RHなど）を表している。

湿り空気線図上に暖房プロセスを表示するには，まず室からの還気空気と外気の状態点を決めることである。当然のことながら冬季であるから，外気の状態点2は左下，室からの還気空気の状態点1は右上にプロットされる（**図3**）。

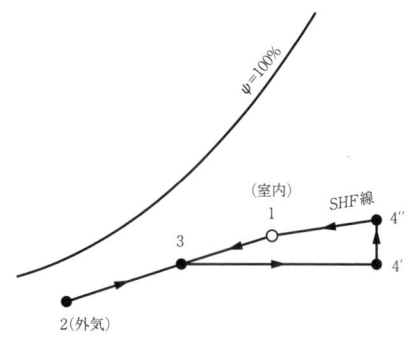

図3　暖房プロセスにおける空気の状態変化[1]

次に新鮮外気と還気空気との混合割合に応じて，空気調和機入口空気の状態点を決定する。1と2を直線で結び，混合比の高いほうに状態点が近づくように，線分の長さを逆に内分する（例えば，混合割合が新鮮外気2：還気空気3のとき，量の大きい還気空気の状態点から2：3

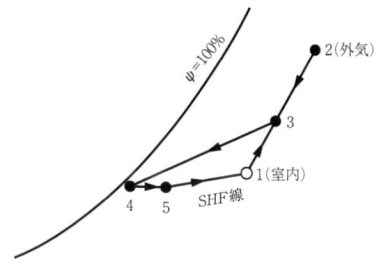

図4　冷房プロセスにおける空気の状態変化[1]

に内分した点を混合した空気の状態点とする）。そこから加熱により右方向へ，蒸気加湿によりほぼ上方向に移動して，吹出し空気の状態点が定まる（送風機動力による顕熱取得とダクトからの顕熱損失は相殺されると考える）。

SHF線は，**図2**の左上の半円形スケールで得られる傾きと並行の線である。室内負荷の顕熱負荷をq_S，潜熱負荷をq_Lとするとき，SHF（Sensible Heat Factor，顕熱比）は，次式のように顕熱分と全熱との比として表される。

$$SHF = q_S / (q_S + q_L)$$

室への吹出し空気は，SHF線に沿って比エンタルピーが減少し，室内（吸込み口）の状態に戻る。以上が基本的な暖房プロセスの表示である。

2 ─ 冷房プロセスの表示

冷房時には，室内からの還気空気1が左下，取入れ外気2が右上にプロットされる（**図4**）。空気調和機に入った空気3は，冷却器で冷やされて4となり，送風機動力およびダクトからの熱取得等を含めて5まで加熱され，室内に吹き出される。そして室内負荷（冷房負荷）を処理しながら吸込み口の状態点1へ，やはりSHF線に沿って移動する。これが基本的な冷房プロセスの表示である。なお，状態点4は，冷却コイル表面と十分に接触しない空気（バイパスエア）もあることから，飽和線よりもやや内側のポイントになる。

1) 空気調和・衛生工学会，第14版空気調和・衛生工学便覧 第1巻，p.55，図3·26，図3·27，2010

06 ビルにおける加湿の必要性

「建築物における衛生的環境の確保に関する法律（建築物衛生法）」に定められている室内の環境衛生管理基準の項目（温度，相対湿度，気流，浮遊粉じんの量，一酸化炭素の含有率，二酸化炭素の含有率，ホルムアルデヒドの量）のうち，最も不適合率が高いのが相対湿度である。相対湿度の基準は，「40％以上70％以下」であり，過去25年間の平均では，ほぼ3割のビルが不適合となっている。特に冬季に相対湿度40％を確保するのが難しい状況にある。

低湿度環境では，インフルエンザウイルスの空中での生存時間が延びるなど，健康上の問題が生じやすくなる。ビルにおける空気調和システム設計のポイントの一つに，加湿能力の確保があることを知っておきたい。

1 ― 加湿による状態変化

加湿による湿り空気線図上の状態変化は，図1に示すようなものである。加湿方式によって大きく2つの状態変化に分かれる。このとき，熱水分比 u（エンタルピー変化量／絶対湿度変化量）の概念を用いる。u の値がわかれば，湿り空気線図の左上にある半円形スケールを用いて状態変化の方向を特定できる。

(1) 水噴霧式・気化式の加湿

水噴霧式・気化式の加湿では，水温が20℃のとき熱水分比 u は，次のようになる。

$$u = 20[\text{kcal/kg}] = 84[\text{kJ/kg}]$$

これはほぼ，湿球温度一定となる左斜め上方向の状態変化である。

(2) 蒸気加湿式の加湿

蒸気加湿式では，蒸気の温度が100℃のとき，

$$u = 597.5 + 0.441 \times 100$$
$$\fallingdotseq 640[\text{kcal/kg}]$$
$$\fallingdotseq 2,680[\text{kJ/kg}]$$

となり，これは真上からやや右方向の状態変化となる。蒸気の温度によって方向が変わるため，実務上は乾球温度一定の状態変化として扱われる場合が多い。

また，蒸気加湿では空気の温度が低下することはないが，水噴霧による加湿では，空気温度が低下することが読み取れる。

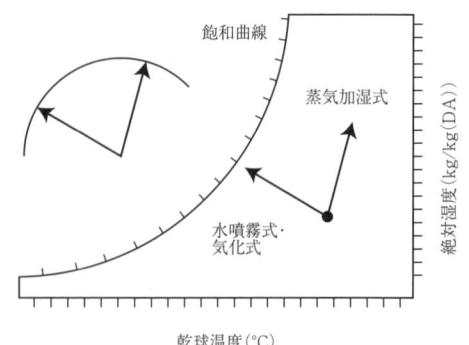

図1　加湿による空気の状態変化[1]

2 ― 冬季冷房時における加湿量の大きさを認識する

　冬季の室内が20℃，50%RHのときの絶対湿度は約0.0074 [kg/kg(DA)] であるのに対し，5℃，50%RHの外気の絶対湿度は約0.0026 [kg/kg(DA)] と3分の1程度に過ぎないから，換気回数が5～10回のオフィスビルなどでは，換気によって屋内が乾燥していくことは明白である。暖房時の加熱とともに，加湿が求められている。

　また，東京など太平洋岸の都市では，冬季でも日中に冷却塔が稼働し，水蒸気が立ち昇っているビルをよく目にする。透過日射負荷と近年のパソコン等による室内発熱負荷の増加が原因と考えられる。このため，冬季冷房時における加湿は，暖房時における加湿よりも一層困難になることを理解しておくことが重要となる。

　図2の湿り空気線図上に，冬季における冷房加湿と暖房加湿の相違を表現している。

　暖房加湿は一部破線で表示しており，「05」の図3と同様の状態変化である（1と2を混合して3→4′→4″）。このときに必要な加湿量は，$(X_1 - X_2)$ である。

　一方，冷房加湿は実線で表示しており，空気調和機に入った空気

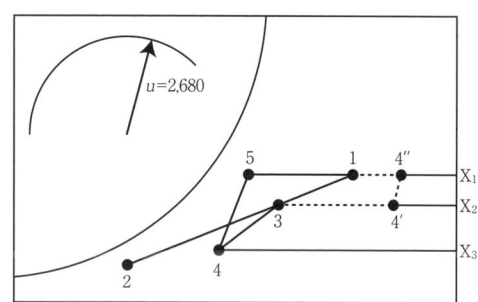

図2　冬季冷房加湿と暖房加湿の相違[1]

3を冷却器で冷却し，4の状態となったところから蒸気加湿で5まで絶対湿度を持ち上げて室に吹き出す。このときに必要な加湿量は，$(X_1 - X_3)$ であり，

$$(X_1 - X_3) > (X_1 - X_2)$$

の関係にあることは一目瞭然である。ビルの計画時に通年，冷房が予想されるケースでは，加湿器の選定に留意する。

　冬季の冷房加湿に有効な対策として，次の3つが挙げられる[1]。

1) 外気調和機への加湿器の設置：コイルを設置し，外気の取入れ温度を上昇させることで，加湿器による加湿が有効となる。コイルを設置しない場合は，蒸気加湿を行う。
2) 空気調和機への加湿器の設置：水噴霧式よりも蒸気加湿式の加湿器が有効である。水噴霧式はもともと加湿効率（湿度上昇に寄与した水分量／噴霧量）が40%程度であるが，給気温度が20℃以下になると，噴霧量のほとんどがドレン水となって排水されてしまうと指摘されている。
3) 加湿装置の室内設置：空気調和装置の運転に関係なく加湿が可能で，有効な方法である（家庭用の加湿器を置くという意味ではない。ビルスケールでは水の補給が非現実的なレベルの作業となる）。

---

1)（財）ビル管理教育センター，特定建築物における建築確認時審査のためのガイドライン，pp.48-50，2005

07　外気取入れ口の配置について

空気調和の重要な機能に，新鮮外気を取り入れ，室内の汚れた空気を排出して，人の健康を守ることがある。この際，重要となるのが外気取入れ口の設置位置である。周囲の道路やビルの煙突・排気口などを避けるのはもちろんのこと，ここではビルの設計上配慮すべき点について記述する。

1 ― 冷却塔は汚染源か

　冷却塔は，外気取入れ口にとって汚染源と位置付けられる。なぜならば，レジオネラ属菌が検出される場合があるからである。1976年に米国フィラデルフィアのホテルで在郷軍人の大会が開かれた際，原因不明の肺炎に掛かった200数十名のうち34人が死亡する事件が発生した。後に患者の肺からグラム陰性桿菌が発見され，在郷軍人 (legionnaire) にちなんで「レジオネラ属菌」と命名された。冷却塔から飛散したエアロゾルにこのレジオネラ属菌が含まれ，外気取入れ口から空気調和機を通じて会場内に拡散したと考えられている。

　レジオネラ属菌は，土壌や水中などの自然界に存在する常在菌の一種である。飛散した土ぼこりが冷却塔内に入ることで，アメーバの細胞内に寄生したり，藻類と共生したりして繁殖する。

　このため，2002年の建築物環境衛生管理基準の改正で，病原菌による室内空気汚染の防止を目的として，次の4項目に基準が設けられている。
1) 冷却塔および加湿装置に供給する水
2) 冷却塔，冷却水および加湿装置の点検
3) 排水受けの点検
4) 冷却塔，冷却水管および加湿装置の清掃

2 ― 外気取入れ口の配置

　建築計画・設計の立場からは，ビル管理以前の問題として，外気取入れ口の配置に関する問題に物理的に対処しておく必要がある。基本的には，以下の3項目に要約される[1]。

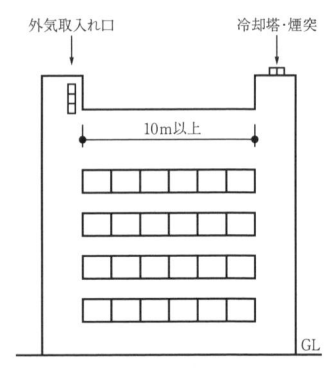

図1　外気取入れ口の配置[1]

1) 外気取入れ口は，自動車の排ガスなどの影響を避けるため，なるべく高い位置に設置する。ただし，高架道路などがある場合は，周囲の状況を勘案し，最も汚染の影響が小さい位置を決定する。
2) 屋上に外気取入れ口を設置する場合 (図1) は，煙突や冷却塔などの汚染源からおおむね10m以上離すなど十分な距離を取るようにする。また，屋上緑化の状況により，農薬・肥料の散布についても考慮する。
3) 外気取入れ口は，駐車場，厨房，湯沸し室等の排気口とは，原則として別の外壁

面に設け，排気が混入しないようにする。止むを得ず同一壁面となる場合は，卓越風向を調査した上で，十分な距離を取る。

3 ― 熱交換換気装置のショートサーキット回避

熱交換器を設置する場合，外気取入れ口と排気口を別の外壁面に設置することがやはり望ましい。しかし，静止型の全熱交換器を有する換気システムでは，送風機の能力が限られており，図2の一般例のように設置されて，外気取入れ口と排気口が接近し，ショートサーキットを構成してしまう例が多い。

図の下半分の改善例は，そうした制約の中，2つの熱交換換気系統の外気取入れ口と排気口を集約することで，ショートサーキットの回避を目指した例である。参考としていただきたい。

なお，全熱交換換気は断熱・気密住宅でも取り入れられており，カナダのR-2000住宅の基準では，外気取入れ口と排気口を水平方向に1.8m以上離すこととされている[2]。

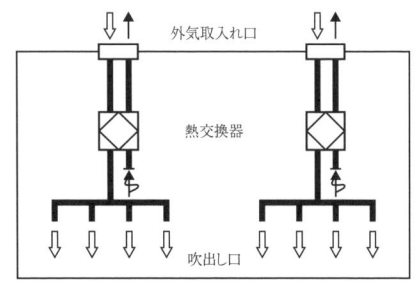
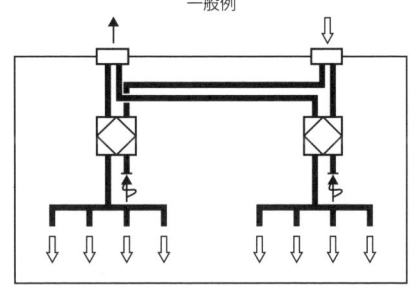

図2 熱交換換気装置の外気取入れ口設置における改善例[1]

4 ― 個別空気調和システムの外気取入れ問題

ファンコイルユニット(FCU)を天井埋込みとする個別空気調和システムの場合，図3に示すように，施工利便性の観点から天井裏の空間を還気チャンバとする場合がある。室内への十分な新鮮外気取入れに難があり，OAダクトをファンコイルユニットに直接接続するなど対策が必要であることを知っておこう。

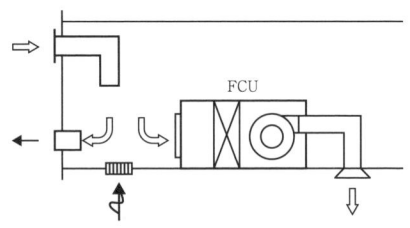

図3 個別空気調和システムにおける外気取入れの問題点[1]

1) (財)ビル管理教育センター，特定建築物における建築確認時審査のためのガイドライン，pp.32-37, 2005
2) 垂水弘夫訳，R-2000高断熱・高気密住宅の計画・施工マニュアル，井上書院，p.239, 1997

08　ビル外壁で太陽光発電

ZEBの項で述べるように，太陽光発電は今や屋上だけでなく，外壁面も利用する時代を迎えつつある。一般に，ソーラーパネルは南向きで，傾斜角30°程度で設置した場合に最大の発電量が得られるとされている。しかし，ビル屋上はさまざまな用途で利用され，また，高層ビルでは屋上面よりも外壁面の面積が大きいことなどから，ビル外壁面を用いた太陽光発電について，おおよそのポテンシャルを知っておくことは重要であろう。

1 ── 外壁面太陽光発電の事例

図1は，2010年10月にロンドンに竣工したHeron Towerである。南外壁面に148.3kWの出力のソーラーパネルを設置している。ファサード中央のやや濃く写っている部分がそうである。高さは230mあり，年間の予想発電量は92,500kWh/年である。また，売電収入は17,600ポンドと見込まれており，日本円に換算（1£≒140円）すると，約246万円となる。売電単価は26円/kWh程度のようである。

わが国では，清水建設の本社ビルが2012年5月に東京に竣工した。窓とソーラーパネル部分を交互に積み重ねたファサード構成で，年間の予想発電量は84,000kWh/年である。

図1　HeronTower

図2は，沖縄県糸満市役所である。外壁そのものではないが，日射を遮るルーバー状の外皮にソーラーパネルを設置した例である。

図2　糸満市役所 [1]

2 ── 鉛直面日射量・発電量の通年観測例

図3は，金沢工業大学八束穂キャンパスの鉛直面8方位日射・太陽光発電観測装置である。南，南西，西，北西，北，北東，東，南東の各方位について，日射量と太陽光発電量を常時観測している。5階建の建築の塔屋上に設置しており，周囲にこれよりも高い建物はない。

図4より，年間の水平全天日射量が1,302kWh/m²·年であるのに対し，南鉛直面が受けた日射量は899kWh/m²·年で，南鉛直面は水平面の70%程度の日射受熱があること，それが南西や南東の鉛直面になると65%程度になり，真西・真東を向いた鉛直面では55%程度になることが示されている。

発電量の図5からは，傾斜角30°の南傾斜面の発電量が144kWh/m²·年のときに，南鉛直面では94kWh/m²·年となっており，鉛直面でも屋根に設置した太陽光発電最適角の3分の2程度の発電はできることがわかる。

ただ，南鉛直面の日射量が899kWh/m²·年のときに，発電量は94kWh/m²·年であるから，このソーラーパネルの発電効率は10%程度である。建築物のZEB化を目指すには，ソーラーパネル自体の発電効率の大幅な上昇が求められているといえよう。

図3 鉛直面8方位日射・太陽光発電観測装置
（金沢工業大学）

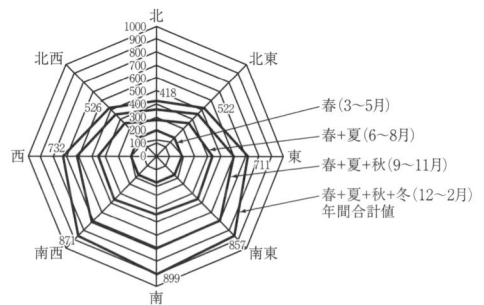

図4 鉛直面8方位日射量
（年間全天日射量：1,302kWh/m²·年）

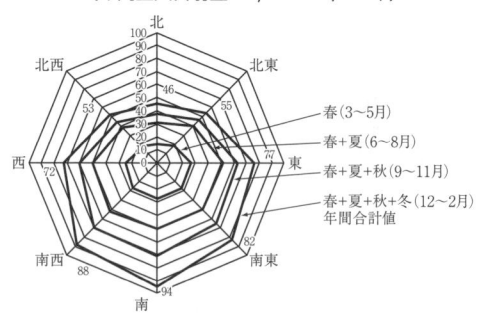

図5 鉛直面8方位太陽光発電量
（30°南傾斜面年間発電量：144kWh/m²·年）

鉛直面直達日射量の算定式を憶えていますか

$$I_v = I_0 P^{cosech} \cos h \cos(A - A')$$

ここに，I_v：鉛直面直達日射量[W/m²]　　I_0：太陽定数[1,370W/m²]
　　　　P：大気透過率[-]　　　　　　　h：太陽高度[°]
　　　　A：太陽方位角[°]　　　　　　　A'：壁の方位角[°]

ただし，方位角は真南が0°

---

1) 糸満市役所ホームページ

09　日射反射率と長波放射率による外表面材料の選択

建築物の外表面材料の選択は，日射受熱との関係において特に重要である。スペインやイタリアなどの地中海性気候に属する地域では，石灰岩を多く産出することもあり，消石灰を外壁に塗り日射熱を避ける暮らしを送ってきた。それがまた，地域の独特の景観を形成したわけである。

1 ── 外壁面が受ける熱量の表現

外壁面の熱授受は，一般に次式で表現される。

$$q = \alpha_o(\theta_{ao} - \theta_s) + aJ_s - \varepsilon J_n$$

ここに，q　：外壁表面が受ける熱量[W/m²]
　　　　α_o：外壁面の室外側総合熱伝達率[W/m²·K]
　　　　θ_{ao}：外気温度[K]
　　　　θ_s：外壁表面温度[K]
　　　　a　：日射吸収率[－]
　　　　J_s：外壁表面が受ける日射量[W/m²]
　　　　ε　：外壁表面の長波放射率(＝長波吸収率)[－]
　　　　J_n：夜間放射量[W/m²]

式の第1項は，大気と壁体表面間の熱伝達による熱量，第2項は日射受熱量，第3項は長波長領域における外壁表面からの放熱量を表している。このうち，オーダー的に見て最も大きい値となり得るのは，日射受熱量の項である。日射量は1,000W/m²程度の数値を取る場合があるからである。このため外表面材料については，まず日射反射率が注目される。

2 ── 材料表面の日射反射率・長波放射率

図1は，日射反射率と長波放射率などを軸として材料の特性を表したものである。放射は短波長放射と長波長放射に分けられる。それぞれ短波放射，長波放射とも呼ばれる。短波長放射は約3μm以下の比較的波長の短い熱放射を指し，自然環境の下では日射以外の短波長放射は存在しない。一方，長波長放射は約3μm以上の比較的波長の長い熱放射を指し，地物(建築物，地面など)や大気からの熱放射がこれに該当する。

図1は，これら短波および長波の波長帯における反射率や放射率で，縦横の軸が与えられている。吸収率をa，反射率をrとすれば，$a+r=1$の関係がある。また，放射率εが温度に依存しない物体では，$a=\varepsilon$の関係がある。

(1) 日射反射率が大きい材料について

日射の反射率が0.9程度と大きいものに，白色プラスターと光ったアルミ箔がある。ただこの両者には，長波放射率でみると大きな違いがある。白色プラスターの長波放

射率0.9に対し，光ったアルミ箔の長波放射率は0.05程度とかなり小さいからである。前述の式についていえば，2つの材料とも，第2項の日射吸収率は0.1程度で同等であるが，第3項の長波放射率が大きい白色プラスターのほうが放熱が大きくなることを意味している。暑さ対策を意識した外表面材料としては，白色プラスターが適しているといえよう。長波放射率が小さい（長波反射率が大きい）アルミ箔は，壁体の断熱性能向上のために壁体内で使用される場合がある。ただし，放射伝熱を小さくするためのものであるから，放熱面との間に一定の空気層がとられている必要がある。壁体内での設置位置や方法が適切でない場合は，透湿を遮る結果，かえって内部結露の原因となる場合もあるので注意が必要となる。

(2) 日射反射率が小さい材料について

短波長の日射反射率が小さい，つまり日射吸収率が0.9程度と大きいものに，黒色ペイントと選択吸収面がある。日射熱を受け止める特性は両者ともに変わらないが，長波放射率における差には大きなものがある。黒色ペイントの長波放射率0.9に対し，選択吸収面の長波放射率は0.1となっている。選択吸収面は長波放射率が小さいことから，日射受熱後の放熱が小さく，高い温度を維持することが可能となる。太陽熱温水器の集熱面など太陽熱利用に適している。

建築に多く利用されているコンクリート（明るい色）の日射吸収率は0.6前後である。また，長波放射率はおよそ0.9となっている。パッシブソーラーハウスなどでダイレクトゲインの手法を適用し，蓄熱体としてコンクリート床などを利用した場合を考えると，日射吸収率は一定のレベルにあるが，長波放射率が大きい材料であるため，日没後の屋外への放熱を少なくするような開口部対策が重要であることがわかる。

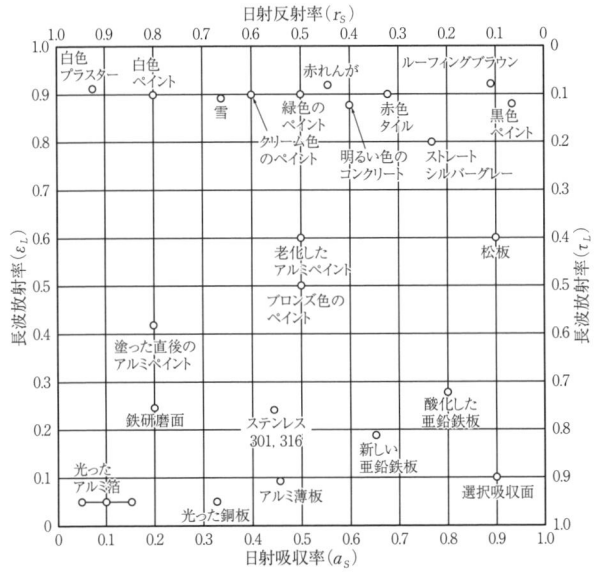

図1　材料表面の日射反射率・長波放射率[1]

1) 日本建築学会，建築環境工学用教材・環境編，丸善，p.73, 図5, 2011

10 熱貫流率算定の基本を理解する

熱貫流率（K値）の算定について理解していれば，壁と窓などの熱的な性能差に気付くことができるし，住宅であれば，熱損失係数（Q値）の算定が行えるようにもなる。例えば，次世代省エネ基準の住宅を「設計・施工の指針」に適合する壁や窓を採用して建てたとする。しかし，掃き出しの大きな窓を南側にずらりと配した平面であった。さて，この場合にQ値は「建築主の判断基準」に示された基準値を満たすであろうか？

答は，住宅全体の窓面積の大きさにもよるが，かなり怪しい，となる。本書の読者であれば，仕様規定でなく性能規定によってQ値を確かめ，ユーザーに確かな省エネルギー住宅を提供することができよう。

1 ― 熱貫流率の算定式

建物の壁体をはさんで両側にある空気の温度が，時間によらず一定の定常状態にあるとき，熱貫流率Kは次式で表される。

$$K = \frac{1}{\dfrac{1}{\alpha_i} + \sum_j \dfrac{\delta_j}{\lambda_j} + r_a + \dfrac{1}{\alpha_o}}$$

ここに，
K：熱貫流率 $[W/m^2 \cdot K]$
α_i：室内側総合熱伝達率 $[W/m^2 \cdot K]$
α_o：室外側総合熱伝達率 $[W/m^2 \cdot K]$
δ：壁体厚さ $[m]$
λ：熱伝導率 $[W/m \cdot K]$
r_a：静止空気層の熱伝達抵抗 $[m^2 \cdot K/W]$

$(1/\alpha_i)$ および $(1/\alpha_o)$ の表面熱伝達抵抗については，**表1**に示すように，日本建築学会の発行資料[1]に常用値が提示されている。また，空気層の熱伝達抵抗は**図1**から読み取る。例えば，外壁に取り付けられた複層ガラスの12mm空気層では，「鉛直空気層水平熱流」の線から約 0.16 $m^2 \cdot K/W$ と読み取れる。また，壁体内の50mm空気層では，約0.18 $m^2 \cdot K/W$ となる。もちろん静止空気層の熱抵抗であるから，通気層などは該当しないので念のため。

表1 表面熱伝達抵抗の常用値[1]

部位	室内側表面 (m^2K/W)	外気側表面 ($m^2 \cdot K/W$)	
		外気の場合	外気以外の場合
屋根	0.09	0.04	0.09（通気層*）
天井	0.09		0.09（小屋裏）
外壁	0.11	0.04	0.11（通気層*）
床	0.15	0.04	0.15（床下）

*外装材の建物側に設ける湿気排出等のための，外気に開放された空気層

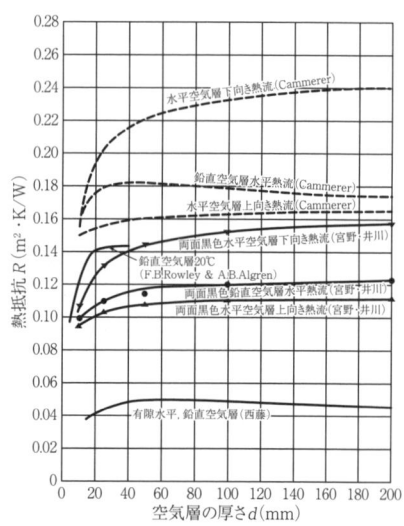

図1 空気層の熱抵抗[2]

2 ― 建築材料の熱伝導率

図2は，各種の建築材料の熱伝導率について，密度との関係で示した両対数グラフである。まず，対数軸でないと表現しにくいほど，建築材料の熱伝導率や密度は幅広いことがわかる。また，全体として密度が小さい材料ほど，熱伝導率も小さいことが表現されている。これは空気を気泡などとして含む材料の熱伝導率が小さいからである。

熱伝導率が，0.02～0.04 W/m·K のあたりに断熱材のグループが分

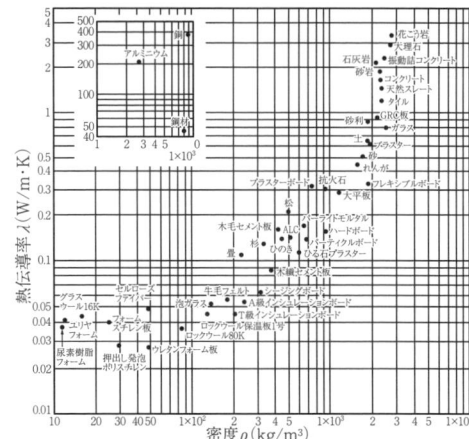

図2 建築材料の熱伝導率と密度[2]

布し，これよりもおよそ1桁大きい0.1～0.2 W/m·K あたりに木・畳のグループが集まっている。さらに，およそ1桁大きい1～3 W/m·K 前後には，ガラス・タイル・コンクリートなどの土石類が存在し，これより2桁ほど離れて金属のグループが分布している。鋼材の熱伝導率は45 W/m·K，アルミニウムでは210 W/m·K に達する。

現在市販されている断熱材には，熱伝導率が 0.02 W/m·K より小さいものもある。また，畳と一口にいっても，最近は畳表のほかはスタイロフォームが断面の大半を占める軽量の畳もあるので，熱貫流率の算定に当たっては注意が必要である。アルミニウムは延伸性に富み，複雑な断面形状の押出し成型が可能なことから，サッシに多用されるが，熱伝導率が大きく，冬季に表面結露を生じやすい。このため，樹脂を間に挟んだ断熱サッシが販売されている。

3 ― K 値の算定と比較

（障子1枚），（FL3単板ガラス），（FL3＋A12＋FL3の複層ガラス）の K 値は，それぞれ 6.7，6.5，3.2 W/m²·K 程度となる。もちろん障子紙は薄いので紙自体の算定は省き，内外の熱伝達抵抗のみを算定した結果である。複層ガラスの採用で，単板ガラスの半分程度の K 値にできる。

（木造の乾式工法外壁で，通気層に面する防風・防水シートより内側がグラスウール100 mm，中空層20 mm，プラスターボード10 mm），（コンクリート外壁で，鉄筋コンクリート120 mm，スチレンボード30 mm，中空層20 mm，プラスターボード10 mm）の K 値は，おのおの，0.33，0.78 W/m²·K 程度である。これらの一般的な仕様では，柱幅いっぱいにグラスウールを充てんできる木造外壁のほうが，断熱性に優れることがわかる。

また，上述の複層ガラスと木造外壁の K 値を比べると，およそ10倍の開きがあることが確認できよう。断熱・気密住宅でも，窓の多用には注意が必要な所以である。

1) 日本建築学会，建築環境工学用教材・環境編，丸善，p.75，表3，2011
2) 宮野秋彦ほか，建物の断熱と防湿，学芸出版社，p.20，p.51，1981

11 結露の判定方法を確認する

結露判定は，外壁の断面構成を決定するにあたって必要不可欠な検討事項である。室内側に透湿抵抗の大きい材料を配置し，外側に向けて透湿抵抗の小さい材料を並べるという基本を，結露判定の図上で確認しよう。

1 — 図解法による結露判定の基本

結露判定の手順は，次のようなものである。

ステップ1：
壁体内の温度分布を算定する。

ステップ2：
温度分布に応じた壁体内の飽和水蒸気圧分布を求める。

ステップ3：
実際の水蒸気圧分布を算定する。

ステップ4：
実際の水蒸気圧が飽和水蒸気圧を上回っている範囲を結露領域と判定する。

まず，壁体内の温度分布を算定し，グラフに表現する。表1に示すような壁体条件で，室内は20℃，60%RH，外気は2℃，50%RHとする。このときの温度分布は，図1のようになる。

例えば，①-②間の温度は，次式で求まる。

$$\frac{0.043}{1.518} \times (20-2) + 2 = 2.5 [℃]$$

次の②-③間では，コンクリートの熱抵抗0.086[m²·K/W]を加えて同様に算定すればよい（以下，算定の詳細は文献1）を参照）。

そして，この壁体構成材料の境界の温度ごとに，湿り空気線図から飽和水蒸気圧を読み取った結果を図2に破線で示す。

表1 壁体の算定条件[1]

構成材料	厚さ[mm]	熱伝導率[W/(m·K)]	熱抵抗[(m²·K)/W]	透湿抵抗[10⁶(m²·h·Pa)/kg]
1.外表面境界層	—	—	0.043	—
2.コンクリート	120	1.4	0.086	11.2
3.グラスウール	50	0.04	1.250	0.08
4.合板	5	0.18	0.028	0.45
5.内表面境界層	—	—	0.111	—
合計			1.518 (熱貫流抵抗)	11.73 (湿気貫流抵抗)

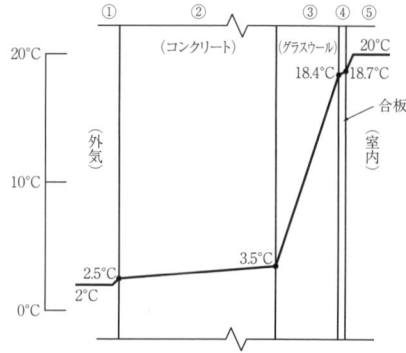

図1 壁体内温度分布[1]

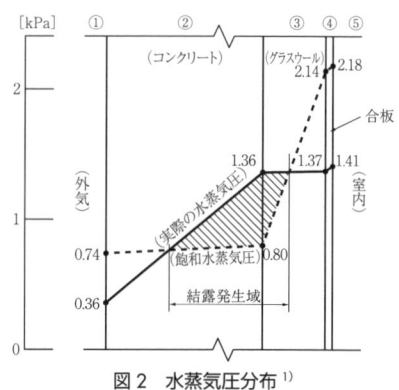

図2 水蒸気圧分布[1]

②-③間の3.5[℃]の湿り空気の飽和水蒸気圧は(相対湿度100％)，約0.80[kPa]などである。
　次に，実際の水蒸気圧分布を求める。20℃，60％RHの室内の湿り空気の水蒸気圧は約1.41[kPa]，2℃，50％RHの外気の水蒸気圧は0.36[kPa]であるから，例えば②-③間の実際の水蒸気圧は，

$$\frac{11.2}{11.73} \times (1.41 - 0.36) + 0.36 = 1.36[\text{kPa}]$$

となる。
　こうした算定作業の結果，実際の水蒸気圧が飽和水蒸気圧を上回る部分が見い出される。図2から，室内表面より34mmの位置から127mmまでの，幅約93mmにわたって内部結露が発生すると判定される。この場合，図解法であるから，寸法の縮尺を方眼紙等に正確に取る必要がある。
　さて，これが結論では困るので，外壁の室内側に防湿フィルム等の防湿層を挿入し，室内から壁体内への湿気の流入を防止するのが一般的である。**表2**の壁体条件で，屋内外の温湿度が同一のとき，**図3**のような水蒸気圧分布となる。内部結露は生じなくなっている。

2 ─ 防湿シートで内部結露は防止できるか

　前項の結果，外壁の室内側に防湿層を設置するのがよいとされているし，そうすべきである。ただし，これには盲点がある。**図4**は，室内の相対湿度を90％にまで高めた場合の壁体内水蒸気圧分布である。④-⑤間の水蒸気圧が2.15[kPa]まで上昇し，その部位の飽和水蒸気圧をわずかに上回る様子が見られる。防湿層を挿入した壁体でも，居住者が室内の相対湿度が高まるような生活行為をした場合には，防湿層の手前で内部結露の発生が想定される。防湿層が万能ではないことを理解しておこう。

表2　防湿層があるときの算定条件[1]

構成材料	厚さ [mm]	熱伝導率 [W/(m・K)]	熱抵抗 [(m²・K)/W]	透湿抵抗 [10⁻⁶(m²・h・Pa)/kg]
1.外表面境界層	─	─	0.043	─
2.コンクリート	120	1.4	0.086	11.2
3.グラスウール	50	0.04	1.250	0.08
4.防湿フィルム	─	─	─	338
5.合板	5	0.18	0.028	0.45
6.内表面境界層	─	─	0.111	─
合計			1.518 (熱貫流抵抗)	349.73 (湿気貫流抵抗)

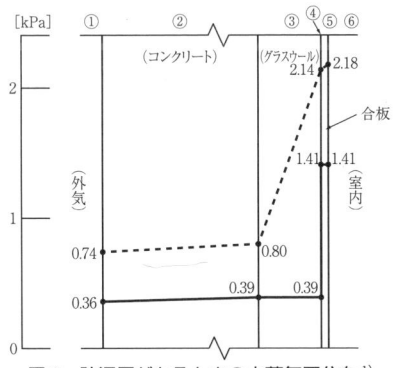

図3　防湿層があるときの水蒸気圧分布[1]

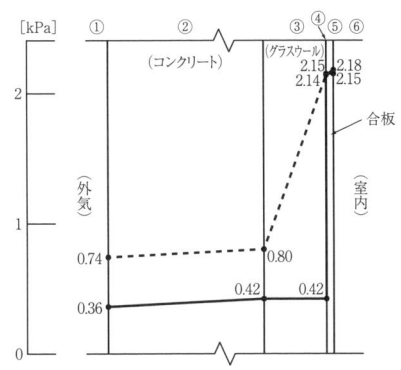

図4　室内の相対湿度上昇による水蒸気圧分布

1) 垂水弘夫ほか，建築環境学テキスト，井上書院，pp.66-69，2007(抜粋)

12 外壁内の断熱材の位置を考える

古くなった集合住宅などを断熱改修する際には，外断熱が採用される場合がある。室内の壁に手をつけることなく，居住したまま改修工事を行える点に大きなメリットがある。では，内断熱と外断熱の熱的相違はどこにあるのか。本項では，外壁における断熱材の位置問題を考えてみる。

1 ─ 内断熱と外断熱の壁体内温度分布

コンクリート壁体の内断熱と外断熱，断熱材位置がどちらにあっても，材料構成が同じであれば壁体の熱貫流抵抗や熱貫流率に違いがないことは，すでに知ってのとおりである（K値の算定式における計算の順番だけの問題であるから）。

内断熱と外断熱の温度分布の例を図1に示す。概念的理解のため，内外の仕上材を省略し，コンクリート120mm，スチレンボード30mmの2層だけを考えている。コンクリートの熱伝導率は1.4[W/(m·K)]，スチレンボードは0.037[W/(m·K)]として算定を行っている。

この図から明らかなように，内断熱ではコンクリートの温度が2.7〜4.2[℃]であるのに対し，外断熱では16.6〜18.1[℃]と，14℃ほども高い状態になることがわかる。

蓄熱量について考えると，

$$S = C \cdot V \cdot \varDelta T$$

と表される。

ここに，
- S ：蓄熱量[kJ]
- C ：容積比熱[kJ/(m³·K)]
- V ：蓄熱体の容量[m³]
- $\varDelta T$：温度上昇[℃]

コンクリートの容積比熱は約2,200[kJ/(m³·K)]であり，水の4,180[kJ/(m³·K)]の半分程度はあることから，外断熱を行った場合には，外壁を蓄熱体として機能させることが可能となる。

また，当然のことながら外断熱では壁体の大部分の温度が上昇するため，飽和水蒸気圧も増加し，内部結露が生じにくくなる。

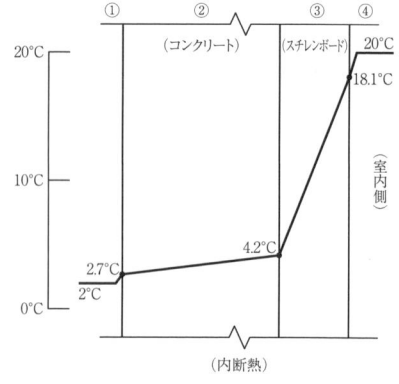

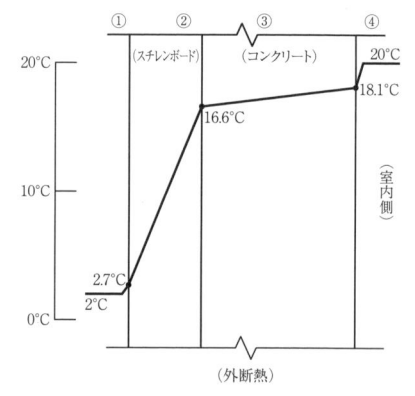

図1 内断熱と外断熱の壁体内温度分布の例[1]

2 ─ 室の熱容量・断熱レベルと室温変動の傾向把握

図2は，室の熱容量の大小を比較した資料[1]を元に，断熱レベルの高いケースを付け加えて作成したものである。

ここでは，内断熱が熱容量の小さいケース，外断熱が熱容量の大きいケースに対応するとして見ることができる。

まず，熱容量が小さいと，暖房の開始とともに速やかに室温が立ち上がる様子がみられる。一方，熱容量が大きい室では，室温の上昇が緩やかで，一定の室温に到達するのに時間が掛かっている。外断熱など熱容量の大きい外壁では，壁体への蓄熱に回る熱が存在するからである。

次に，暖房停止後の室温の変化をみると，熱容量が小さい場合，やはり速やかに短時間で低下する傾向が認められる。熱容量が大きい室では，暖房停止後の室温の低下も，室温上昇時と同様に緩やかであることがわかる。

断熱が良いケース（図中の下半分）と悪いケース（図中の上半分）を比較すると，断熱が良い場合は，暖房によって室温が高い位置まで上昇するようになる（断熱が良いと室の総熱損失係数が小さくなるため，室の総発熱量が一定の場合，室温は断熱が悪い場合よりも上昇する）。しかし，室の熱容量の大小による室温変動の傾向は，断熱が悪いケースと同様であり，熱容量が小さければ室温変化は急激，熱容量が大きければ室温変化は緩慢となっている。

以上のような特徴を有する外断熱であるが，柔らかい材料が外側に配置されるため，運用上の問題が生じる面もある。建物の立地や用途，使用者等の諸条件によって選択を判断すべきであろう。

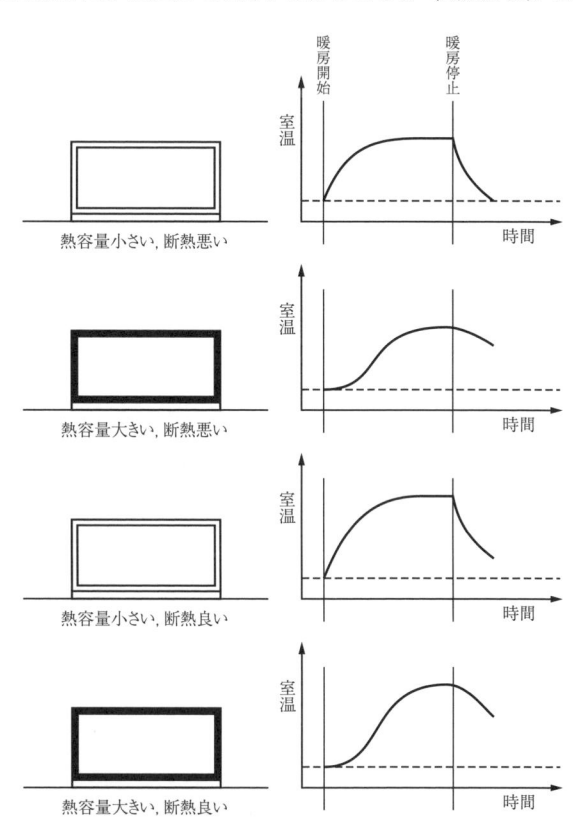

図2 室の熱容量・断熱レベルと室温変動の傾向

1) 日本建築学会，建築環境工学用教材・環境編，丸善，p.49，図1，1988

13 結露の現場チェックはどこから行うのか

結露の発生が問題となる事案は，新築，既築を問わず存在する。窓面の結露であれば通常は見えるところに存在するが，天井裏や床下などの壁体をチェックする場合，さてどこから見ていけばよいであろうか。

1 — 熱伝導方程式の確認から始めよう

フーリエの基本式，熱伝微分方程式，さらに数値解析のための差分化の例を右頁に示す。

図1は，作成した土間床の数値解析モデルに，COSカーブで年周期外気温変動を与えた場合の算定結果の一例である。内外温度差が10℃となるピークの翌月について，地中温度分布を等温線で表現している。この図から，土間床では外気に近い部分の温度低下が大きく，等温線の混み合う領域で熱損失が生じている様子が知れる。実際に，土間床の断熱を外周部の1m幅程度行うのも，こうした知見による。

2 — 隅角部における温度低下の大きさを理解する

図2は，室の隅角部における表面温度分布を数値解析で求めた例である。外気と接する割合が高い部位において，温度低下が著しいことが示されている。

以上より，建築物の結露発生の確認作業では，
1) 基準階では，まず外気と接する外壁の隅を見る
2) 最上階では，屋上スラブと外壁の天井角部近辺からチェックを始める
3) 最下階では，地面に接する床角部近辺から目視チェックを始める

ことが基本となる。キョロキョロして素人と思われないようにしよう。

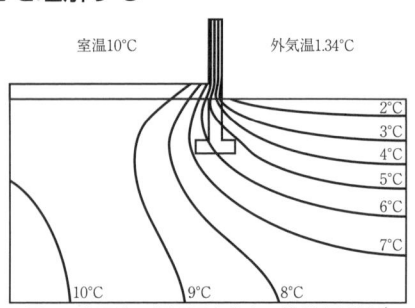

図1 土間床の断面温度分布の数値解析例[1]

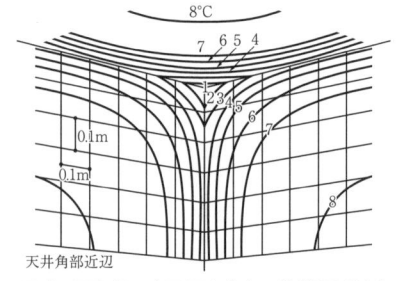

図2 隅角部の表面温度分布の数値解析例[2]

---

1) 垂水弘夫，床面および地下室壁面からの暖房時熱損失に関する研究，鹿児島大学卒業論文，1977
2) 日本建築学会，建築設計資料集成1，環境，丸善，p.124，図3，1978

フーリエの式を示す。固体の両側に温度差があるとき，温度勾配に比例して熱流量は定まる。熱は温度の高いほうから低いほうへと流れるため，温度勾配の正の方向と熱流が逆向きになることを考慮し，マイナスの符号を付している。

$$q = -\lambda \frac{\varDelta \theta}{\varDelta x}$$

ここに，q：熱流（W/m²），λ：熱伝導率（W/m·K），$\varDelta\theta/\varDelta x$：x方向の温度勾配
3次元熱伝導微分方程式は，次式で表現される。

$$\frac{\partial \theta}{\partial t} = \frac{\lambda}{c\gamma}\left(\frac{\partial^2 \theta}{\partial x^2} + \frac{\partial^2 \theta}{\partial y^2} + \frac{\partial^2 \theta}{\partial z^2}\right)$$

ここに，c：比熱（J/m³K），γ：比重量（kg/m³）
パソコンなどを利用して熱伝導方程式の解を得ようとするとき，微分方程式のままでは解くことができないため，加減乗除だけからなる代数方程式に書き換える必要がある。差分法は，微分項をその近似差分で置き換えて差分方程式を作成し，それを解いて元の微分方程式の近似解を得る方法である。

いま，固体内部各点の温度が$u(10)$，$u(\bar{1}0)$，$u(01)$，$u(0\bar{1})$，$u(00)$で表されるとする。各点間の格子間隔はδ(m)，また，考慮する時間間隔はτ(h)である。
2次元断面の熱流を考えるとき，その微分方程式は次式となる。

$$\frac{\partial u}{\partial t} = \frac{\lambda}{c\gamma}\left(\frac{\partial^2 u}{\partial x^2} + \frac{\partial^2 u}{\partial y^2}\right)$$

ここで，時間間隔，格子間隔を用いて各微分項を近似すると，

$$\frac{\partial u}{\partial t} = \frac{u(x, y, t+\tau) - u(x, y, t)}{\tau}$$

$$\frac{\partial^2 u}{\partial x^2} = \left\{\left(\frac{\varDelta u}{\varDelta x}\right)_x - \left(\frac{\varDelta u}{\varDelta x}\right)_{x-\delta}\right\}/\delta$$

$$= \frac{1}{\delta}\left\{\frac{u(x+\delta, y, t) - u(x, y, t)}{\delta} - \frac{u(x, y, t) - u(x-\delta, y, t)}{\delta}\right\}$$

$$= \frac{1}{\delta^2}\left\{u(x+\delta, y, t) + u(x-\delta, y, t) - 2u(x, y, t)\right\}$$

同様にして，

$$\frac{\partial^2 u}{\partial y^2} = \frac{1}{\delta^2}\left\{u(x, y+\delta, t) + u(x, y-\delta, t) - 2u(x, y, t)\right\}$$

$u(001)$を$u(00)$点の時間1ステップ（τ）先の温度とすると，

$$\frac{\partial u}{\partial t} = \frac{1}{\tau}\left\{u(001) - u(00)\right\}$$

$$\frac{\partial^2 u}{\partial x^2} = \frac{1}{\delta^2}\left\{u(10) + u(\bar{1}0) - 2u(00)\right\}$$

$$\frac{\partial^2 u}{\partial y^2} = \frac{1}{\delta^2}\left\{u(01) + u(0\bar{1}) - 2u(00)\right\}$$

これらを2次元の熱伝導微分方程式に代入すると，求める非定常差分方程式は次式となる。

$$u(001) = \frac{\lambda\tau}{c\gamma\delta^2}\left\{u(10) + u(\bar{1}0) + u(01) + u(0\bar{1}) + \left(\frac{c\gamma\delta^2}{\lambda\tau}\right) - 4u(00)\right\}$$

$$= P\left\{u(10) + u(\bar{1}0) + u(01) + u(0\bar{1}) + \left(\frac{1}{P}\right) - 4u(00)\right\}$$

ただし，$P = \dfrac{\lambda\tau}{c\gamma\delta^2}$

非定常熱伝導の数値計算を続けて，各点の温度が変化しなくなったとき，これを定常状態に達したというが，この定常の差分方程式は，非定常差分方程式において，$u(001) = u(00)$とおくことにより求められる。

$$u(00) = \frac{1}{4}\left\{u(10) + u(\bar{1}0) + u(01) + u(0\bar{1})\right\}$$

定常の差分方程式は，弛緩法によって数値解を得る場合に用いられる。
定常とは時間項を含まず，一定の状態が継続するとみなせる場合をいい，非定常とは時間項を含み，状態が変化する場合をいう。実際の建築を取り巻く熱環境は，居住者の生活による室温の変動や日周期としての外気温の変動，さらには日射を代表とする外界条件の変動などによって，時間的に変化しており，非定常の状態にある。壁体の伝熱を考えても，外乱の影響は時間遅れを伴って室内の熱環境に反映される。
しかし，断熱の程度による壁体熱性能の相違を検討したり，結露発生の有無を検討する場合などには，定常の熱伝導問題として扱われることが多い。これは，簡明な数式表現が可能で，計算自体も容易な上に，安全側を考慮した条件設定によって十分な結果が得られるためである。

14 相当外気温度の概念と利用について

「09 日射反射率と長波放射率による外表面材料の選択」では，建築物の外壁面における熱授受を数式で表現した。そこから導かれる重要な概念に相当外気温度がある。本項では，相当外気温度(Sol Air Temperature)とその利用について解説する。

1 ― 相当外気温度と日射環境下での貫流熱算定

外壁面の熱授受の式を再掲する。

$$q = \alpha_o(\theta_{ao} - \theta_s) + aJ_s - \varepsilon J_n$$

この式を，外壁表面温度 θ_s との温度差で表せるように変形すると，

$$= \alpha_o((\theta_{ao} + aJ_s/\alpha_o - \varepsilon J_n/\alpha_o) - \theta_s)$$
$$= \alpha_o(SAT - \theta_s)$$

と書ける。SAT が相当外気温度である。SAT 温度(サットおんど)とも呼ばれる。

$$SAT = \theta_{ao} + \frac{1}{\alpha_o}(aJ_s - \varepsilon J_n)$$
$$= \theta_{ao} + \theta_e$$

右辺第2項は，等価温度(：θ_e [℃])である。外気温度に等価温度を上乗せした相当外気温度を用いることにより，日射と夜間放射がある環境下での外壁面の貫流熱を計算できるようになる。相当外気温度は，建築物の日射受熱と赤外放射を加味した仮想の外気温度と定義される。

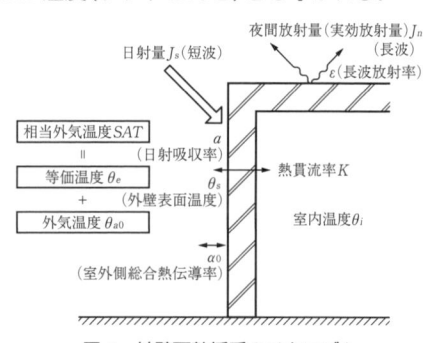

図1 外壁面熱授受のメカニズム

例えば，コンクリート壁体(日射吸収率 a 0.7，長波放射率 ε 0.9)で，日射量 J_s が 700W/m² ，夜間放射量 J_n が 100W/m²，室外側総合熱伝達率 α_o が 23W/(m²·K)のとき，等価温度 θ_e は約 17.4℃ となる。外気温度が 33℃ では，相当外気温度 SAT は 50.4℃ と求まる。

このとき室内への貫流熱量 Q は，次式で表される。

$$Q = K(SAT - \theta_i)$$

ここに，
 K：熱貫流率[W/(m²·K)]
 θ_i：室内温度[℃]

外壁の熱貫流率 K が 2.6W/(m²·K)，室内温度 θ_i が 26℃ であるとき，貫流熱 Q は 61W/m² と算定される。

室の冷房負荷を考える際には，外気温度でなく日射や赤外放射の影響を考慮した相当外気温度を利用するようにしないと，冷房負荷を小さく見積もってしまうのは明らかであろう。

2 — 実効温度差を用いた熱負荷計算

実効温度差 ETD（Equivalent Temperature Difference）は，相当外気温度の概念にさらに壁体における貫流熱の時間遅れを反映させて作成した熱負荷計算用の指標である。

$$q_n = K \cdot A \cdot ETDn$$

ここに，
- q_n ：n 時の外壁貫流熱負荷[W]
- K ：外壁の熱貫流率[W/(m^2·K)]
- A ：外壁の面積[m^2]
- $ETDn$：n 時の実効温度差[K]

また $ETDn$ は，次のようにして求められる。

$$\theta_n = SATn - \theta_i$$

（1日24時間について求めた室温26℃からの相当外気温度の偏差）

$$ETDn = \sum_{j=0}^{23} y_j \cdot \theta_{n-j}\quad (y_j は無次元化された外壁貫流応答係数)$$

壁体の応答係数と地域の相当外気温度を1日24時間分用意できれば，各時刻の実効温度差を算定できる。壁体タイプ別の東京の ETD について**表1**に例示する。タイプⅣは，タイプⅠよりも厚い壁体となっている。

以上，相当外気温度の概念は，日射や赤外放射を考慮して建築物の熱の出入りを把握する際のキーポイントとなっている。よく理解しておきたい。

表1　東京の実効温度差 ETD の例 [1]

壁タイプ	方位	1	2	3	4	5	6	7	8	9	10	11	12	13	14	15	16	17	18	19	20	21	22	23	24
タイプ0	—	2	1	1	1	1	1	2	3	5	6	7	7	7	7	7	6	6	5	4	3	3	2	2	2
タイプⅠ	日影	2	1	1	1	1	2	3	5	6	7	7	7	7	7	6	6	5	4	3	3	2	2	2	
	水平	2	1	1	1	7	14	21	27	32	35	36	35	32	28	22	15	8	4	3	3	2	2	2	
	N	2	1	1	1	2	6	6	5	6	7	8	9	9	9	9	9	10	9	4	3	3	2	2	
	E	2	1	1	1	2	17	23	24	22	18	13	9	9	9	9	8	7	5	4	3	3	2	2	
	S	2	1	1	1	1	2	3	5	9	13	15	16	15	14	11	8	7	5	4	3	3	2	2	
	W	2	1	1	1	1	2	3	5	6	7	8	10	17	22	26	27	25	17	4	3	3	2	2	
タイプⅣ	日影	4	4	4	4	4	3	3	3	3	3	3	3	4	4	4	4	4	4	5	4	4	4		
	水平	14	14	13	12	11	11	10	10	10	10	11	12	13	15	16	17	18	18	18	18	17	17	16	15
	N	6	5	5	5	4	4	4	4	4	5	5	5	5	6	6	6	6	6	6	6	6	6		
	E	8	7	7	7	6	6	6	8	8	9	9	10	10	10	10	10	9	9	9	9	8			
	S	6	6	6	6	5	5	5	4	4	5	6	6	7	7	7	7	8	8	7	7	7	7		
	W	10	9	9	8	8	7	7	7	6	6	6	6	6	7	8	9	10	10	11	11	11	11	10	

1) 空気調和・衛生工学会，第14版空気調和・衛生工学便覧 第1巻, p.405, 表17·23(a), 2010

15 暖房デグリーデーの利用

暖房デグリーデーは，建築学の専門基礎的な内容の一つとして，教育課程の比較的早い段階で取り上げられる傾向にある。そのため，その概念だけを理解して終わっている場合が多く見受けられる。一方，住宅の熱損失係数Q値については，貫流熱や換気による熱損失を学んだ後に取り上げられるため，教育課程の後半で学ぶことになり，両者を結びつけて考える機会がない人もいるであろう。

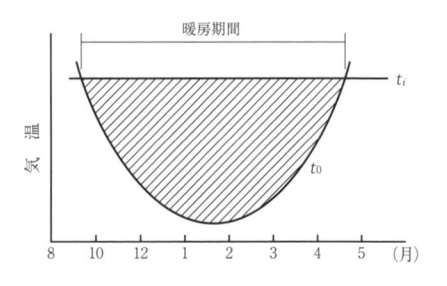

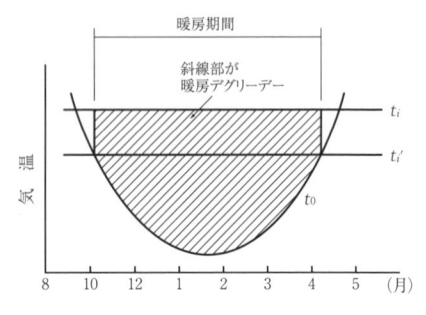

1 ― 暖房デグリーデー

暖房デグリーデーは「暖房度日」とも呼ばれ，暖房設定温度と地域の日平均外気温度との差を，その暖房期間について累積した数値である。

1) $t_i = t_i'$ のとき

$$D_{ti-ti'} = \sum_{J=1}^{n}(t_i - t_{oj})$$

2) $t_i > t_i'$ のとき

$$D_{ti-ti'} = \sum_{J=1}^{n}(t_i - t_{oj}) + n(t_i - t_i')$$

ここに，

$D_{ti-ti'}$：暖房デグリーデー[℃・日]
t_i　　：暖房設定温度[℃]
t_i'　　：暖房限界温度[℃]
t_o　　：日平均外気温度[℃]
n　　：暖房期間の日数[日]
　（t_i, t_i'の設定によって異なる）

図1の上段に，1)の暖房設定温度t_iが暖房限界温度t_i'と等しいケースについて，また下段に，2)の暖房設定温度t_iが暖房限界温度t_i'よりも大きいケースについて示す。

図1　暖房デグリーデー

例えば，D_{18-18}は1)により，D_{18-16}は2)により算定する。一般に，室内温度は内部発熱や日射受熱等の影響により外気温度よりも高いのが通常である。このため外気温度が18℃を割り込んでも，直ちに暖房を開始する必要がない場合が多い。D_{18-16}はそうしたケースの例であり，日平均外気温度が暖房設定温度を2℃以上下回るようになったときに初めて，暖房を18℃設定で開始することを意味している。この境目の温度を暖房限界温度という。図1の斜線部分の面積が暖房デグリーデーであり，寒冷地になるほど，図としては上下方向に深く，左右方向に広くなることから，数値は大きくなる。気象庁が2001年分まで公開していたD_{14-10}では，札幌2574，金沢

1224，東京855，福岡754，鹿児島518などとなっている[1]。

2 — 住宅の熱損失係数

住宅の熱損失係数の概念図を**図2**に示す。屋内外の温度差が1°Cあるときに，屋根・天井，外壁・窓および床から貫流熱として逃げる熱と換気によって逃げる熱を合計し，それを延床面積で除した値を熱損失係数，または単にQ値（キューち）と呼ぶ。単位は$W/(m^2 \cdot K)$である。Q値が小さい住宅ほど，熱が逃げにくいことを示しており，1999年に定められたいわゆる次世代省エネルギー基準では，東京などのⅣ地域で2.7$W/(m^2 \cdot K)$，北海道の大部分が該当するⅠ地域で1.6$W/(m^2 \cdot K)$という基準値になっている。Q値は，次式で表現することもできる。

$$Q = \left(\sum_{i=1}^{m} K_i \cdot S_i + c \cdot n \cdot V\right)/A$$

ここに，
 K：壁体各部位の熱貫流率[$W/(m^2 \cdot K)$]
 S：壁体各部位の面積[m^2]
 c：空気の容積比熱[$0.35 Wh/(m^3 \cdot K)$]
 n：換気回数[回/h]
 V：気積[m^3]
 A：延床面積[m^2]

この際に若干の注意が必要なのは，分母のm^2の意味についてである。K値（熱貫流率）の単位も[$W/(m^2 \cdot K)$]であり，この場合はまさに壁や床，窓などの部位ごとの1m^2当たり貫流熱を表しているが，Q値の場合は，床面積1m^2が負担する外壁他からの貫流熱損失および換気熱損失を表している点を理解しておこう。

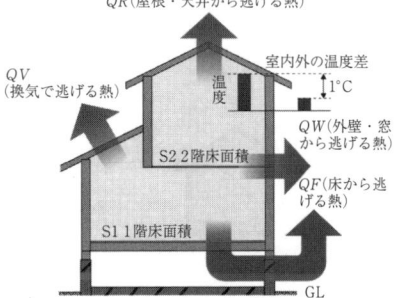

図2 熱損失係数の概念図[2]

$Q = (QR + QW + QV)/(延床面積)$

次世代省エネ基準では，保温性能の指標として熱損失係数（Q値）を使用
この値は，小さいほどロスが少ない
QR（屋根・天井から逃げる熱）
QV（換気で逃げる熱）
QW（外壁・窓から逃げる熱）
QF（床から逃げる熱）

3 — 住宅の期間暖房熱量の推定

ある地域に立地する住宅の期間暖房熱量E[Wh/年]は，暖房デグリーデーとQ値の概念を用い，次のように表すことができる。

$$E = 24 \times Q \times A \times D_{18-18}$$

D_{18-18}については使用例であり，暖房の状況により選択する。暖房デグリーデーの大きさは，立地条件に依存することから，期間暖房熱量を小さくしたいときは，住宅のQ値とともに延床面積についても考慮する必要があることを示している。

---

1) 気象庁，理科年表プレミアム，丸善，2012
2) 建築環境・省エネルギー機構，次世代省エネルギー基準・早わかりガイド，p.15，1999

16　2013年省エネルギー基準

建築物や住宅の省エネルギー基準は，国土交通省と経済産業省の告示に定められており，時代の状況に合わせて改定が進められている。2013年4月から施行された省エネルギー基準について解説する。

1 — 2013年省エネルギー基準の変更点

　これまで建築物と住宅の省エネルギー基準は，統一されていなかった。図1に示されるように，建築物については，外皮の熱性能はPAL (Perimeter Annual Load，年間熱負荷係数)，設備の性能はCEC (Coefficient of Energy Consumption，エネルギー消費係数) が用いられてきたし，住宅については，外皮の熱性能は年間冷暖房負荷やQ値 (熱損失係数)，仕様基準 (例えば，ある地域の外壁の断熱材は何mm以上など) によって定められ，設備の性能については記述がなかった。今回の改定により，建築物および住宅ともに，一次エネルギー消費量を指標として建物全体の省エネルギー性能を評価する基準に一本化された。

　住宅外皮の各部位の仕様から，暖冷房一次エネルギー消費量を算定するプロセスを図2に示す。外壁の貫流熱損失と換気熱損失を合計してQ値が求まり，これを用いて暖冷房一次エネルギー消費量は算定される。この算定プロセス中の各部位の熱貫流率，外皮表面積，温度差係数から熱貫流量を算定し，壁・開口部・床・天井・基礎について集計した貫流熱損失量を「外皮総熱損失量」と呼んでいる。さらに，これを外皮面積の合計で除して，「外皮平均熱貫流率」を求めることで，換気熱損失を含まない新たな外皮の評価指標としたものである。6地域にあたる東京の場合，外皮平均熱貫流率の基準値は，$0.87[W/(m^2 \cdot K)]$などと定められている。

　熱性能的には1999年の基準 (次世代基準) を踏襲したレベルとなっているが，Q値 (熱損失係数) を用いる場合と比較して，住宅の規模による影響を受けにくくなった利点がある (Q値の基準では，床面積当たりの外皮表面積が大きい小規模住宅において，厚い断熱が求められる等の問題があった)。

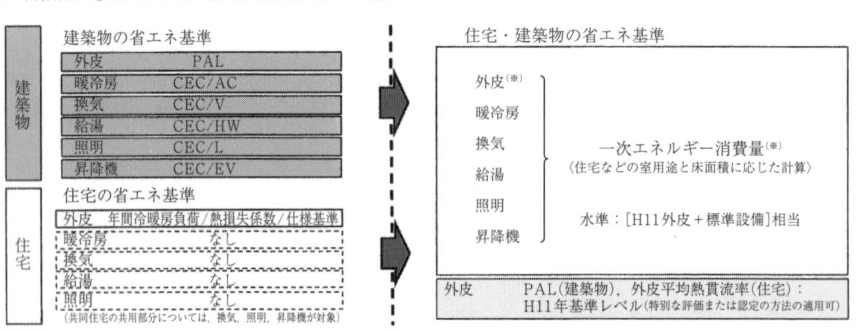

図1　省エネルギー基準の見直しの全体像[1]

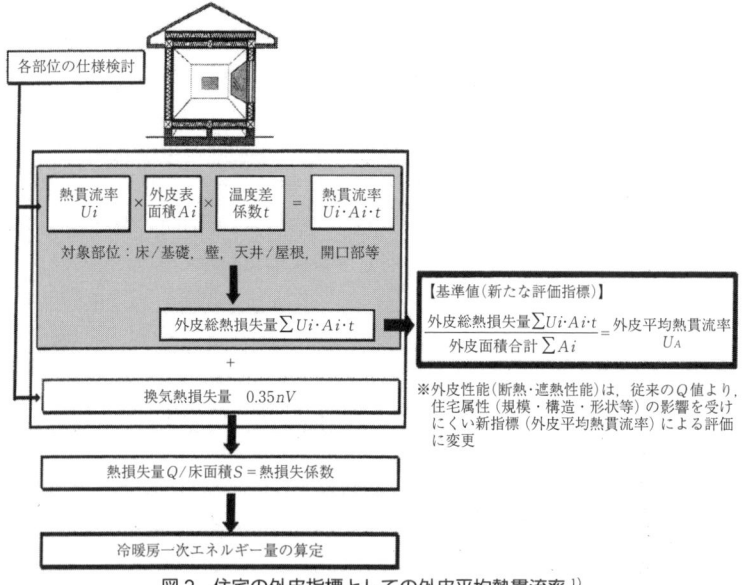

図2 住宅の外皮指標としての外皮平均熱貫流率[1]

2 ― 住宅の一次エネルギー消費量基準の考え方

図3に住宅の一次エネルギー消費量基準の考え方を示す。基準となる一次エネルギー消費量があらかじめ提示されているので，自らが設計した暖冷房・換気・照明・給湯等の仕様から，家電・太陽光発電を含めた設計一次エネルギー消費量を求め，

(設計一次エネルギー消費量)/(基準一次エネルギー消費量)≦1

を満たすように設計仕様を定めることが基本となる。

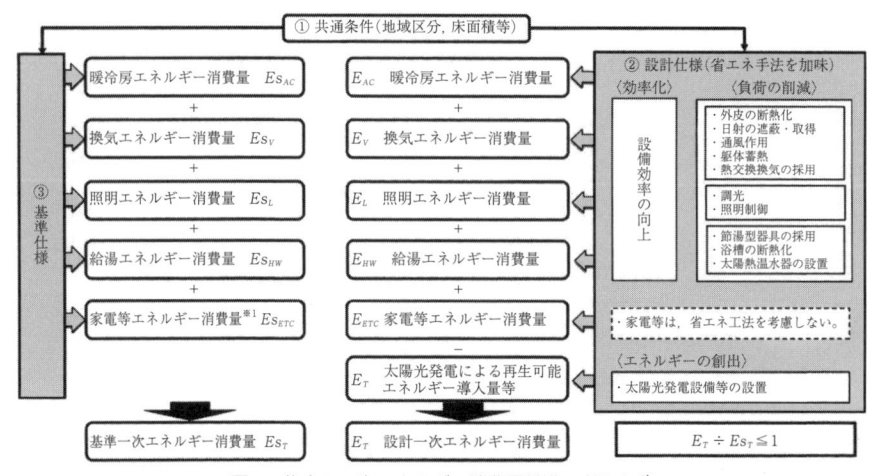

図3 住宅の一次エネルギー消費量基準の考え方[1]

1) 国土交通省，省エネルギー判断基準等小委員会資料，2012

17 PALと拡張デグリーデー

2013年の省エネルギー基準改定でも，ビルに関しては外皮性能の把握・提示に，当面PALを用いることとされた。ただ，PALとその算定に用いる拡張デグリーデーについては，大学の教科書レベルで扱わない場合が多いので，本項を参考とされたい。拡張デグリーデーは，デグリーデーをもとに日射や内部発熱の影響を考慮して，ビルの省エネルギー計算に応用できるようにしたものである。

1 — 年間熱負荷係数 PAL

PALは，次式で表現される。

PAL＝(ペリメータゾーンの年間熱負荷[MJ/年])/(ペリメータゾーンの床面積[m^2])

現在，例えばオフィスビルではPALの値を300[MJ/m^2·年]以下とするよう「エネルギーの使用の合理化に関する法律」(省エネ法)に関連して定められている。設計者は，建築確認申請にあたり，ビルの平面・立面，外壁の断熱性能，窓の大きさ・日除けの設置などについて，基準値以下となるように検討する必要がある。

ペリメータゾーンを図1に示す。外界の気象条件の影響を受ける範囲として，最上階のほか，中間階では外壁から内側へ5mまでがペリメータゾーンに含まれる。最下階の下がピロティの場合は，階全体がペリメータゾーンとなるが，最下階が地盤に接している場合は，中間階と同じ扱いとする。

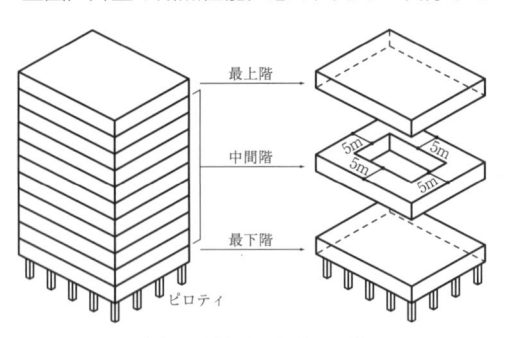

図1 ペリメータゾーン[1]

2 — PAL算定の基本式と拡張デグリーデー

日射や室内発熱を考慮した定常の暖房負荷 q_H[W] は，外皮の方位を一方向のみと考えれば，次式で表される[2]。

$$q_H = (U_T^* + 0.33 V A_P)(\theta_d - \theta_o) - \eta_T I_S + (\varepsilon'/\alpha_o) U_T^* I_\ell - G A_P$$

ここに，
- U_T^*：外皮の総熱貫流率[W/K]
- V ：取入れ外気量[m^3/m^2·h)]
- A_P：床面積[m^2]
- θ_d：設計室温[℃]
- θ_o：外気温度[℃]
- η_T：総日射侵入率[m^2]

I_S：日射量[W/m^2]
ε'：長波放射率[−]
α_o：室外側総合熱伝達率[W/m^2·K]
I_ℓ：長波(実効)放射量[W/m^2]
G：内部発熱密度[W/m^2]

変形により，次のように表現できる．
$$q_H = U_T(\theta_{ref} - \theta_o - \rho I_S + 0.04\sigma I_\ell)$$
ここで，
U_T：$U_T^* + 0.33VA_P$
θ_{ref}：$\theta_d - \Delta\theta$（参照温度）
$\Delta\theta$：GA_P/U_T
ρ ：η_T/U_T（侵入貫流比）
$\varepsilon'/\alpha_o = 0.9/23 = 0.04$
σ ：U_T^*/U_T

上式の（ ）内は，温度の次元を有しており，この値がプラスの時に暖房が必要と考えられる．$\Delta\theta$, θ_o, I_S, I_ℓに日平均値を与え，（ ）内が正の値の日について年間集計を行う．これが拡張暖房デグリーデーEHD[K·day/年]である．
$$EHD = \sum(\theta_{ref} - \theta_o - \rho I_S(j) + 0.04\sigma I_\ell(j))$$
この$\sum$では，プラスの日についてのみ集計する．jは外皮の方位を表す．
同様にして，拡張冷房デグリーデーECDは，次式で表現される．
$$ECD = \sum(\theta_o - \theta_{ref} + \rho I_S(j) + 0.04\sigma I_\ell(j))$$
実用の面を考慮し，$\sigma = 1$として，日本列島を12に分割した地域ごとに，EHDおよびECDが整備されている[3]．

3 — PALの算定

期間暖房負荷Q_H[kJ/年]および期間冷房負荷Q_C[kJ/年]は，次式で表される[2]．
$$Q_H = 24 \times 3.6 \times U_T \times EHD \times k_H$$
$$Q_C = 24 \times 3.6 \times U_T \times ECD \times k_C$$
ここに，k_Hおよびk_Cは「地域補正係数」と呼ばれ，建物の使用スケジュールに応じて地域ごとに定められる数値である．最終的に，年間熱負荷Qは次式で求められる．
$$Q = Q_H + Q_C$$
外皮の方位ごとに（S, W, N, E, Hなど）年間熱負荷を求め集計し，それをペリメータゾーンの床面積で除すことで，計算対象建物のPALの値が求まる．

オフィスビルの場合は，300[MJ/m^2·年]以下となるよう，仕様に変更を加えながら算定を繰り返す．設計者は法的な義務付けとして対応するだけでなく，建物外皮の性能を数値化し比較検討できるツールとして，PALを活用することが望まれる．

1) 建築環境・省エネルギー機構，建築物の省エネルギー基準と計算の手引，p.39, 2004
2) 建築環境・省エネルギー機構，建築物の省エネルギー基準と計算の手引，pp.55-59, 2004
3) 建築環境・省エネルギー機構，改訂 拡張デグリーデー表，2003

18 一次エネルギー消費を知る

以前は，ビルや住宅のエネルギー消費を評価するのに，主に二次エネルギー消費が用いられた。例えば電力の消費では，1kWhで3.6MJ(≒860kcal)の発熱があるとして，他のガスや石油類の発熱量と集計する方法である（1kWh＝1,000W×3,600s＝3,600,000Ws＝3.6MJ ∵1Ws＝1J）。

ヒートポンプの本格的な普及期前で，建物用途等によるエネルギー消費の大小の比較を目的としている場合に用いられてきた経緯がある。

1 ── 一次エネルギー消費

　一次エネルギー消費は，建築物で使用される電力・都市ガス（13A他）・石油（灯油他）・地域供給熱などの二次エネルギーについて，わが国が輸入している天然ガス・原油・石炭などの化石燃料段階でのエネルギー消費に換算したものである。

　建築物等へのエネルギー供給の流れを図1に示す。電力・ガス・石油類のうち，最も二次エネルギー消費と一次エネルギー消費の差が大きいのが電力である。火力発電では，燃焼排ガスによる熱損失や送配電損失などがあり，投入する化石燃料のもつエネルギーのすべてを需要端にあたる建築物等で使うことができない。現状では，電力の一次エネルギー換算値として，1kWh当たり9.757[MJ]を用いている。上述の二次エネルギー消費の値と比較すると，

　　需要端熱効率 ＝(3.6[MJ/kWh])/(9.757[MJ/kWh])
　　　　　　　　＝0.369

となる。最新鋭のコンバインドサイクルを有する火力発電所等の発電効率は優に50％を超えるが，旧型機を含む全国の需要端熱効率は平均で36.9％という数字に留まっている。昼間電力と夜間電力に分けて評価する場合は，昼間電力9.97[MJ]，夜間電力9.28[MJ]という数値を用いている。熱効率は性能向上に伴い年々増加し，それに

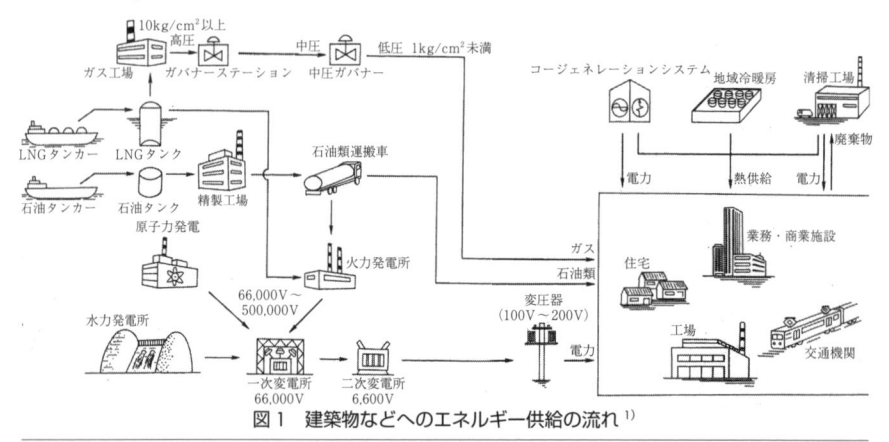

図1　建築物などへのエネルギー供給の流れ[1]

連れて一次エネルギー換算値としては小さくなっていく傾向のものであるから，実際に数値を扱う場合は，当局の公表数値をその都度確認する必要がある。

また，火力発電による電力は，このように熱効率が0.369程度であるため，建築物等の需要端で熱として利用する場合は，成績係数（COP）が3以上のヒートポンプを適用することで，もともとの発熱量以上の熱を利用することが可能となり，他のガスや石油等の燃料使用との競争条件が整うものである。

この一次エネルギー消費の概念は，後述するZEBの評価をはじめとして，今後の建築物におけるエネルギー評価の柱となる概念であるから，よく理解しておくことが望ましい。

2 ― 燃料の一次エネルギー換算係数について

表1に，電力および燃料の一次エネルギー換算係数の例を示す。灯油では36.7［MJ/L］，軽油では38.2［MJ/L］，都市ガス（13A）では45［MJ/Nm³］などといった換算係数を用いている。

太陽光，風力等の新エネルギーについては，電力の発熱量をそのまま用い，3.6［MJ/kWh］である。

表1　一次エネルギー換算係数[2]

	購入電力	9.97［MJ/kWh］
総エネルギー投入量	化石燃料 灯油	36.7［MJ/ℓ］
	A重油	39.1［MJ/ℓ］
	都市ガス	45［MJ/Nm³］
	液化天然ガス（LNG）	54.5［MJ/kg］
	液化石油ガス（LPG）	50.2［MJ/kg］
	ガソリン	34.6［MJ/ℓ］
	軽油	38.2［MJ/ℓ］
	新エネルギー 太陽光	3.6［MJ/kWh］
	太陽熱	3.6［MJ/kWh］
	風力	3.6［MJ/kWh］
	水力	3.6［MJ/kWh］
	燃料電池	3.6［MJ/kWh］
	廃棄物	3.6［MJ/kWh］

3 ― 二酸化炭素排出係数について

電力および燃料の二酸化炭素排出係数は，表2に示すとおりである。電力では0.555［kg-CO_2/kWh］を用いる。電力会社は毎年，各社の実績値を公表しているので，その値を用いることもできる。

燃料では，灯油が2.49［kg-CO_2/L］，軽油が2.62［kg-CO_2/L］，都市ガス（13A）が2.28［kg-CO_2/Nm³］などの数値である。

都市ガスについては，一次エネルギー換算係数を含め，地域のガス会社によってガスの組成が異なるので，各社の公表値を調べるとよい。

表2　二酸化炭素排出係数[3]

	排出係数（kg-CO_2/MJ）	CO_2換算係数
購入電力	―	0.555［kg-CO_2/kWh］
化石燃料 灯油	0.0185	2.49［kg-CO_2/ℓ］
A重油	0.0189	2.71［kg-CO_2/ℓ］
都市ガス	0.0138	2.28［kg-CO_2/Nm³］
液化天然ガス（LNG）	0.0135	2.698［kg-CO_2/kg］
液化石油ガス（LPG）	0.0163	3.000［kg-CO_2/kg］
ガソリン	0.0183	2.32［kg-CO_2/ℓ］
軽油	0.0187	2.62［kg-CO_2/ℓ］
廃棄物（廃プラ）	―	2,690［kg-CO_2/t］

1) 日本建築学会，建築環境工学用教材・環境編，丸善，pp.4-5，図3，1988
2) エネルギーの使用の合理化に関する法律，施行規則より
3) 特定排出者の事業活動に伴う温室効果ガスの排出量の算定に関する省令

19 CASBEEとは

CASBEE (Comprehensive Assessment System for Built Environment Efficiency, 建築環境総合性能評価システム, 呼称：キャスビー) は，建築物や建築群について，環境に与える影響を考慮し，環境性能に関する指標を用いて評価・格付けを行うシステムである。省エネルギーや環境負荷の小さい資機材の使用といった環境配慮をはじめ，室内の快適性や景観への配慮なども含め，建築の品質を総合的に評価する。2003年に国土交通省より公開され今日に至っている。現在，多くの大都市では，一定規模以上の建築物の建築にあたり，CASBEEによる評価書の提出が求められている。

1 — CASBEEにおける評価の仕組み

CASBEEにおける評価の基本は，建築物の環境品質(Q)と建築物の環境負荷(L)を，それぞれ別個に求め，その比である環境効率(BEE)でもって，当該建築物の評価値を定めることにある。

$$建築物の環境効率 BEE = 建築物の環境品質 Q / 建築物の環境負荷 L$$

ここで，建築物の環境品質Qは，「仮想閉空間内における建物ユーザーの生活アメニティの向上」を評価するものであり，一方，建築物の環境負荷Lは，「仮想閉空間を越えてその外部（公的環境）に達する環境影響の負の側面」を評価するものと定義される。その概要を図1に示す。

2 — CASBEEの評価事例

図2は，川崎市幸区役所庁舎改築工事におけるCASBEE評価結果の例[2]である。中段左の図が環境効率BEEによる表示例となっている。Qの値が高く，Lの値が低いほど傾きが大きくなり，よ

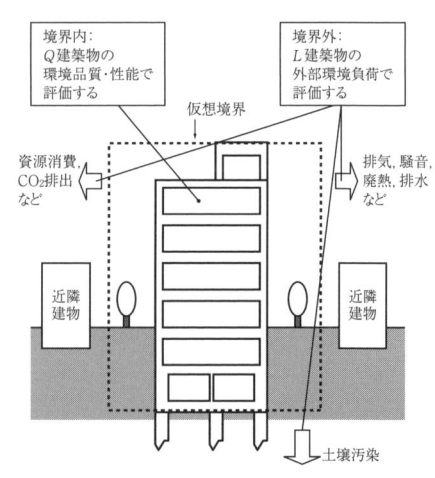

図1 仮想閉空間の概念[1]

りサステナブルな性向の建築物と評価される。原点からの傾きによって，ランキング（環境ラベリング）を行っており，「Sランク（素晴らしい）」から，「Aランク（大変良い）」，「B+ランク（良い）」，「B−ランク（やや劣る）」，「Cランク（劣る）」という5段階のランキングが与えられる。Sランクだけは，BEEの傾きだけでなく，建築物の環境品質Qが基準以上であることを条件としている。実際の評価作業では，評価者が評価ツール

（ソフト）を用いて，項目別の採点シートに採点入力を行い，採点結果はスコアシートにまとめて表示される。

　この建物の場合，BEEが3.3で3.0を超えており，Sランクと評価された例である。基本的な建築物の情報のほか，外観，ランキング図，分野別の得点棒グラフ，レーダーチャートから成っている。CASBEEを採用している自治体や都道府県では，各建築物の届出内容をホームページで公表しているので，個別の詳細を知ることが可能である。是非，見比べてみるとよい。

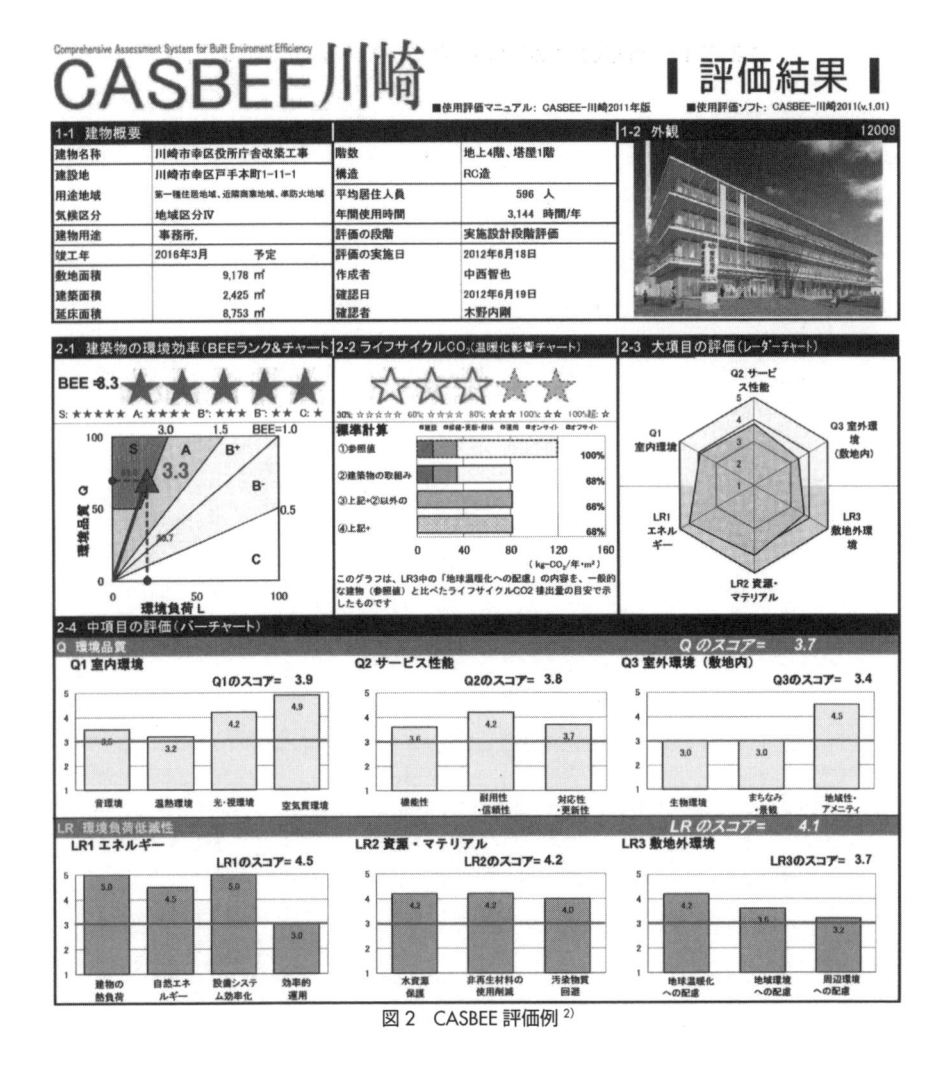

図2　CASBEE 評価例[2]

1) 建築環境・省エネルギー機構，建築環境総合性能評価システム評価マニュアル，CASBEE新築（2010年版），2011
2) 川崎市ホームページ

20 ZEBとは

2010年6月に策定され閣議決定されたエネルギー基本計画では、「低炭素型成長を可能とするエネルギー需要構造の実現」のための取組みとして、業務部門におけるZEB（ネットゼロ・エネルギー・ビル）を2020年までに新築公共建築物で実現し、2030年までに新築建築物の平均で実現することを目指す、とされた。

1 ― 建築物のZEB化

ネットゼロエネルギーとは、一次エネルギー消費で評価してゼロという意味である。図1に、経済産業省の報告書[1]に記載されているZEBのイメージを示す。建築物ZEB化の基本は次の3項目である。

1) 建築物単体として、躯体・設備・運用面からの省エネルギーを徹底する。
2) 建築物単体として、太陽光発電・太陽熱利用などによりエネルギーを創る。
3) 立地条件を活かし、利用可能な周囲の未利用エネルギーを導入する。

建築物・設備の省エネルギー性能の向上や、オンサイトでの再生可能エネルギーの活用（太陽光発電ほか）、エネルギーの面的利用（地域熱供給を通じた未利用エネルギー活用等）により、年間の一次エネルギー消費量を差し引きゼロにできるオフィスビル等を創り出すものである。

要素技術のうち、躯体関係では外皮負荷削減、ルーバー・庇の活用、壁面太陽光パネル、窓用太陽光パネル、光ダクトシステム、クールルーフなどが盛り込まれており、また、設備関係では高効率空調、放射冷房、タスクアンビエント照明、ブラインド制御、LED照明、クールチューブ、地中熱利用ヒートポンプ、外気冷房などが挙げられている。

ZEH（ネットゼロ・エネルギー・ハウス）、ZEBに関する欧米の政策目標は図2に示すとおりで、わが国よりも一歩進んだ状況も見られる。

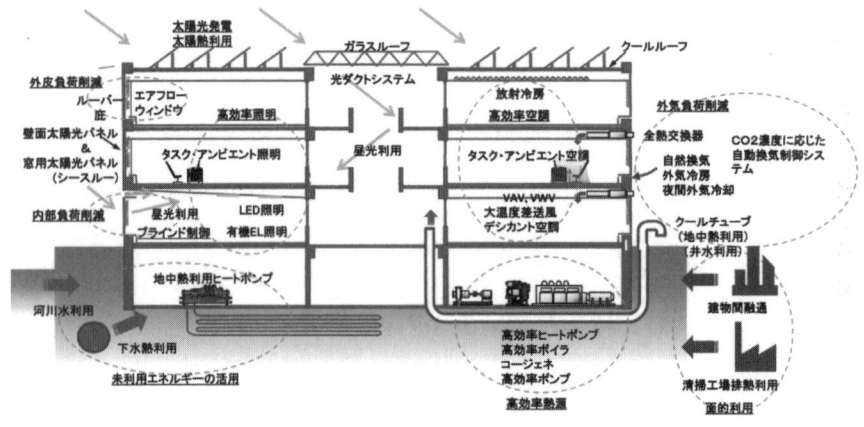

図1　ZEBのイメージ[1]

米国
- エネルギー自立安全保障法(2007年)において、以下を目的とする「Net-Zero Energy Commercial Buildings Initiative」を規定。
  - 2030年までに、米国に新築されるすべての業務用ビル
  - 2040年までに、米国の既存の業務用ビルの50%
  - 2050年までに、米国のすべての業務用ビル

  をZEBとするための技術・慣行・政策を開発・普及する。
- 住宅については、市場展開可能な(marketable)ZEHを2020年までに開発することが目標。

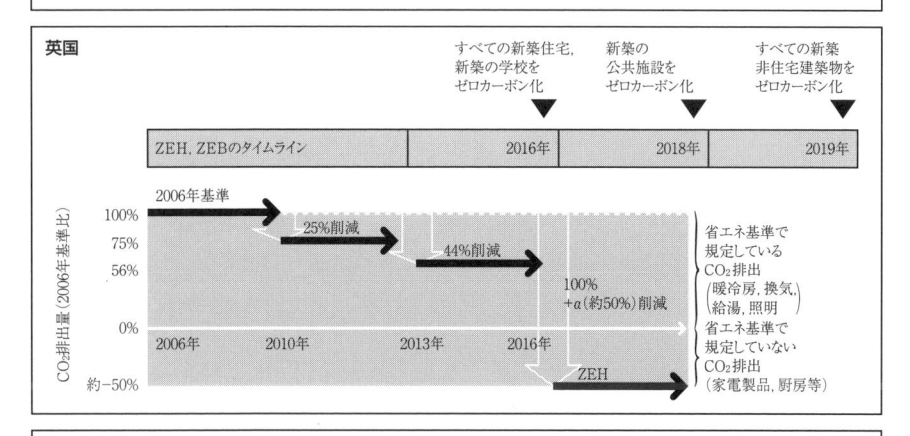

英国

すべての新築住宅、新築の学校をゼロカーボン化 ▼ 2016年
新築の公共施設をゼロカーボン化 ▼ 2018年
すべての新築非住宅建築物をゼロカーボン化 ▼ 2019年

ZEH、ZEBのタイムライン

2006年基準 → 25%削減 → 44%削減 → 100%+α(約50%)削減

CO₂排出量(2006年基準比): 100%(2006年)、75%(2010年)、56%(2013年)、0%(2016年)、約-50%(ZEH)

省エネ基準で規定しているCO₂排出(暖冷房、換気、給湯、照明)
省エネ基準で規定していないCO₂排出(家電製品、厨房等)

EU
- 2020年12月31日以降に新築されるすべての住宅・建築物は、「概ねゼロ・エネルギー(nearly zero energy)」とする。

図2 欧米におけるZEH・ZEBに向けた政策目標[1]

2 — ヒートポンプの活用

前述の3項目のうち、1)と3)の高効率設備としてヒートポンプが注目されている。ここで電力について考えてみると、電力1kWhの発熱量(二次エネルギー)は3,600kJであるが、火力発電所で発電のために投入する化石燃料の量で評価する一次エネルギーとして捉えると、1kWhは現状9,760kJとなる。需要端熱効率(発電・送電後のオフィスビルなど需要家時点の効率)は36.9%に過ぎないからである。このため、石油類や都市ガスなどのエネルギーと比較して、熱として電力を消費することは大幅に不利に働くことになる。

周知のごとくヒートポンプは、冷媒を圧縮する圧縮器で電力を消費することにより、蒸発器と凝縮器部分で冷熱と温熱を得る仕組みである。成績係数(COP)は得られた熱量を電力の消費熱量で除した値であるから、COPが3程度のヒートポンプであれば、暖房などの発熱に電力を消費しても、石油類・都市ガスなどによる発熱とほぼ同様の一次エネルギー消費となる(0.369×3≒1.1)。現状では、COP4以上のヒートポンプが開発され普及してきており、ZEB化の進展に貢献できる状況がある。

---

1) 経済産業省,住宅・建築物の低炭素化に向けた現状と今後の方向性, p.43, 2010

第2章

建築設備

01　設備計画の評価方法

建築設備の計画は多様な視点から検討される。同一用途・規模の建物であっても，建築主の視点や価値観が違えば異なった内容ともなる。したがって，正解は一つとは限らない。設計者は，関連する多くの諸要件を整理・評価し，必要であれば社会貢献などにも建築主の視点を広げ，客観的な評価指標を極力明示し，設備の選定・計画を進めることが望まれる。本項では，設備計画の評価の方法，評価手法の動向について紹介する。

1 ── 設備計画の評価

設備計画の評価は，諸要件の個別評価と総合評価により行われる。各要件評価は数値指標のほか，簡易的には，○×△や5段階評価など抽象的指標で行われる場合もある。総合評価は，各要件の評価結果を俯瞰し，総合的に優劣を判断する。各要件に重み付け点数を割り振り，合計点を算出する場合もある。合計点が高くても，不適の要件が一つでもあれば選択から除外される。

計画・設計のプロセスでは，一般に複数の選択肢を評価して，設備計画が進められる(図1)。

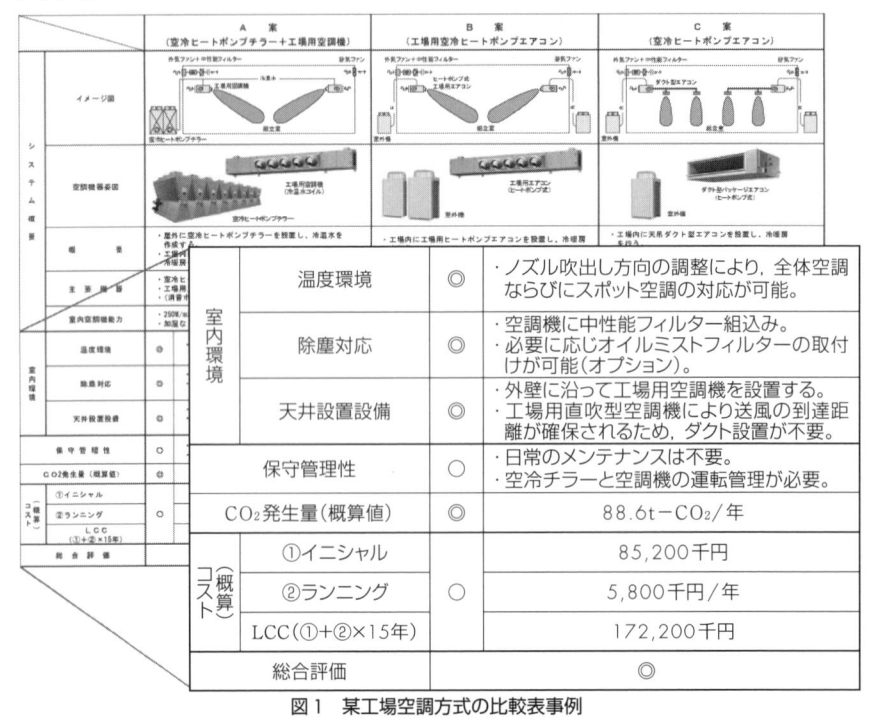

図1　某工場空調方式の比較表事例

2 — 評価手法の動向

　客観的な評価指標の算出は，煩雑となる場合も多い。簡易で精度が高い算出ツールや，関連する一部諸要件を総合的に評価するツールが開発されている（**表1**）。

表1　評価手法の進展

種別	建築環境性能評価	エネルギーシミュレーション
ツール（開発国または団体）	CASBEE（日本） LEED（米国） BREEM（英国）	BEST（IBEC） LCEMツール（国土交通省）
特徴	建物の快適性能と環境負荷性能を総合評価する。	比較的簡易にエネルギーシミュレーションができる。

　CASBEEなど建築環境性能評価手法は，建物の快適性能や環境負荷のレベルなど，建築物のサステナビリティ（持続可能性）を総合評価するツールで，評価結果は建物の環境性能を示すラベリング（格付け）にも利用される。

　LCEMツールは，表計算（EXCEL）ベースで開発された空調システムの運転シミュレーションツールで，あらかじめ用意されている標準オブジェクトを利用することにより，比較的簡易にシミュレーションモデルを構築することができる（**図2**）。

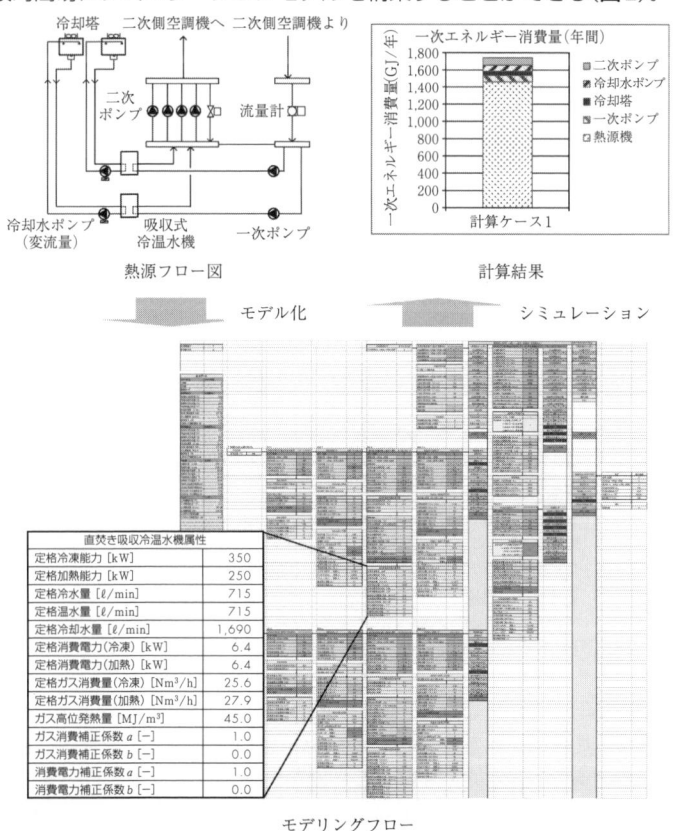

図2　LCEMツールの活用事例（熱源システムのエネルギーシミュレーション）

02　個別空調方式について

空調方式は，中央熱源方式と個別空調方式に大別される。両方式の棲み分けは，おおむね施設規模の視点で行われているが，個別空調方式の技術進展も著しく，設置（設計・施工）と運用（運転管理）の両面で簡易な特徴から，中央熱源方式が得意分野とする大規模施設などに，その適用領域を拡大している。本項では，個別空調方式の技術動向について紹介する。

1 ― 個別空調方式の動向
(1) パッケージエアコンの技術進展

ビル用マルチエアコンの技術進展が顕著である。高効率化のほか，設置制約の緩和と機能の向上（**表1**）により，規模と用途の両面で，採用の拡大が進んでいる。

表1　ビル用マルチエアコンの技術動向

区　分	項　　目
設置制約の緩和	① 室外機の大容量化 ② 冷媒配管の長尺化 ③ 室内外機の許容高低差の拡大（高層建物対応） ④ 更新対応化（既設冷媒配管の再利用対応）
機能の向上	① 冷暖フリー化 　室内機ごとに冷房運転と暖房運転を自在に選択できる。冷房と暖房の同時運転時は，熱回収運転となる。中央熱源の四管式システムに代替することができる。 ② 運転管理システムの高度化 　高度な専用システムを安価に利用できる。室内機ごとの運転管理，室内機の運転状況を反映した課金システム，電力のデマンド管理，上位システムとの通信やWEB対応機能が標準に用意されている。 ③ 外気処理の高度化 　個別空調方式では，加湿能力の不足が問題となるケースが多い。加湿能力の高い，直膨コイル付きの外気処理ユニットがラインアップされている。 ④ 室内機バリエーションの拡大 　壁ビルトイン型や床吹出し型，HEPA付きのクリーンルーム用など，特殊な用途や設置形式への適用が拡大している。 ⑤ クールビズ対応 　調湿機能を有するデシカント外気処理ユニットと顕熱処理室内機の組合せシステムがラインアップされている。 ⑥ 発電機付きGHP* 　室外機のエンジンで発電し，系統連系，停電時の自立運転が可能となる。

＊ ガスエンジンヒートポンプ

(2) 直膨式空調機の汎用化

直膨式の冷却・加熱コイルを採用し，中央熱源設備の設置が不要な空調機が，空調機メーカーから市販されている（**図2**）。室外機を分離設置するタイプと空調機一体とするタイプがある。機能や仕様の融通性など従来の空調機の特徴と，個別空調方式の簡易性を併わせもっている。大風量の外気処理用途などに採用される場合も多い。

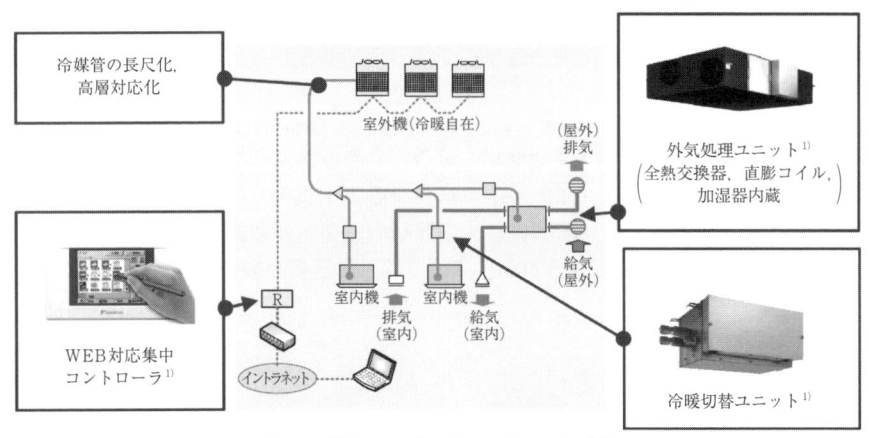

図1 ビル用マルチエアコンのシステム例

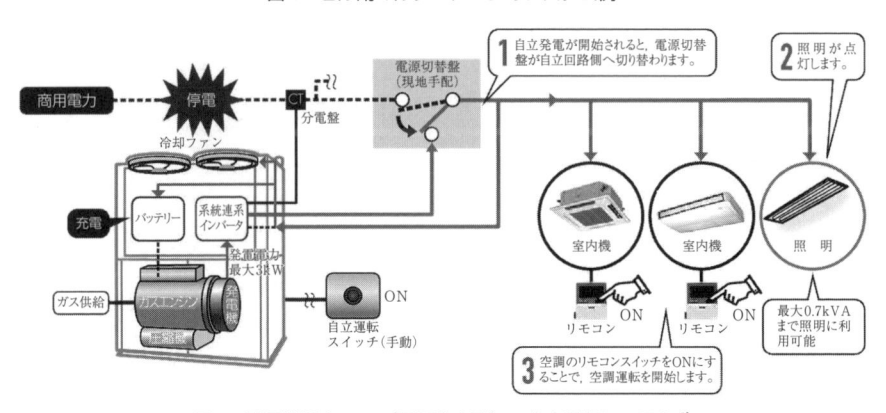

図2 発電機付きGHP（電源自立型）の自立運転システム[2]

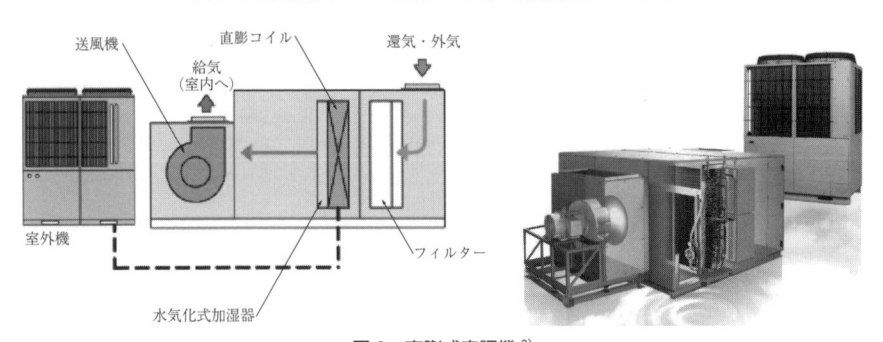

図3 直膨式空調機[3]

1) ダイキン工業(株)カタログ
2) パナソニックES産機システム(株)カタログ
3) 新晃工業(株)製品情報 (http://www.sinko.co.jp/technique/hpahu.html)

建築設備

03 熱源機器の高効率化

熱源機器の高効率化の進展は著しい。冷凍機は，定格COPの高効率化の漸進のほか，期間COP（後述）の向上を主眼に，オフピーク時の高COP化が顕著である。圧縮式冷凍機は，モジュール化とインバータ制御の汎用，吸収式冷凍機は，多重効用化の漸進が見られる。温水機は，潜熱回収機の汎用と高温ヒートポンプの利用（ボイラ代替）に進展が見られる。本項では，熱源機器の技術動向について紹介する。

1 — 冷凍機の動向

(1) モジュール化

モジュール形のチラーが汎用されている。小容量モジュールを組合せ連結し，小～大容量機をラインアップしている。モジュールの効率特性に基づく台数制御を行うなど最適運転機能を有する。故障モジュールの切り離しによる運転継続性能にも優れる。コンパクトで揚重性に優れ，リプレース需要も取り込んでいる（図1）。

図1 モジュールチラー（空冷式）[1]

(2) インバータ制御

運転状況に応じ圧縮機の回転数をインバータで制御する。代表機種であるインバータターボ冷凍機の効率特性を，**図2**に例示する。期間COPの向上を主眼に設計され，オフピーク時のCOPが格段に向上している。具体的には，定格時のCOPよりも部分負荷時のCOPが高い。

さらに，冷却水温度が下限条件（12℃）での最高COPは，定格時（負荷率100%，冷却水温度32℃）の数倍に達することがわかる。

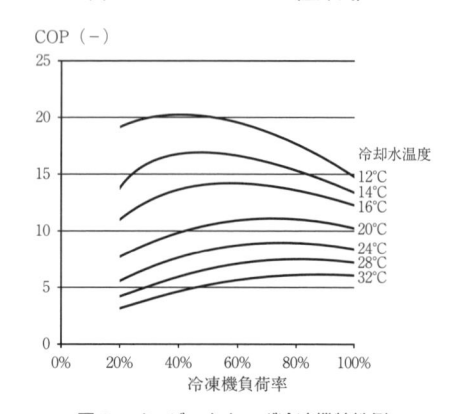

図2 インバータターボ冷凍機特性例

(3) 吸収式冷凍機の超高効率化

現在，主流の二重効用機の定格COP（低位発熱量基準）は，最高効率型の機種で1.4～1.5に達する。さらなる超高効率化に多重効用化を進め，三重効用機（定格COPは1.7超）もラインアップされている。三重効用機は，高温再生器を高温・高圧（大気圧以上）とすることで，ボイラとしての規制は受けるが，3段階の加熱・再生を可能とし

ている（図3）。また圧縮式冷凍機と同様に，期間COPの向上を意図した機種（高期間COP機）も用意されている。

2 ─ ボイラの動向

(1) 潜熱回収による超高効率化

家庭用給湯器から大型の燃焼式温水機まで潜熱回収機（図4）がラインアップされており，その熱効率（低位発熱量基準）は，1.0を超過する。また，給湯用熱源としては，エコキュートなど高温ヒートポンプシステムも汎用され，上記の潜熱回収機と競合している。

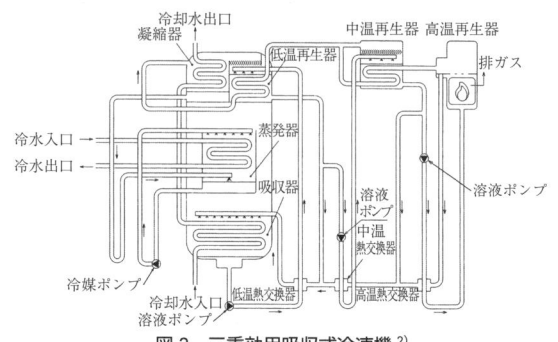

図3 三重効用吸収式冷凍機[2]

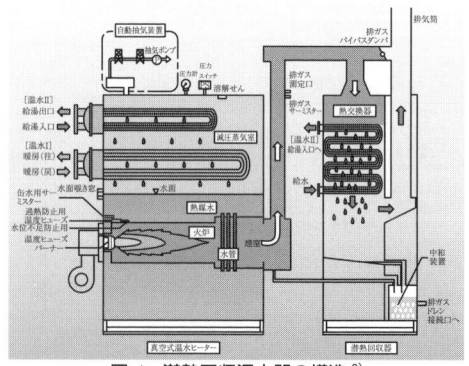

図4 潜熱回収温水器の構造[3]

システムCOP，期間COP

熱源システムのCOPの算定

$$システムCOP = 熱源機の出力 \div (熱源機の入力 + 補機動力^*)$$

＊本体補機および熱源補機（ポンプ，冷却塔ファン（水冷式の場合））の動力

期間COPの算定

シーズンを通じた運転効率を評価する。設計計画時は，シーズンの外気条件と熱負荷（熱源出力）を想定し，熱源の運転計画，能力特性から算定する。冷凍機単体の規格（評価指標）としては，IPLV（米国のARI規格）がある。

$$IPLV = 0.01 \times A + 0.42 \times B + 0.45 \times C + 0.12 \times D$$

ここで，A：100％負荷時のCOP
B：75％負荷時のCOP
C：50％負荷時のCOP
D：25％負荷時のCOP

---

1) 東芝キヤリア（株）カタログ
2) 空気調和・衛生工学会，第14版空気調和・衛生工学便覧 第2巻，p241，図7・80，2010
3) （株）日本サーモエナー・カタログ

04　熱源システムの役割

ZEBやBCPをキーワードに，先進的な省エネルギー性能の実現，高度な信頼性の構築など，中央熱源方式に期待される役割は大きい。ハード（03熱源機器）とソフト（システム）の両輪の技術進展により，熱源設備の性能・機能の高度化が進んでいる。本項では，後者（熱源システム）の技術動向について紹介する。

1 ― 省エネルギー技術の動向

従来技術（搬送動力の削減，自然エネルギー・排熱回収の利用，蓄熱システムなど）の発展のほか，再生可能エネルギー活用の拡大，運用技術（コミッショニング，最適運転制御システム（後述）など）の進展が見られる。

(1) 搬送動力の削減

大温度差送水，変流量化，モータの高効率化，ポンプの最適選定などによりWTF（後述）を向上させる（図1）。

大温度差送水では，7～10deg差が一般的だが，カスケード利用により，10deg差超の設計も見られる。変流量制御は，代表点の送水差圧による制御が一般的だが，空調機の各制御弁の開度状況を通信で把握して，ポンプの送水差圧を最小化する手法もある。

モータの高効率化は，高効率モータ（JIS C 4212）のほか，IPMモータ（埋込み磁石同期モータ）も採用される。ポンプの最適選定は，実運転状況での運転効率に配慮して，仕様や台数を決定する。

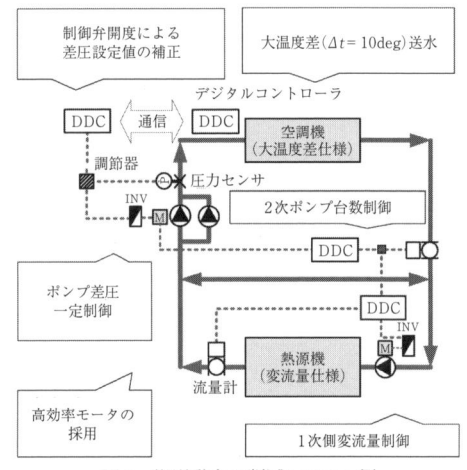

図1　搬送動力の削減システム例

変流量仕様の冷凍機は，定格値の50％程度まで水量を絞ることができる。高期間COPの冷凍機（前述）の採用と併わせ，部分負荷時のシステムCOP（前述）が大きく向上する。2ポンプ変流量システムでの採用のほか，変流量システムを1ポンプ（2次ポンプなし）システムで，簡易に構築している事例もみられる。

(2) 自然エネルギー・排熱回収の利用

民生用の建物でも，大気冷却（フリークーリング）を導入する事例が増えている。外気温度の低い冬季に，大気の冷熱で冷水を製造し，冷熱需要に使用する。全空気方式の場合は，外気冷房で代替する事例も多いが，放射空調など水式空調方式では，適用のメリットが大きい。外調機の予熱コイルへの通水と冷却塔での冷水発生の2通りの手法がある。

排熱回収利用では、低温再生のデシカント除湿器が実用化されて、太陽熱温水や低温の排熱(〜80℃)を再生用熱源に利用することが可能となった。

地中熱利用は外気温度に比べて年間安定している(夏冷たく、冬温かい)地中温度の熱特性を利用する。採熱の方法には、地中に熱交換器を設置して採熱する方法と、地下水を汲み上げて採熱する方法がある。また、利用の方法としては、ヒートポンプのヒートソース・ヒートシンクとする方法と、直接に利用する方法がある。

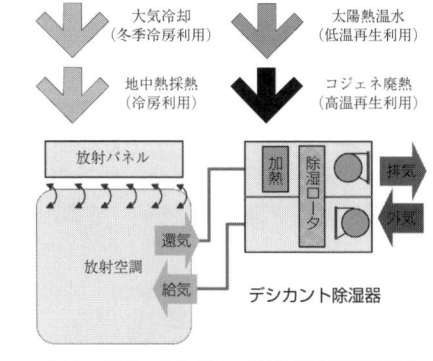

図2 自然エネルギー・排熱回収の直接利用(放射空調システム)

放射空調システム(後述)は、上記のシステムとの親和性が高く、熱源システムへの採用で、省エネルギー性能を最大限に発揮する(**図2**)。

(3) 蓄熱システム

蓄熱システムの省エネルギー性は、従来、熱源機の定格運転化によるシステムCOPの向上に主な優位性があった。現在は、変流量冷凍機と高期間COP機の出現でその優位性は薄れているが、一方で、節電(ピークカット)性能があらためて注目されている。

水蓄熱システムでは、蓄熱槽効率の高い温度成層型蓄熱槽の採用が、氷蓄熱システムでは大規模プラントの構築が見られる。

2 ― BCP性能の高度化

熱源(エネルギー源)の多重化・備蓄、システムの冗長化、耐震化、浸水対策などが強化されている。再生可能エネルギーの活用や蓄熱システム、コジェネレーションは、BCP性能(後述)の向上にも寄与する。

WTF(Water Transportation Factor)

水熱媒の搬送システムの効率は、水搬送システム成績係数WTFにて評価される。WTFは、次式で算定され、期間効率で示される。

$WTF = Q/(3.6 \times M_p)$

ここで、Q :ポンプの搬送熱量合計[MJ]
　　　　M_p:ポンプの消費電力合計[kWh]

クローズ系のポンプシステムでは、WTFの年間値が35以上であれば良好(効率的)といわれている。

同様に、空気熱媒の搬送システムの効率は、空気搬送システム成績係数ATFにて評価される。

05　クールビズ空調の手法

空調の室温を緩和設定することは，空調設備の省エネルギー手法の定石である。一方，湿度制御の機能が不十分な場合には，服装の軽装化のみで快適性を担保することは難しい。本項では，快適クールビズ空調の手法として注目されている，潜熱顕熱分離空調の動向を紹介する。

1 ── 空調機の除湿制御

　図1に単一ダクト空調機の除湿方式の比較を示す。Ⅰ（一般空調）は，還気と外気を混合し，冷却コイルで除湿冷却して冷房を行う。冷却コイルはピークで選定されるので，オフピークでは，冷却コイルの出力が調整（制限）され，除湿が不十分となるケースがある。Ⅱ（除湿再熱）は，常に安定した除湿性能を発揮するが，過冷却再熱ロスが生じて，省エネルギー性に劣る。Ⅲ（レタンバイパス）やⅣ（外調機内調機分離）は，Ⅱのロスはないが，室内負荷が過小の場合，除湿不足が生じるケースがある。Ⅲの制御性は比較的ラフであり，Ⅳは潜熱顕熱分離空調方式（後述）の一種でもある。

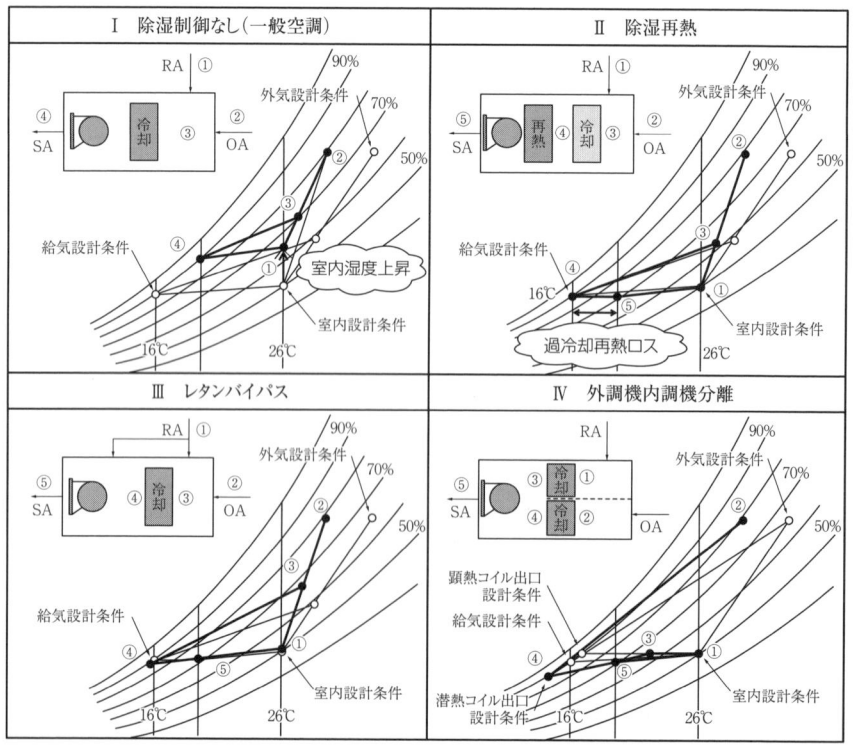

図1　空調機による除湿方式の比較（オフピーク時の空気線図）

2 ― 潜熱顕熱分離空調の動向

快適クールビズ空調の手法として，潜熱顕熱分離空調が進展している。従来空調では，外調機機能を分離内蔵した潜熱顕熱分離形の空調機（**図2**）がラインアップされている。新しい技術では，放射空調システムが注目されている。放射空調は，遠赤外線での熱移動(高温面から低温面へ)を利用する空調方式である(**図3**)。

潜熱顕熱分離空調は，再生可能エネルギーや排熱回収利用との親和性が高く(先述)，顕熱処理専用熱源(中温冷水)の採用など，ZEB化のポテンシャルを有している。

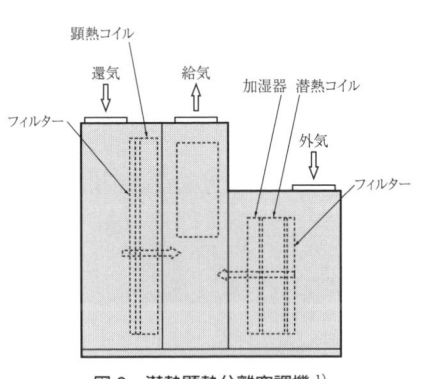

図2　潜熱顕熱分離空調機[1]

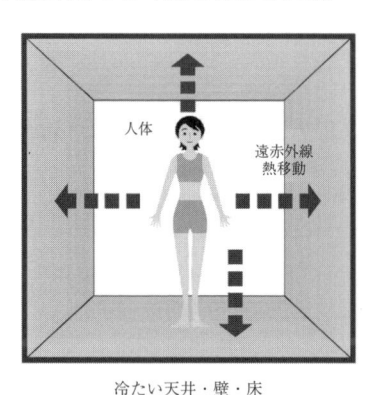

図3　放射空調システムの原理[2]

プロセス空調の潜熱顕熱分離

プロセス空調では，潜熱顕熱分離空調が従前から汎用されている。例えば，半導体製造ラインでは，清浄で安定した温湿度環境を実現するために，外調機＋ドライコイル(顕熱処理コイル)の空調方式が一般的である(**図4**)。

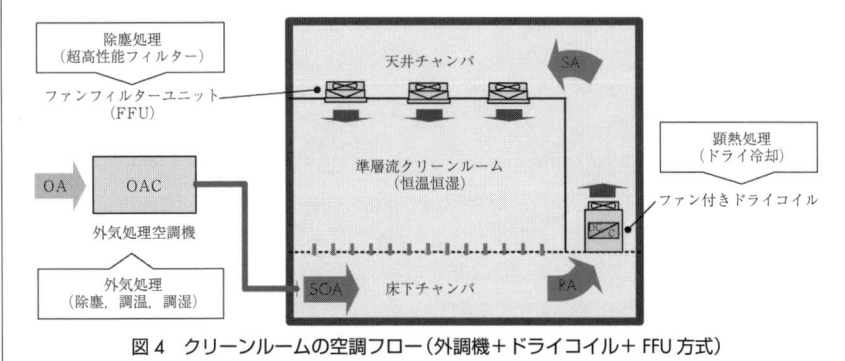

図4　クリーンルームの空調フロー(外調機＋ドライコイル＋FFU方式)

1) 木村工機(株)カタログ
2) 三建設備工業(株)技術資料

06　高度化する自動制御設備

ZEB化に向けた設備システムの構築など，設備の高度化を進めると，その設備性能を現出するためには，システムの統合制御や最適運転制御など，自動制御の役割が重要となる。ローカル制御システムの高度化と監視制御システムの高機能化やオープン化が進んでいる。本項では，自動制御設備の高度化の技術動向について紹介する。

1 ― ローカル制御システムの高度化

(1) 冷凍機の最適運転制御

高期間COPの冷凍機は，部分負荷時にCOPが最高となる（前述）。したがって，冷却負荷に見合う台数以上の冷凍機をあえて運転することで，冷凍機の運転状態を高COPに維持することが可能となる。

冷凍機の最適運転制御システムは，冷凍機メーカーを含めた複数のベンダーから提供されている。一般に，補機を含めたシステムを統合制御し最適運転を実現する。

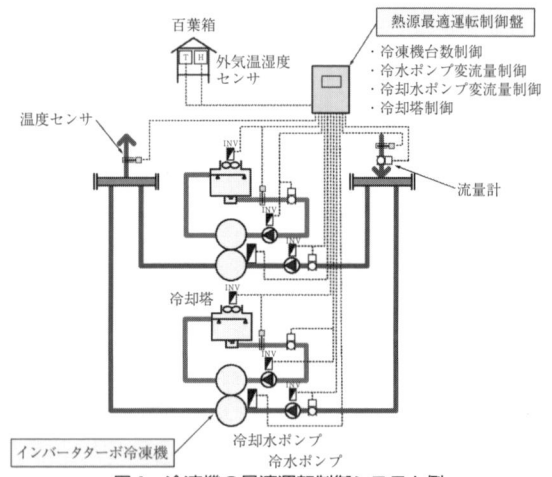

図1　冷凍機の最適運転制御システム例

図1に例示する制御システムは，冷却水温度（空冷式の場合は外気温度）と，変流量運転および冷水製造温度により変化する冷凍機のCOP特性を反映し，システムCOP（前述）や運転コストを最適化するよう，冷凍機の台数制御，変流量制御，冷却塔制御を統合して行う。

(2) オフィス制御の高度化

オフィスの空調・照明制御では，パーソナル化，自然換気や昼光利用，システムの連携や統合制御など，自動制御の高度化が進んでいる。

図2に例示するシステムは，制御ゾーンを細分化してパーソナル化を進め，人感センサによる在人情報により空調と照明を連携制御する。例えば，在人を一定時間感知しない場合には，照明や空調の設定を緩和する。在人検知は制御のパーソナル化のベースとなるので，より高性能な人感センサの開発が進められているほか，無線タグなどを利用する個人認証も可能な検知システムも開発されている。

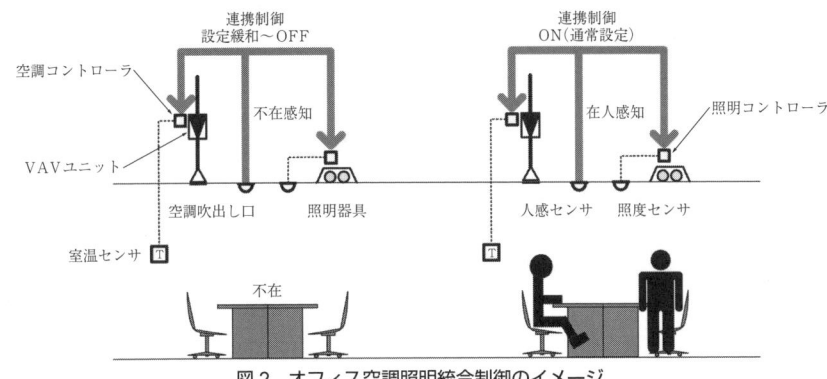

図2 オフィス空調照明統合制御のイメージ

2 ― 監視制御システムの動向

(1) 高機能化
BEMSや見える化システムなどコミッショニングや最適運用の支援ツールの装備，WEB技術の汎用など，監視制御システムの高機能化が進んでいる(図3)。

(2) オープン化
オープン化は，マルチベンダ環境を提供し，異種システムの統合も容易となる。わが国では，BACnetとLONWORKSが汎用されており，前者のIP対応規格(BACnet/IP)を上位ネットワーク，後者を下位ネットワークに採用している事例も多い(図3)。

BACnetは，BA（ビルオートメーション）の通信プロトコルの米国標準（ANSI/ASHRAE）の規格として策定され，現在は国際標準（ISO）の規格にも採用されている。LONWORKSは，米国のECHELON社で開発された技術で，世界で広く利用されている。

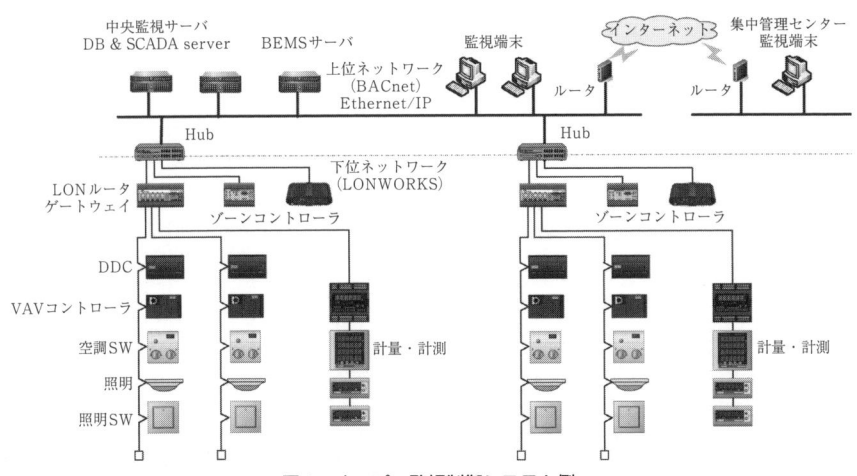

図3 オープン監視制御システム例

07　安全でおいしい水を届ける

"安全でおいしい水を蛇口に届ける（例：東京都水道局）"を主眼に，直結給水方式の普及が促進されている。直結給水方式は，増圧形式の多様化と適用範囲の緩和（拡大）で，より高層階や大規模集合住宅への採用が可能となっている。一方，貯水給水方式では，短所（死水対策）の改善と長所（BCP性能）の強化が進んでいる。本項では，給水設備の技術動向を紹介する。

1 ― 貯水給水方式の動向

大規模施設の給水設備は，貯水給水方式が主流となる。貯水給水方式は直結給水方式に比べ，BCP性能に優れる一方で，貯水滞留時の水質悪化（死水）が懸念される。

貯水の死水対策は，貯水量の適正化（必要量以上に貯めない）が重要で，飲料水と雑用水の貯水分離や貯水槽の水位制御の高度化が進んでいる。

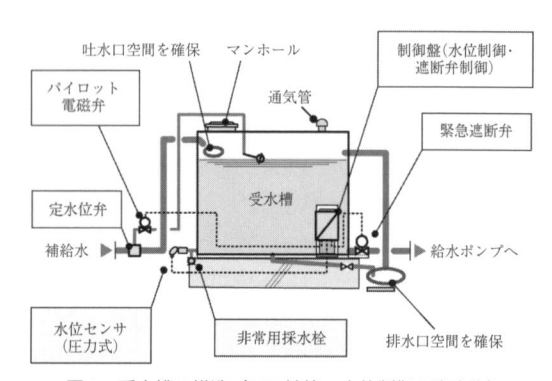

図1　受水槽の構造（BCP性能・水位制御の高度化）

また，貯水槽の構造を中心にBCP性能の強化も進んでいる（図1）。

2 ― 増圧直結給水方式の動向

(1) 多様化と適用範囲の拡大

増圧直結給水方式の形式や適用範囲は，所轄水道局のそれぞれの規定によるが，引込み口径は75mmまで，階数は15階程度が，適用範囲の一般値で，増圧給水ポンプ（図2）のラインアップも，口径20～75mm，全揚程～70m程度である。増圧給水ポンプの直列多段形式や並列形式を認め，階数と引込み口径の制限を撤廃した例（東京都水道局など）もある（図3，4）。

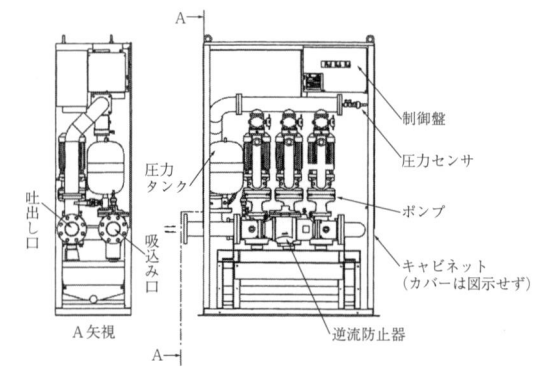

図2　キャビネット型増圧給水ポンプユニット[1]
（逆流防止装置内蔵）

(2) ハイブリッド形式

　前項記載の通り，引込み口径の制限が撤廃されると，理屈的にはどのような大規模建物でも増圧直結給水方式を適用できることになるが，現実的には水道本管の許容範囲（取水制限）が制約となる。また増圧直結給水方式は，設備資機材に検定品の使用が必要になるなど厳密なクロスコネクション対策が要求される。

　増圧直結給水方式の形式のさらなる多様化に，貯水給水方式を併用するハイブリッド形式が採用されている。増圧ポンプで直接揚水する高置水槽方式とすることで，貯水量の低減と断水時の一定貯水量の確保，引込み口径の縮小が可能となる。また，雑用水系統のみを上記（増圧揚水）とすることで，飲用水に標準形式と同等の"安全でおいしい水を蛇口に届ける"を実現できる（**図5，6**）。

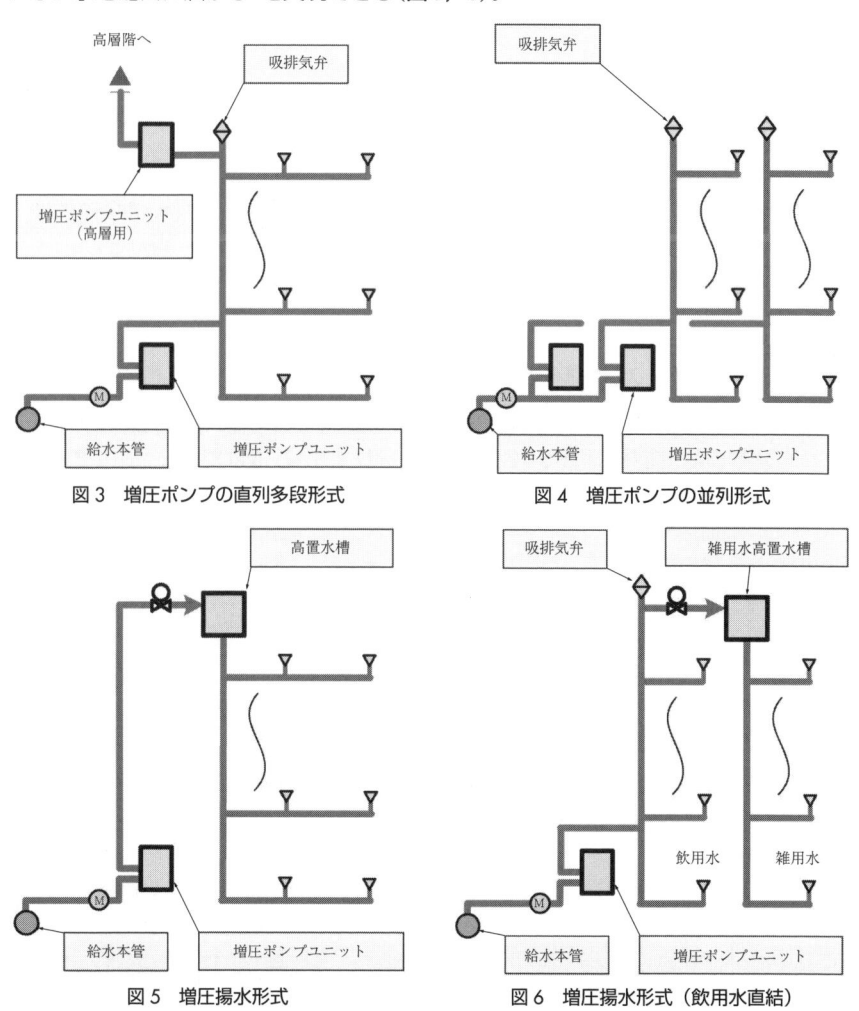

図3　増圧ポンプの直列多段形式

図4　増圧ポンプの並列形式

図5　増圧揚水形式

図6　増圧揚水形式（飲用水直結）

1）空気調和・衛生工学会，第14版空気調和・衛生工学便覧 第2巻，p20，図1・51，2010

08　合理的なダクト計画のポイント

　ダクト設備は，専有スペースが大きく，設備計画と建築計画のすり合せにおいて，大きな要因となり，初期段階での計画の調整が大事である。ダクトの天井納まりは，階高の設定など断面計画に大きく影響する。機械室やDS（ダクトスペース）の配置を適正に行うと，ダクトワークが合理化され，断面計画にもゆとりが生じる。また，合理的で施工性（納まり）の良いダクトの計画は，工事費の低廉化や，ダクトの通風抵抗（送風機動力）の低減にも繋がる。本項では，ダクトの計画の留意点を解説する。

1 ― 計画の留意点
(1) 配置計画
　機械室やDSの配置は，以下に留意の上，合理的なダクトワークとなるよう配慮する。複数階を貫通する竪ダクトを敷設するDSは，各階の配置にずれのないことを確認し，竪穴（防火）区画となるよう建築要求する。機械室の配置計画は，保守管理の動線確保や，隣室への騒音・振動伝搬に配慮する。また，臭気や有害ガスを含む排気設備は，居室内を通過する排気ダクトが負圧となるように，排気ファンの設置場所を計画する。

(2) 断面計画
　建築の構造計画（構造種別，梁配置や梁せい，梁貫通要件など）と断面計画（階高および天井高の設定）の内容を確認し，ダクトの断面納まりを検討し，建築計画（構造および断面）との総合調整を行う。構造計画との調整では，平面計画上に支障がなければ，空調機械室やDS周囲のメインダクト貫通部などで，逆梁（スラブ上に梁を突出する）の検討も行う。

(3) ダクト形状の選定
　一般的な制限数値を超えるダクト風速の設定や，極端な変形（拡縮や曲がりなど）および過度な高アスペクト比の選定など，無理のあるダクト計画は，騒音・振動による障害の発生や，所要静圧の過大による風量不足の原因となるので避ける必要がある。
　鉄骨（S造）梁の貫通ダクトのサイズは，構造要件（スリーブ径）と鉄骨の耐火被覆仕様を確認して選定する。また，梁貫通部位などダクト風速が部分的に増大する場合には，ダクトの漸縮小・漸拡大に配慮する。

2 ― 計画例
　図1と図2は，事務所ビル基準階の天井ダクトの納まり例である。専用部（事務室）の空調方式は，各階空調機の単一ダクト変風量（VAV）で，天井チャンバ還気（RA）の方式である。専用部内の天井ダクトは，鉄骨（S造）梁貫通ダクトで敷設され，テナント用の排気ダクト（将来対応）も計画されている。

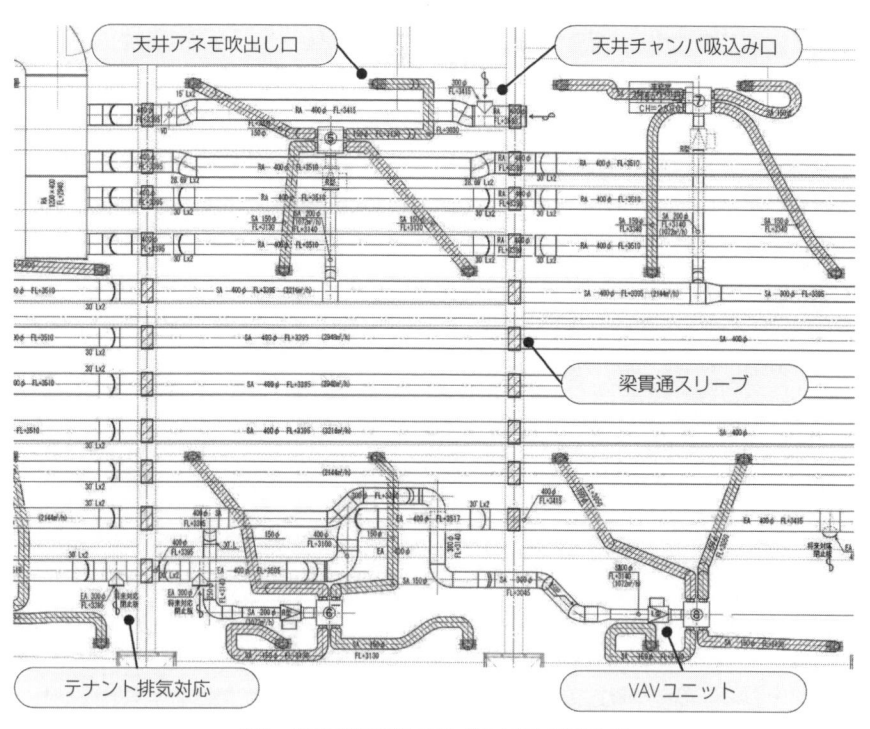

図1 事務所基準階の天井ダクト施工計画の例

図2 事務所基準階の天井ダクト施工例

09 配管の耐圧設計のポイント

配管の計画は，PS（パイプスペース）の配置計画など，ダクトの計画と同様の視点が必要なほかに，耐圧設計が重要となる。配管資材や，配管に接続される機械・器具の所要耐圧は，運用時の最高使用圧力を基準に選定される。特に高層建物の計画では，充水使用の配管について適切な耐圧設計を行うことが重要で，工事費の低廉化のほか，設備の耐久性向上にも繋がる。本項では，配管の耐圧設計の留意点を解説する。

1 ― 配管圧力の適正化

(1) 配管耐圧の適正化

配管の耐圧仕様のランクアップによる配管コストの増加は，一般に0.98MPaを境に顕著となる。機器類の標準耐圧も，0.98MPa以下の設定が多い。したがって，高層建物の水配管の計画では，ゾーニングにより，0.98MPa超の高耐圧仕様の範囲を最小化する事例も多い(図1)。

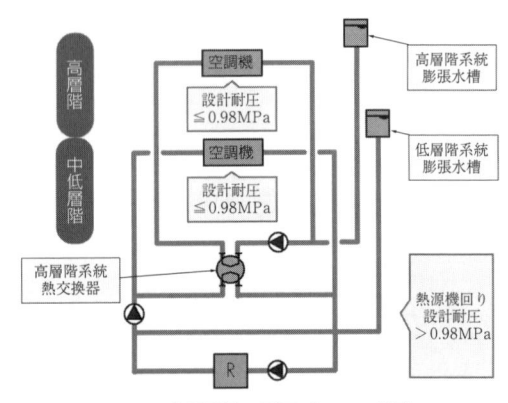

図1 空調配管の耐圧ゾーニング例

[豆知識] 熱源ポンプ配置の見直しで高耐圧仕様を回避

熱源ポンプの配置は，熱源機入口側（押込み）に配置することが常識とされている。理由は，基準圧位置（膨張管の接続位置など）をポンプ吸込みの直近とすることで，配管系内を常に正圧保持することを担保するためともいえる。基準圧に十分な静水頭が見込める高層建物では，熱源ポンプの配置をあえて熱源機出口側（吸込み）にすることで，熱源機の高耐圧仕様化を回避することもできる(図2)。

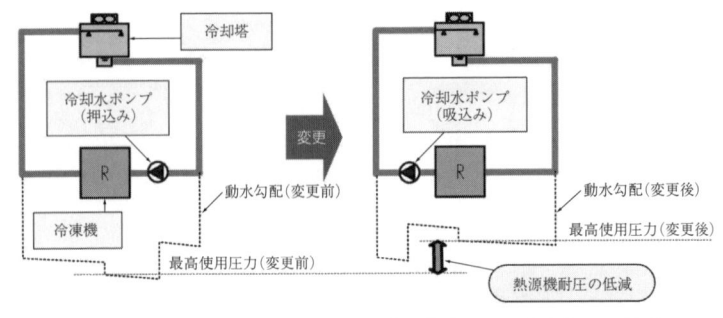

図2 熱源ポンプ配置の工夫（冷却水ポンプを押込みから吸込みに変更）

(2) 給水圧力の適正化

給水配管や給湯配管は、水栓など末端部の器具での給水圧力を、一定の範囲に維持することが必要となる。最上階で必要最低圧力を確保しつつ、最下階では許容圧力以下に保持する。給水系統の分離、系統内でのブースタポンプや減圧弁の設置によるゾーニングにより、給水圧力の適圧保持を行う（図3）。

2 ― 竪配管の支持

高層建物の竪配管計画では、上記のほか、熱膨張応力や地震時の変形応力を加味した配管資材の選定や、配管の支持固定の計画に注意が必要となる。

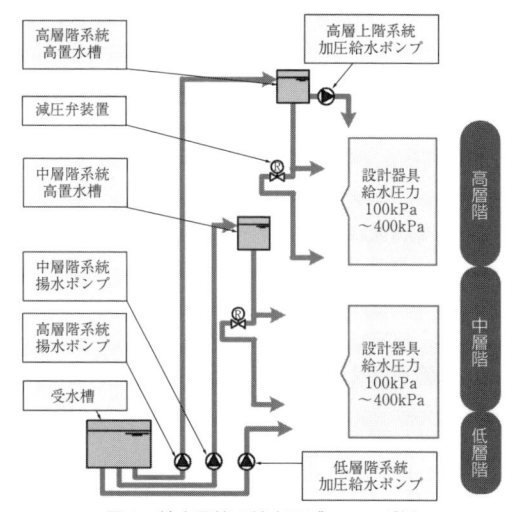

図3　給水配管の給水圧ゾーニング例

例えば空調配管の竪主管など、伸縮継手を用いて熱膨張を吸収する必要がある場合には、固定点の支持荷重に配管自重（保有水含む）のほか、伸縮継手の反力（後述）を加味する必要がある。一般の伸縮継手の反力は大口径ほど大きく、管内水圧が高いほど大となるので、高層建物の場合、数トン／本以上となる場合も多い。支持荷重を算定し、補助梁の設置を建築構造と調整し、必要があれば配管の支持フロアを分散する。

伸縮継手（EXP.J）の反力

ベローズ形伸縮継手の反力は、内圧による推力と伸縮時のバネ反力の合計となり、次式で算定される。前者は内圧に比例し、後者は伸縮量に比例する。

$$F_m = F_p + F_e, \quad F_p = A_e \times P, \quad F_e = K \times S$$

ここで、F_m：伸縮継手の反力[N]　　F_p：内圧による推力[N]
　　　　F_e：バネ反力[N]　　　　　A_e：ベローズ有効面積[mm^2]
　　　　P ：内圧[MPa]　　　　　　K ：バネ常数[N/mm]
　　　　S ：伸縮量[mm]

例）口径200A、内圧2.0MPa、伸縮量25mm時のベローズ形伸縮継手の反力

$F_m = F_p + F_e = 98,130$N

（$F_p = 42,940^* \times 2.0 = 85,880$, $F_e = 490^* \times 25 = 12,250$）

約10tonの反力が生じる。

＊(株)ベン製伸縮継手(JB-23, 24)参考（総合カタログより）

10　テナント対応の計画とは

貸用途のビル（テナントビル）では，テナント対応の計画が重要となる。貸商業ビル（店舗）は，専用部（店舗内）の実装範囲を，建築内装を含めて最小限に留める事例が多い。テナント（内装）工事と重複（変更が発生）する部分を最小化して，初期コストを抑え，現状復旧費などテナント負担も軽減する。
一方，貸事務所ビルは，柔軟性の高い一定水準の標準設備を具備の上，オプション対応を用意する。テナント負担を最小化し，テナント個別の要求にも柔軟に対応可能とする。貸用途や貸先を設定し，コストバランスのとれた計画で，ビルの商品価値を高める。本項では，テナントビルの計画留意点について解説する。

1 ― 貸店舗の計画

専用部（店舗内）は，防災設備や最小限の換気設備を除いて，スケルトン渡しとする事例が多い。また，飲食店舗用途では，厨房設備の計画が必要となる。厨房の換気量を想定し，外部給排気位置を設定してダクト経路を確保する。ここで，排気の放出位置は臭気に留意した計画とする。厨房の排水は，グリーストラップの配置を設定し，単独排水の経路を確保する。本体工事での厨房設備の実装は，共用部内（店舗突出しまで）を範囲とする事例が多い。貸店舗の貸方基準（工事区分）の例を**図1**に示す。

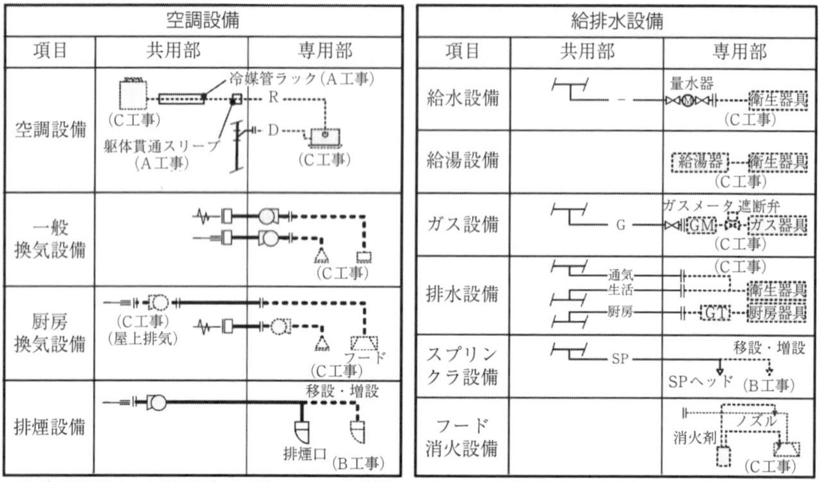

空調設備				給排水設備		
項目	共用部	専用部		項目	共用部	専用部
空調設備	冷媒管ラック（A工事）（C工事）躯体貫通スリーブ（A工事）	R D（C工事）		給水設備	量水器	衛生器具（C工事）
一般換気設備		（C工事）		給湯設備		給湯器―衛生器具（C工事）
厨房換気設備	（C工事）（屋上排気）	移設・増設 フード（C工事）		ガス設備	G	ガスメータ遮断弁（GM）ガス器具（C工事）
				排水設備	通気 生活 厨房	衛生器具 厨房器具
排煙設備		移設・増設 排煙口（B工事）		スプリンクラ設備	SP	移設・増設 SPヘッド（B工事）
				フード消火設備		消火剤 ノズル（C工事）

注1）実線部は，本体工事（A工事）を示す。破線部は，テナント負担工事（B工事またはC工事）を示す。
　2）テナント対応の本体工事（A工事）の変更は，原則B工事とする。

図1　貸店舗の貸方基準（工事区分）の例

＊ 本体工事（A工事）と，テナント負担によるA工事の変更工事（B工事）及び，テナント工事（C工事）に区分する。
　B工事はA工事業者の施工とする。

2 — 貸事務所ビルの計画

(1) 標準装備の計画

　建築内装は，OAフロアとシステム天井の構成が一般的である。システム天井のモジュールに併わせ，照明や空調および防災設備を計画する。基準モジュール（例：3.6mモジュール）での小間仕切りの設置に関しては，個別制御が不要の場合には，設備改修を原則不要とする。モジュールを外れた小間仕切りの設置に対しても，軽微であれば，最小限の設備改修で対応可能な工夫（予備取出し口の設置など）を標準装備に具備する。

　空調能力は，OA機器発熱の想定など，基準値（例：20～50VA/m^2）を設定して選定する。言い換えれば，基準値内での使用であれば空調能力の増強は不要である。

(2) オプション対応

　標準装備は，想定するテナントの一般使用に対応可能な範囲とし，それを超過する使用については，付加対応とする。具体的には，専用部内への水回りの設置，基準値を超えたOA機器発熱に対応の空調増強，リフレッシュ（喫煙）ルームなどの排気設備の追加設置，個別空調の追加などである。

　本社機能などの誘致に向け，専用発電機の設置や社員食堂階の想定を行い，スペースや構造，設備対応を用意する計画もみられる。**図2**に付加対応の例を示す。

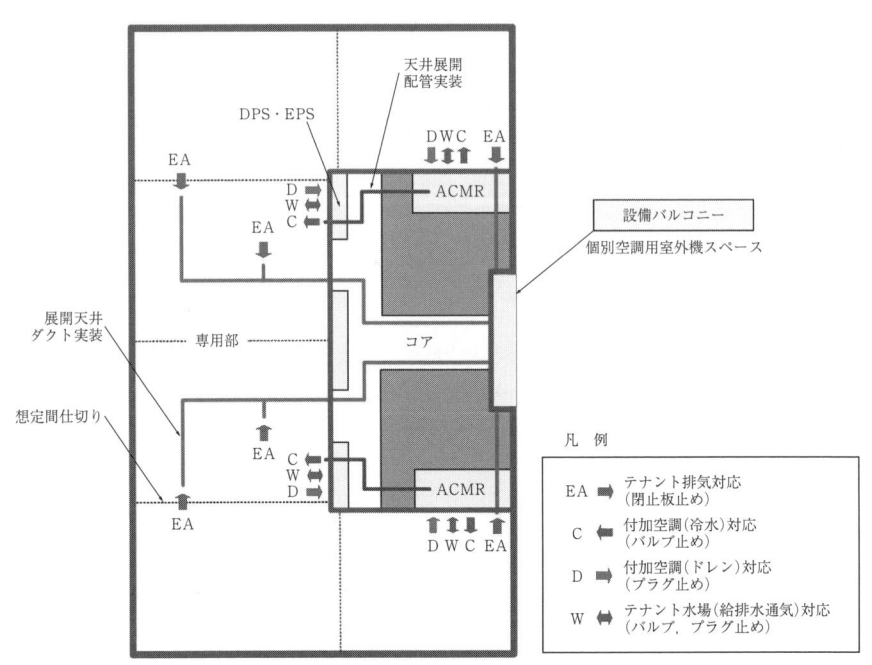

図2　貸事務所の付加対応計画の例

11 リニューアル(1) 居ながら工事実施例

設備工事に占める更新工事（リニューアル）の比重が，漸次増加している。リニューアルの要因は，物理的劣化(後述)が多数であるが，単純更新では物足りず，種々の制約のもと，新築同様の最新機能の設備に近づける計画も要求される。

制約要件で計画に最も影響が大きいものは，工事期間中の施設の使用条件である。施設を全面休止する新築に近い事例から，通常使用したまま，夜間や休日のみ工事可能な事例までさまざまである。後者は「居ながら工事」とも呼ばれ，工事条件は最も厳しいが，工事期間中の仮移転調整が難しいテナントビルなどで頻繁に行われる。本項では，リニューアルの計画留意点と居ながら工事の実施例を紹介する。

1 ― 計画の留意点

1) 工事条件の確認
   施設の全面休止以外は，工事中の施設の使用条件を確認し，施工条件を把握する。部分仮移転の可否などについても協議する。
2) 現状の把握
   現状設備の現況，改修履歴や劣化状況，現行法規との整合などを確認する。
3) 改善項目の抽出
   現状の把握とヒヤリングから，現状設備の問題点(改善項目)を抽出する。
4) 制約条件の確認
   設備スペース，資機材の搬出入経路，構造要件など施工上の制約条件を確認する。設備スペースは，施工手順を考慮して検討する。構造要件は，設備の許容荷重のほか，躯体貫通の可否などを確認する。必要に応じ，インフラ状況も調査する。
5) 計画の立案
   上記を前提に，新築同様の手順(先述)で改修計画を立案する。施工要件として，工事手順や工事期間と作業時間，停電や断水，空調停止など施設使用への影響を明確にする。既設設備の有効利用，仮設設備の要否も検討する。

2 ― 実施例

中規模貸事務所ビルの空調設備の更新計画の事例を紹介する。工事条件は居ながら改修工事で，施工時間は原則，夜間休日のみである。中央熱源の単一ダクト＋ペリメータ床置FCU方式を，準個別空調方式にリニューアルする。方式は，冷暖フリー型ビル用マルチエアコン＋外調機（全熱交換器付き）の構成とし，空調能力はOA機器発熱など設計条件を現状水準に再設定し選定する。外調機は，既設空調機に置換して空調機械室内に設置する。貸室内の給気ダクトは，既設空調ダクトの有効利用を行う。外調機用熱源は，既設空冷ヒートポンプチラー（時間外運転用として，竣工後に増設）を既設活用し，能力の範囲で導入外気の温湿度調整を行う（図1）。

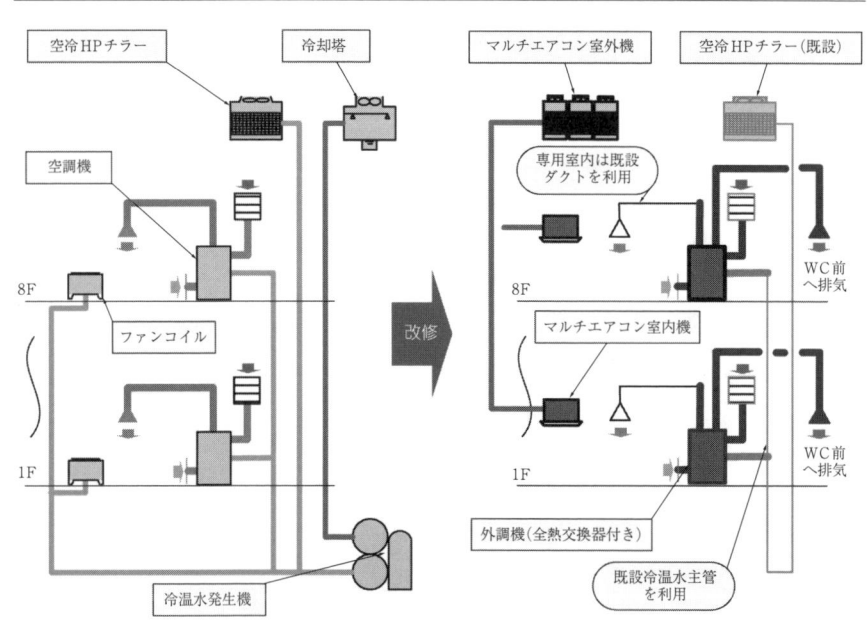

図1 空調設備のリニューアル計画（改修フロー）

　工事手順は，エアコンを先行実装し，次に既設設備の撤去と外調機への転換を行う。屋上冷却塔は冷房期の終了に併せ先行撤去を行い，跡地をエアコン室外機スペースに転用している。専用室内（エアコンの実装）は1フロアを，金曜日夜～月曜日朝を1サイクルとして，3サイクル（週）で行う（**図2**）。フロア施工を一部ラップすることで，全8フロアの実装(専用室外の工事と試運転調整含む)を約6.0ヵ月で完了する。

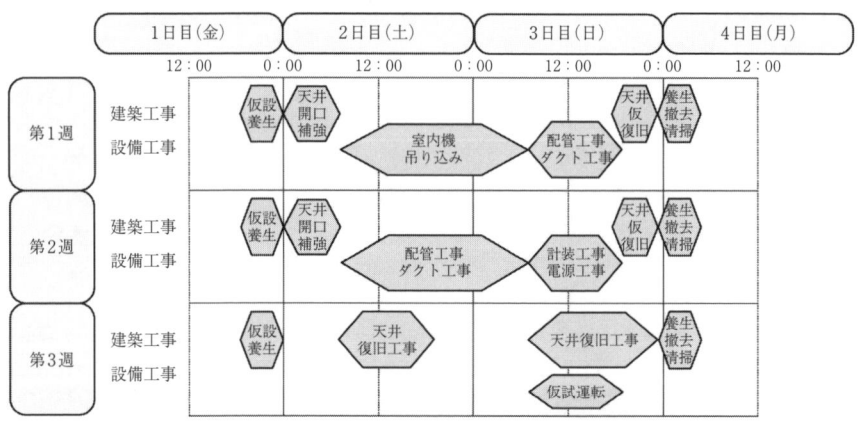

図2 空調リニューアル工事（専用室内工事）の基本工程の例

12 リニューアル(2) 省エネルギー化の事例

建築ストックの省エネルギー化は，低炭素社会の実現に重要なファクターとなっている。運用の改善や軽微な改修による方法は，施主にも経済メリットがあり実行が進みやすい。一方，一定以上の投資負担が必要な省エネルギー化改修の促進については，特に政策的な誘導が必要である。税制優遇や補助金制度などの施策が実施されている。本項では，補助金を活用した省エネルギー化改修の事例を紹介する。

1 ― 省エネルギー化改修の促進

(1) 法的規制の強化

省エネ法（エネルギーの合理化に関する法律）は，1979年の制定以降，時代の社会背景の変化も反映し，数度の改定が行われている。建築物に関する規制については，省エネ性能基準の強化と範囲の拡大（中小規模の包含，修繕工事への適用など）が漸進している。

(2) 補助金制度の活用

建築ストックの省エネルギー化改修の促進を目的に，一定水準の改修工事に対する補助金制度が整備されている。例えば，「H24 建築物省エネ改修推進事業」では，改修前と比べ10％以上のエネルギー消費量の削減効果が見込めることが要件の一つで，補助率は1/3以内である。補助金の交付は公募により選択される。

一般に，補助金の公募詳細は年度ごとに公表され，公募期間も比較的余裕がないので，あらかじめ申請の準備を進めておくことが肝要である。

2 ― 実施例

三建設備工業（株）の「つくばみらい技術センター」（延床面積約2,300m^2）は，平成4年に竣工した研究施設で，耐用年数（後述）からも，建築外装の補修と主要設備の更新がさしせまった課題となっていた。自社開発のZEB化技術の検証も目的に，国土交通省の補助金「既存住宅・建築物の省エネ改修緊急促進事業」を活用して，省エネルギー化改修工事が実施された。

平成20年より計画が進められ，平成21年1月に補助金に応募し採択され，その後に，交付申請，決定，実績報告

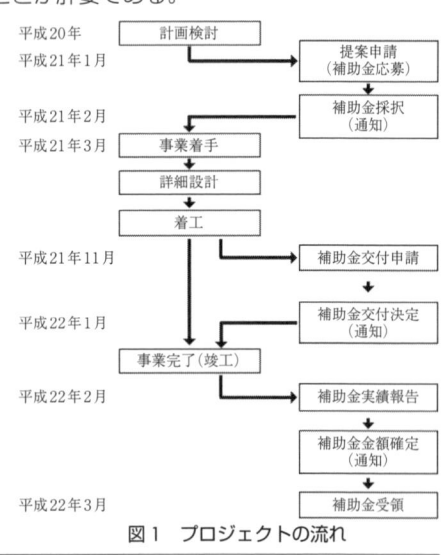

図1 プロジェクトの流れ

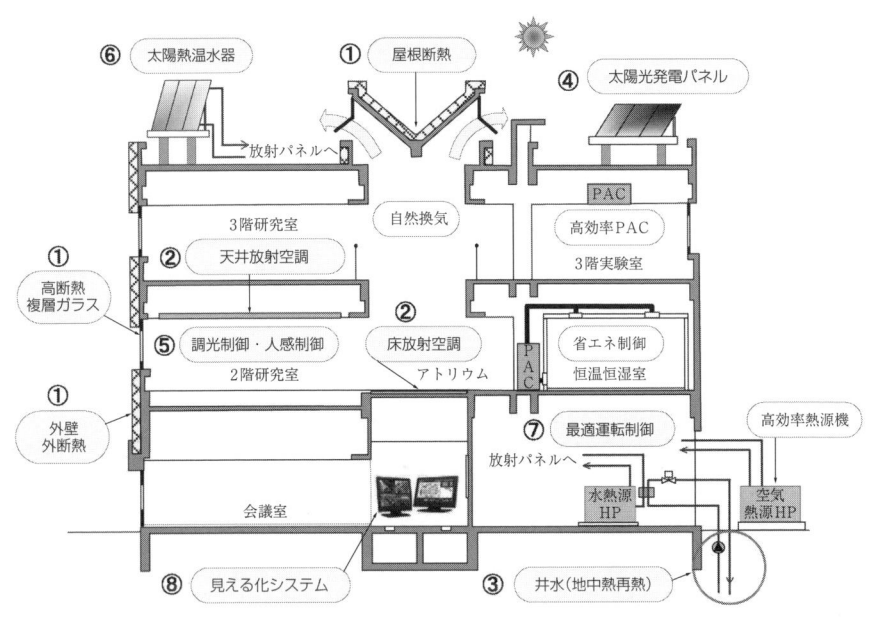

図2 省エネルギー化改修工事の概要[1]

のプロセスを経て，平成22年3月に補助金（省エネルギー化改修工事費の約1/4）を受領した（図1）。

図2に，省エネルギー化改修工事の概要を示す。ZEB化要素技術として，①外皮の断熱強化，②放射空調システム，③地中熱採熱，④太陽光発電，⑤照明制御，⑥太陽熱温水，⑦最適運転制御，⑧見える化システムの技術が採用されている。

設備の耐用年数

設備の耐用年数（「物理的劣化」による寿命）には，以下の2種類がある。

① 法定耐用年数

税制（原価償却）上の耐用年数。設備種別ごとに法令（所得税法施行令に基づく，財務省令）で定められている。

② 実耐用年数

実使用上の耐用年数。使用条件のほか，維持管理の良否に左右される。病院施設など，24時間365日稼動の用途では短年数となる。また，配管材などは，材質や使途により大きく異なる。

設備更新の実施は，"社会的劣化"による機能劣化も考慮される。能力増強や個別空調化改修，社会背景による耐震改修や省エネルギー化改修は，これに含まれる。また，運用維持費や資産価値など経済性も重要な要因となる。

1) 三建設備工業（株）技術資料

13 非常時のBCP性能の確保

災害や事故の発生に対する建物のBCP（事業継続計画）性能は，建物性能の重要な評価項目の一つである。耐震性や設備の冗長性のほか，地勢により浸水対策も重視される。また，再生可能エネルギーの活用は，インフラ途絶時の冗長性に寄与する場合が多い。本項では，建築設備の計画におけるBCP性能の確保に関する留意点を解説する。

1 ― BCP性能の確保

(1) 耐震設計
用途や種別，設置条件などから，建築設備の設計地震力を設定する（14参照）。必要な耐震強度を確保し，震災時の安全確保と機能維持に資する。以下の計画と併わせ，震災時に所要の設備使用を可能とする。

(2) 冗長設計
エネルギー源の選択で，多元化や自家発電設備の具備は，震災時や事故時のインフラ供給停止に対するBCP性能を向上する。また，供給インフラの耐震性能や復旧性能（スピード）評価も，重要となる。

システム計画で，機器類の台数分割や予備機の設置は，故障時のBCP性能を向上する。データセンター等で，無停止が要件となる設備については，設備の二重化や無停止化など，より完全な対応を計画する（表1）。

表1　冗長設計のグレード・イメージ（例：熱源システム）

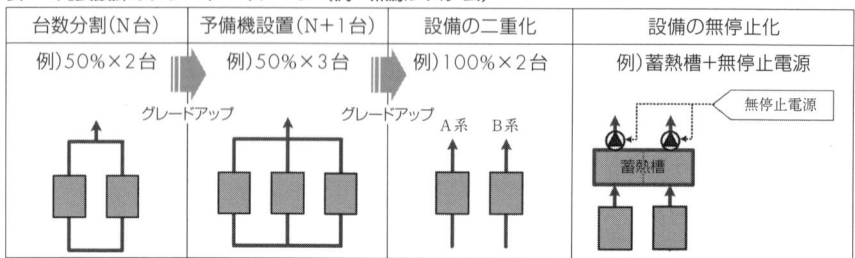

台数分割（N台）	予備機設置（N+1台）	設備の二重化	設備の無停止化
例）50%×2台	例）50%×3台	例）100%×2台	例）蓄熱槽＋無停止電源

(3) 備蓄・仮設対応
非常用燃料や用水の備蓄量は，BCPの想定から，非常時の使用量と所要期間を乗じて設定する。生活用水は，蓄熱槽保有水など空調用水の非常時利用も検討する。排水の対応は，非常用排水槽（非常放流弁の開放にて貯留）などの設置を計画する。飲用水は，貯留水の確保のほか，ペットボトルでの備蓄，

図1　可搬式非常用浄水器[1]

非常用の浄水装置(**図1**)の具備なども検討する。なお、節水器具や空冷式熱源の採用は、必要備蓄量を低減し、用水のBCP計画に有利となる。

また、洗浄水不要の無水小便器も市販されている。非常用の井戸や仮設トイレ(マンホールトイレ(**図2**)など)を具備する事例もある。

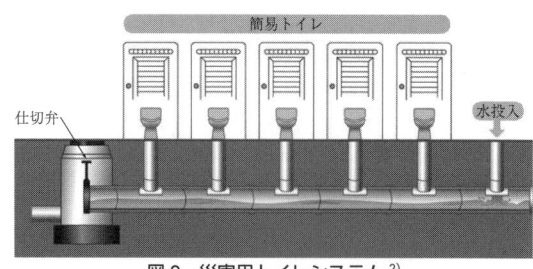

図2 災害用トイレシステム[2]

(4) 二次災害の防止
震災時の配管損傷による漏水被害など、設備に起因する二次災害の防止に配慮する。重要室は、水配管敷設の制限や、止むを得ない場合は、水配管下部に樋受けの設置を計画する。また、防災上必要な水系消火設備は、ガス系消火設備に代替とするか、水損被害の少ない予作動式システムの採用を検討する。

(5) 浸水対策
河川や海岸に近い立地の場合、地勢から洪水や津波による浸水被害の対策の要否を決定する。対策が必要な場合は、電源設備など重要設備は、浸水被害の及ばない高所への配置や遮水措置を計画する。

用水のBCP計画例

用水のBCP計画例を**図3**に示す。雑用水を分離備蓄することで、飲用水(上水)を必要以上に貯水しない計画とする。非常用井戸、非常用浄水器は、(初期対応)+αとして計画する。

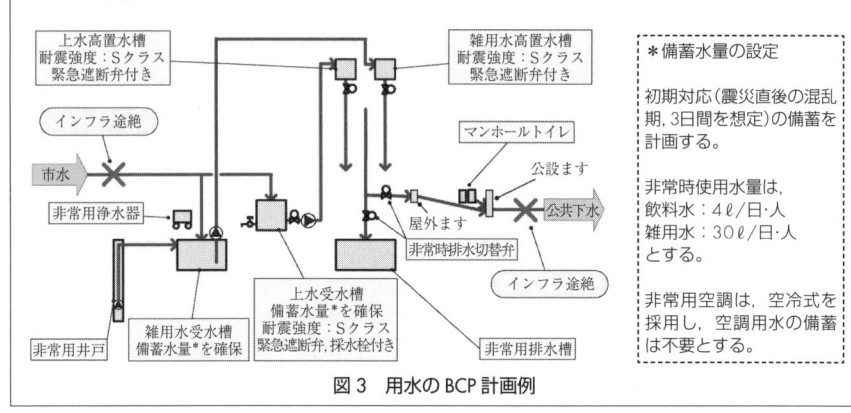

＊備蓄水量の設定

初期対応(震災直後の混乱期、3日間を想定)の備蓄を計画する。

非常時使用水量は、
飲料水：4ℓ/日・人
雑用水：30ℓ/日・人
とする。

非常用空調は、空冷式を採用し、空調用水の備蓄は不要とする。

図3 用水のBCP計画例

1) 田辺商工(株)カタログ
2) 積水化学工業(株)カタログ

14 建築設備の耐震設計

わが国では，多くの地震災害の経験を経て，建物の耐震基準が強化されてきた。耐震設計や耐震施工の基準・指針が整備されているほか，耐震技術も進展している。建築構造では，免震工法や制振工法（後述）の耐震性が実証され，中小規模建物も含めて，採用が拡大している。本項では，建築設備の耐震設計の指針と，免震建物での計画留意点について記載する。

1 ― 建築設備の耐震設計

建築設備では，『建築設備耐震設計・施工指針』（(財)日本建築センター発行）が，設計および施工の技術指針として使用されている。設備機器に対する設計用地震力の設定方法，建築設備の固定・支持の方法，固定・支持部材の選定方法（計算例も記載）などが提示されている。指針では，設備機器に対する設計用水平地震力（局部震度法）：K_Hを，次式にて算出する。また，垂直地震力：K_Vは，水平（K_H）の1/2とする。

$$K_H = Z \times K_S$$

ここで，Z：地域係数（0.7〜1.0，通常は1.0）　　K_S：設計用標準震度（**表1**）

表1　局部震度法による建築設備機器の設計用標準震度[1]

	建築設備機器の耐震クラス			適用階の区分
	耐震クラスS	耐震クラスA	耐震クラスB	
上層階，屋上および塔屋	2.0	1.5	1.0	塔屋／上層階
中間階	1.5	1.0	0.6	中間階／1階
地階および1階	1.0(1.5)	0.6(1.0)	0.4(0.6)	地階

( )内の値は，地階および1階（地表）に設置する水槽の場合に適用する。

上層階の定義
・2〜6階建の建築物では，最上階を上層階とする。
・7〜9階建の建築物では，上層の2層を上層階とする。
・10〜12階建の建築物では，上層の3層を上層階とする。
・13階建以上の建築物では，上層の4層を上層階とする。
中間階の定義
・地階，1階を除く各階で上層階に該当しない階を中間階とする。

注）各耐震クラスの適用について
　1. 設備機器の応答倍率を考慮して耐震クラスを適用する。
　　（例：防振装置を付した機器は，耐震クラスAまたはSによる。）
　2. 建築物あるいは設備機器等の地震時，あるいは地震後の用途を考慮して耐震クラスを適用する。
　　（例：防災拠点建築物，あるいは重要度の高い水槽など。）

2 ― 免震建物の建築設備

免震構造の建物の建築設備の計画は，以下に留意する。
① 免震建物と地盤固定部の間を連通する配管・ダクトは，地震時の変位量を吸収する

措置を施す。一般的には，可撓性のない配管類には，専用の免震システムを設置する（**図1**）。種々の製品が製造者から提供されており，用途や使用圧力と変位量（免震量）を条件に選定する。

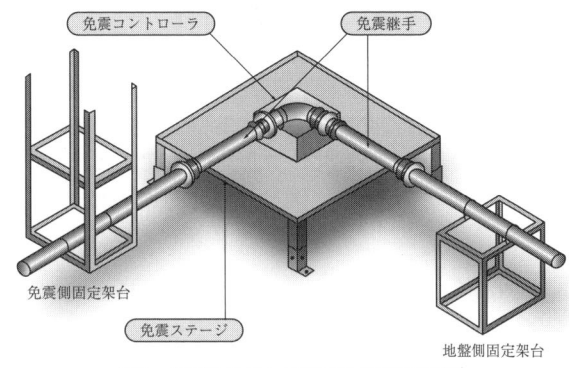

図1 免震システムの設置例（免震継手）[2]

② 免震継手の設置方法は，製造者の標準要領に従うほか，地震変位時に周囲の躯体や他の設備と干渉（衝突）しないように，十分なクリアランスを確保する。
③ 機器の配置（免震建物側か地盤側の選択）や配管敷設ルートは，免震継手の設置を極力省略する配置を計画する。
④ 免震により，設備機器の設計用水平震度の低減は可能であるが，設計用垂直震度は原則低減されないことに注意する。

免震と制振

　いずれも，耐震構造（構造体の強度で地震に耐える）とは異なり，地震エネルギーを別途吸収することで，建物の揺れや被害を抑える技術である。免震は，アイソレータで地盤面と建物を絶縁し，建物の揺れや変形（層間変位）を抑え，ダンパで揺れを減衰する。制振は，建物の要所に配置した制振装置（ダンパなど）で，地震エネルギーを吸収し，建物の揺れや変形を抑える（**図2**）。一般に，耐震性能のグレード及び建設コストは，免震構造＞制振構造＞耐震構造となる。

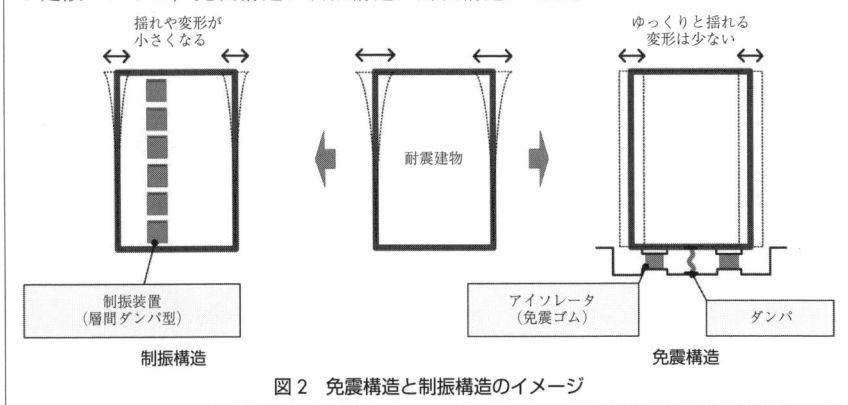

図2　免震構造と制振構造のイメージ

1) （財）日本建築センター，建築設備耐震設計・施工指針2005, p.6, 表1.1-1
2) （株）トーゼン カタログ

15 生産性の向上(1) 施工の合理化

単品受注現地生産の建築産業において，生産性の向上は旧知の課題である。新工法の開発のほか，工業化の進展やIT活用の高度化など，生産プロセスの変革も進展している。本項では，建築設備の生産の合理化について，施工技術の動向を紹介する。

1 ― 施工の合理化

(1) オフサイト化

プレハブ工法やユニット工法の採用が進んでいる。プレハブ工法は，部材の加工を事前に工場で行い，現場では主に取付け作業を行う工法である。ユニット工法は，鋼材などのフレームに一定範囲の設備をユニットとして製作し，現場へ一体搬入して取り付ける工法である。いずれも，種々制約の多い現場作業を削減し，加工設備や作業環境が整った工場作業に移行（工業化）する。工業化の推進により，生産性の向上や施工品質の向上，短工期対応，作業安全性の向上，資材の無駄や廃棄物の低減などを実現する。

ユニット工法には，設備単独ユニットのほか，建築一体ユニットなど，種々の形態がある。**図1**と**図2**は，それぞれ前者の例である。図1では，メインシャフト内の竪配管3フロア分を，図2では，空調ポンプとヘッダおよび付帯配管をユニット化している。

ユニットは，車両の積載など搬入の制約条件で分割されるほか，竪配管ユニットの場合は，鉄骨建方の節に併わせた構成ともなる。また，建築一体ユニットの例として，建築のスラブと下階の天井設備を地上の作業場でユニット化し，一体揚重する工法もある。竪配管ユニットと同様に，高層建物での採用にメリットが

図1 竪配管ユニット

図2 ポンプユニット

あり，パターン化可能な事務所基準階などに採用される事例が多い。

(2) 現場施工の合理化

オフサイト化のほか，現場施工の合理化も重要である。合理化に繋がる，新しい資材や工法が日々開発され市場に提供されているので，製品や工法・技術に関する情報の取得に努めることも重要となる。図3に合理化資材の例を示す。結露防止層付きの空調ドレン用配管材料で，防露施工が不要となる。

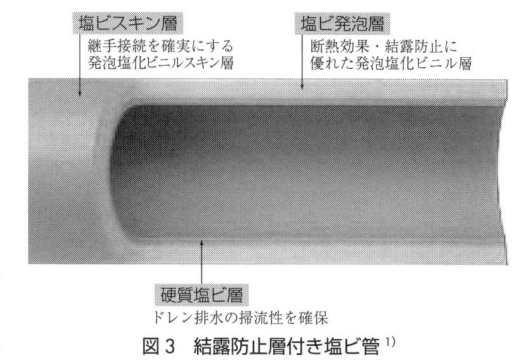

塩ビスキン層
継手接続を確実にする
発泡塩化ビニルスキン層

塩ビ発泡層
断熱効果・結露防止に
優れた発泡塩化ビニル層

硬質塩ビ層
ドレン排水の掃流性を確保

図3　結露防止層付き塩ビ管[1]

2 ― 生産管理の合理化

近年，建築現場における熟練技能者の不足なども要因で，品質や安全の確保のために，生産管理が強化されている。国際 (ISO) 規格の認証を得た品質マネジメントシステム（後述）を整備し，生産の品質管理を実施している事例も多い。

このような状況の中，生産管理を効率的に実施することが要望されており，その解決方法として，IT技術を高度に活用する取組みが行われている。建設プロジェクトの関係者が参加する情報ネットワークを構築し，関連情報を一元管理し，情報の伝達や共有を効率化する。WEBカメラや携帯情報端末を活用し，情報アクセスや記録の作成・管理を効率化する。施工図の3次元CADも汎用され，BIM（16参照）への進展も期待されている。

QMS(Quality Management System)

QMS「品質マネジメントシステム」は，製品やサービスの品質を対象とする管理システムで，顧客満足の達成を目標とする。EMS「環境マネジメントシステム」と同様に，ISO（国際標準化機構）の規格化で，わが国でも急速に普及した。
　QMSの構築と運用に関する規格：ISO9001
　EMSの構築と運用に関する規格：ISO14001
いずれも，PDCAサイクルを構築し，継続的にシステムを改善することが，要求されている。

認証登録制度が用意され，システムの健全性の維持・証明に利用されている。2012年末での登録数（建設分）は，QMSは約9,800，EMSは約3,400で，それぞれ産業別で最大である。（(公財)日本適合性認定協会 統計データより）

1) 積水化学工業(株)カタログ

16 生産性の向上(2) BIMの特徴と課題

設計プロセスの高度化による,生産性の向上が期待されている。BIM(ビルディングインフォメーションモデリング)では,コンピュータ内に3次元モデルの仮想建物を構築する。建築生産の合理化のほか,建物運用面での活用も期待されている。本項では,BIMの特徴や現状の課題について解説する。

1 ― BIMの特徴と期待

(1) 設計の可視化

3次元モデルのビジュアル画像を適宜に展開できる。ウォークスルー機能により,人の視点で仮想建物の内部を自由に移動することも可能となる。設計内容の理解度が向上し,建設のイメージを関係者で共有し,合意形成を効率化する。

(2) 統合モデル化

BIMモデルでは,一つのモデルに関連工事の情報を統合できる(図1)。設備納まりの視認のほか,干渉チェックソフトの活用により,建築と設備,あるいは設備間の不整合の確認が効率化され,干渉調整(すり合せ)が容易となる。

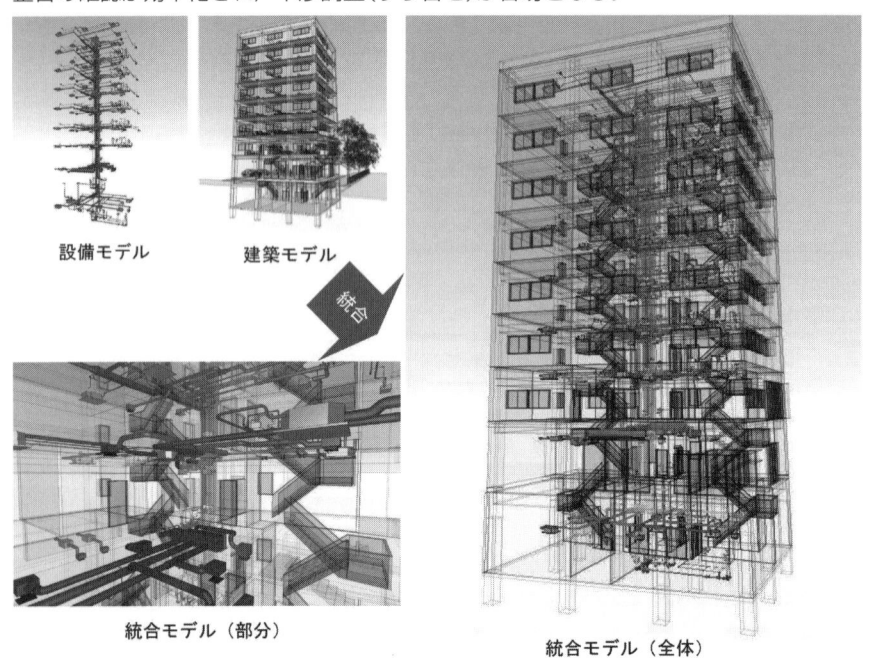

図1 BIM 統合モデルの構築例

(3) 数量の自動算出

BIMモデルを構成する資機材は，属性情報を有するオブジェクトとして登録される。資機材別の所要数量を適宜に把握できるほか，積算システムとのデータ連携やコスト情報の属性登録で，コスト管理が効率化される。

(4) 設計の高度化

シミュレータなど技術計算ソフトとデータ連携することで，設計計算や法規適合性の検証，環境性能やエネルギー性能の検証など，技術計算や設計検証の効率化が進み，設計の最適化など設計品質の向上が期待できる。

(5) 施工プロセスの可視化

属性情報に，時間情報を付加することで，施工プロセスを見える化し，施工計画や施工手順について，関係者の周知や意思決定を効率化することができる。

(6) FM（ファシリティマネジメント）活用

属性情報に，FM情報を付加することで，竣工後の施設の保全管理にBIMモデルを活用することができる。BIMモデル内で天井内設備の敷設状況をウォークスルー機能で確認することも可能である。

(7) フロントローディング

BIMの活用で，プロセスの前倒しによる生産の効率化が，設計プロセス（設計の前倒し）と施工プロセス（施工検討の前倒し）の両面で期待されている。

2 ─ BIMの現状と課題

BIMの活用は意匠設計で先行し，設備も含めた統合設計や生産設計に進展している。さらなる活用の拡大には，以下の課題があげられる。

①各種ソフトウェア間の相互運用に必要なデータ連携の標準化が途上である。現在，IFC（後述）の整備が進んでいる。②フロントローディングは，わが国の建築生産プロセスになじみにくい側面もある。例えば，施工検討の前倒しには，施工技術者の前倒し参画が必要とされ，建築生産プロセス自体の変革も期待されている。③資機材のライブラリ（部品モデル）が充足していない。BIMモデルを効率的に構築する上で，製造者（メーカー）からの提供体制などが不可欠である。④BIMモデルから，2次元設計図書（申請図書や契約図など）への移行に表記調整などが必要である。建築確認申請については，BIMの利用に関する調査・研究も行われている。

IFC（Industry Foundation Classes）

IAI（International Alliance for Interoperability）にて，策定，普及活動が進められている。建物を構成する全てのオブジェクトのシステム的な表現方法の仕様を定義している。これらの仕様を「IFC」と呼ぶ。

IFCに準拠したデータ入出力により，システム間のデータ連携の一貫性や整合性が担保される。

17　原理と実践(1) ベルヌーイの定理

飛行翼の揚力発生のメカニズムは，ベルヌーイの定理（後述）により説明される。この定理は，流体力学の基本原理であり，建築設備においても，流体搬送に関する現象と密接に関連する。本項では，建築設備の実務とベルヌーイの定理の関連について事例を通じて紹介する。

1 ─ 流量計の事例

ピトー管式流量計は，ベルヌーイの定理を測定原理とした流量計である。建築設備では，直読式の瞬間流量計(**図1**)が，機器回り水量の現地確認用などに多く使用される。固定式と着脱式のタイプがあり，試運転調整用として後者が選定される場合も多い。

ピトー管の測定原理は，全圧と静圧の差圧から動圧を同定し，流速や流量に換算する。ピトー管の先端部（全圧受圧）と側面部（静圧受圧）に開口部を設け，その差圧（全圧−静圧）を測定する(**図2**)。

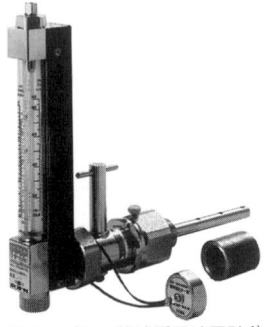

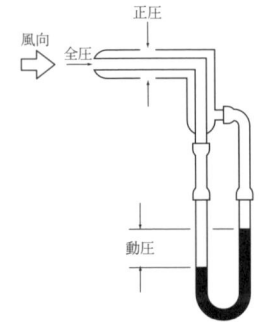

図1　ピトー管式瞬間流量計[1]　　図2　ピトー管の構造[2]

2 ─ ダクトレス空調の事例

クリーンルームの空調や床吹出し空調システムでは，天井チャンバや床下チャンバを空気搬送の流路に利用するダクトレス空調システムの事例が多い。

この場合，チャンバ内の静圧分布に過度な不均一が生じると，チャンバと空調室との空気流出入の調整に障害が生じる。したがって，同方式の計画では，チャンバの寸法（高さ）やダクト接続口の配置を適正化し，チャンバ内風速を低減することで，通風抵抗による静圧分布の不均一を抑制する。また，後述するチャンバ内局部での過剰風速の発生抑止にも配慮する必要がある。

チャンバへの給気ダクト吐出部や，チャンバ内の気流経路の障害物による流路の局部縮小や偏流など，チャンバ内局部での過剰風速による障害は，ベルヌーイの定理で説明される。つまり，風速増大で動圧が過大となり，静圧が過小となる。結果として，その場所では，風量の不足（吹出し時）や過大（吸込み時）が発生する。

給気吐出部の対策としては，吐出ダクトサイズの適正化による吐出風速の低減，吐出ダクト前面にガイドベーンや整流板の設置による吹出し気流の拡散減速(**図3**)が考慮される。**図4**（口絵参照）に床吹出し空調システムの整流対策の効果の検証事例を紹介する。

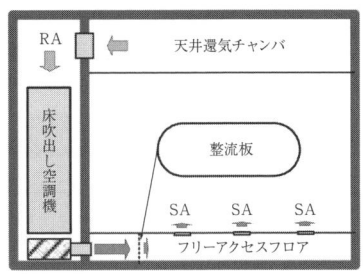

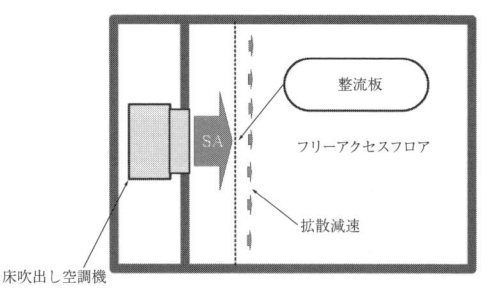

図3 床下整流板の設置による吹出し気流の拡散減速

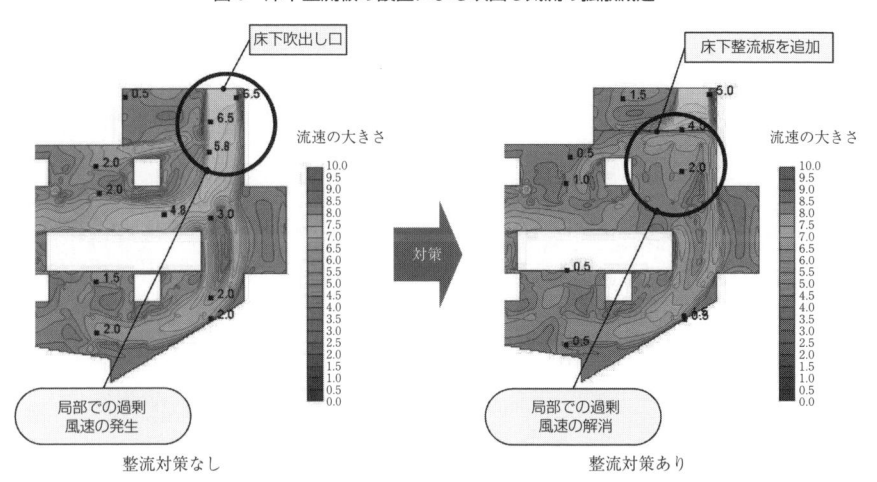

図4 床吹出し空調システムのフリーアクセス内整流対策の検証事例

ベルヌーイの定理

スイスのダニエル・ベルヌーイが，1738年に発表した定理で，非粘性流体の定常流の流線上において，下記の式が成立する。

$$P + \frac{\rho v^2}{2} + \rho g z = 一定$$

ここで，P：流体の圧力[N/m^2]　ρ：流体の密度[kg/m^3]
　　　　v：流体の速度[m/s]　　g：重力加速度[m/s^2]
　　　　z：鉛直高さ[m]

例えば，建築設備の流体搬送において，上式の第3項(ρgz)と搬送抵抗を無視できる場合，「搬送経路内の全圧(静圧と動圧の和)は一定」であると言い換えられる。ピトー管の測定原理にも利用されている(前述)。

1) 日本フローセル(株)カタログ
2) 田中俊六他，最新建築設備工学改訂版，井上書院，p.40, 2011

18 原理と実践(2) ファンの比例法則

インバータの低廉化もあり，建築設備でも，搬送システムの変流量制御や熱源機の容量制御など，インバータの利用が拡大している。本項では，建築設備の実務におけるインバータ使用上の留意点やインバータ機能の活用について解説する。

1 ― インバータ使用上の留意点

(1) 高調波対策

商用電源の品質保持を目的に，インバータで発生する高調波電流の，商用電源への流出抑制について，1994年に「高圧または特別高圧で受電する需要家の高調波抑制対策ガイドライン」が制定され，特定需要家には，商用電源へ流出する高調波流出電流値の総和を，上限値以内に抑制することが求められる。発生側（インバータ機器側）の対策としては，フィルターやリアクトルなど抑制機器の付設が行われる（図1）。

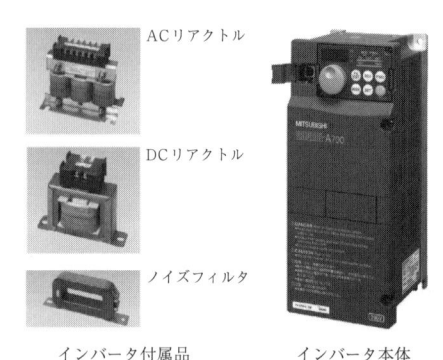

図1 インバータと高調波抑制機器 [1]

(2) 故障対策

インバータを構成する電子部品は，予防保全が重要となるが，耐久寿命が比較的短いものも多く，予期せぬ故障による設備の停止リスクについても検討する必要がある。

一般的には，バイパス回路（図2）の設置が検討される。これは，インバータを迂回して商用電源を直に給電する回路で，動力盤に具備される。なお，バイパス回路での運転時は出力制御がなされないので，結果，設備の運転に支障が生じる場合には，機器構成の冗長性も考慮して，インバータの二重化を検討する。

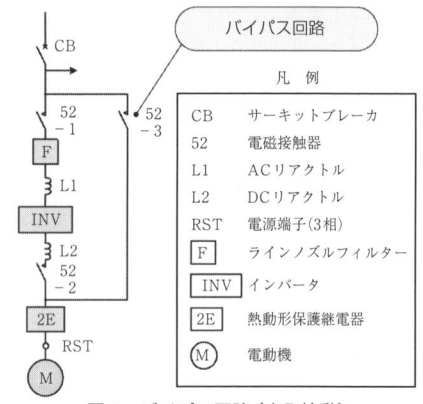

図2 バイパス回路（直入始動）

(3) インバータ損失

インバータは，運転時に回路内で電力損失が発生する。損失率は，汎用品で5％程度だが，モータ効率と同様に，低負荷ほど損失率が増える傾向がある。

(4) モータ損傷

400V級モータをインバータ駆動する場合，モータ端子に発生するサージ電圧が原

因で，絶縁劣化によりモータが損傷する場合がある。インバータ駆動の400V級モータは，絶縁強化品を選定する。

(5) 省エネルギー性の評価

搬送システムをインバータで変流量制御することの省エネルギー性は，ファンの比例法則（後述）で説明されることが多い。

実務では，上記を基本に，具体的な制御方法や各種の効率の低下を考慮する。例えば，VAVシステムのファンを吐出圧一定でインバータ制御する場合は，風量が1/2のときの回転数は，1/2より多い。理由は，吐出圧一定制御で，VAVユニットが絞られ，搬送抵抗系が変わることによる。このときのファン電力は，風量比（1/2）にしか削減されない。また，ファンの運転点が変わることで，ファン効率やモータ効率が低下する場合も多い。前記インバータ損失（前述）とあわせて，省エネルギー性の評価に加味される必要がある。開放回路の（実用程を含む）ポンプ搬送系でも同様に，運転点の変化は比例法則にはよらないので注意する。

2 ― インバータの活用

建築設備で汎用されるインバータは，制御回路を有し，各種の機能が具備されている。**表1**に例示する機能などを活用して，制御システムを安価に構築することもできる。また，カスタムプログラムをインストール可能な機種もある。

表1 インバータ機能（抜粋）の例

機能	項目	使用方法
設定	上下限周波数 加減速時間	変速範囲の上下限リミットを設定する。 変速スピードを設定する。
運転制御	多段速運転 PID制御 瞬停再始動	接点取合いで，多段の変速（設定可能）運転を行う。 外部入力をフィードバックしてPID制御を行う。 瞬停時にも自動再始動を行う。
外部出力	モニタ出力	別置の計器によらず電力モニタも可能。

ファンの比例法則

ファン（ポンプ）の回転数を変化させると，風量（水量），圧力，動力と回転数の相互関係に，次の比例法則が成立する。

$$Q_2 = Q_1 \frac{N_2}{N_1}, \quad P_2 = P_1 \times \left(\frac{N_2}{N_1}\right)^2, \quad L_2 = L_1 \times \left(\frac{N_2}{N_1}\right)^3$$

ここで，Q：風量（水量）　　P：圧力　　L：軸動力　　N：回転数

搬送抵抗が，風量（水量）の二乗に比例する場合，回転数を1/2に落とすと，風量（水量）は1/2，圧力は1/4，軸動力は1/8となる。

1) 三菱電機(株)カタログ

19 原理と実践(3) NPSH

流体の圧力が飽和蒸気圧力以下になると，キャビテーション（気泡の発生と消滅）が生じ，騒音や振動など，流体の搬送機能に障害を及ぼす。建築設備では，開放配管の減圧部や，ポンプの吸込み部で発生するケースが多い。本項では，キャビテーションの防止と，ポンプの吸込み配管について，実務上の留意事項を解説する。

1 ── 必要NPSHの確保

吸上げポンプや高温水用途のポンプでは，有効NPSH（後述）が，必要NPSH以上であることを確認する。必要NPSHは，ポンプの機種ごとに固有のもので，運転点（運転水量や回転速度）によっても変化する。変流量運転の場合は，有効NPSHと必要NPSHが，ともに条件上不利となる，最大水量での運転時の値をもって確認を行う。

特に，高温水用途のポンプは，押込み配管の場合でも，上記の確認が必要である。図1にポンプの吸込み全揚程（吸上げ高さ＋配管抵抗）と水温の関係例を示す。常温（20℃程度）で，吸込み全揚程が－6.0mに対して，90℃の場合は，＋1.0mが必要となる。蒸気ボイラの給水ポンプでは，還水量が多く還水槽内が高温となる場合には，吸込み配管の抵抗を少なくした上で，還水槽の架台高さは，1.0～2.0m程度を確保する。

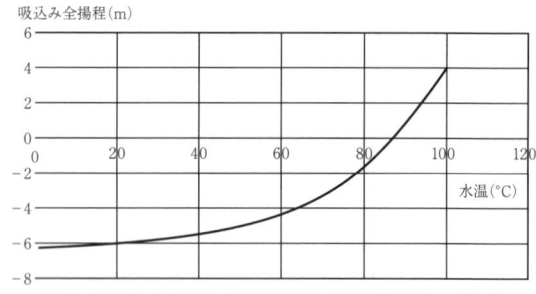

図1 吸込み全揚程と水温の関係（必要NPSH＝4.0m）

2 ── 開放水槽への落水管

開放蓄熱槽への還水（落水）配管に，落水防止弁を設置することが行われる（図2）。落水防止弁は，流水時に，弁の上流圧力（一次圧力）を一定値以上に保持し，落水配管上部での，負圧やキャビテーションの発生を防止する。同弁は，他力式（電動ほか）と自力式（水圧により作動）のタイプがあるが，いずれも一次圧力を保持するように弁の開度が自動調整され，流水停止時には弁が自動閉塞し，還水配管内の水の落水を防止する。

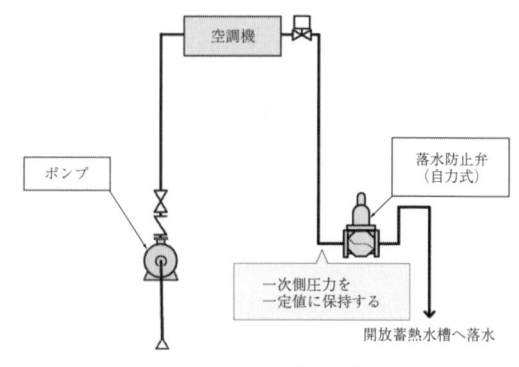

図2 落水防止弁の設置

また，落水配管の保有水量が少なく，ポンプ停止時に水槽への落水を許容する場合には，落水配管の水槽放流部に固定開度の手動弁を設置して，流水時に弁上流の圧力を確保し，負圧やキャビテーションの発生を防止することも行われる。ただし，変流量システムでは，小水量時に一次圧の確保に支障がでるので，採用は難しい。

3 — 吸上げポンプの落水対策

吸上げポンプは，軸封などからポンプ内への空気漏洩による，ポンプ停止時の落水対策が必要となる。通常は，フート弁の設置で十分であるが，次の場合には別途対策が必要となる。

1) 長時間停止するポンプ

一般的には，呼水槽を設置し，ポンプに常時呼水してポンプ内部を充水に保持する（**図3**）。呼水槽の水位や補給水量により，フート弁の異常も管理できる。例えば，消火ポンプは原則，呼水槽付きとなる。

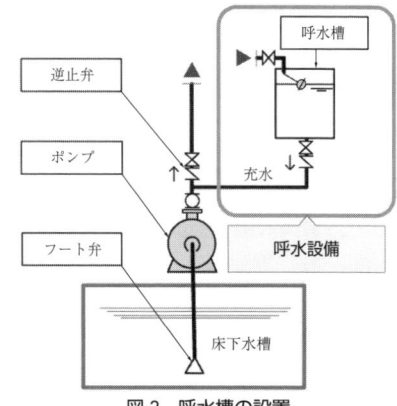

図3 呼水槽の設置

2) 並列ポンプ構成の場合

並列ポンプの場合は，それぞれの吸上げ配管は，原則単独配管とする（**図4**）。統合配管の場合，ポンプ運転時に，停止中のポンプ内が負圧となり，空気混入が進行する。

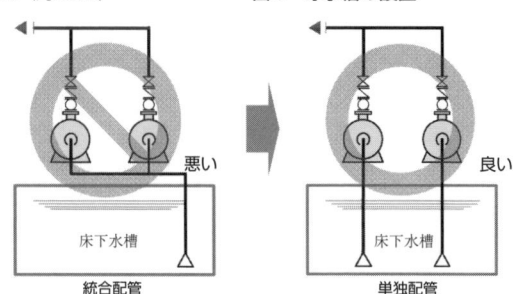

図4 並列ポンプの吸込み配管

NPSH (Net Positive Suction Head)

ポンプの有効NPSHは，以下の式で算出される。

$$\text{有効}NPSH = H_a + H_s - \Delta h_s - H_v$$

ここで，H_a：水面の圧力相当[m]（通常は大気圧相当）
H_s：吸込み実揚程[m]（押込みは正値，吸上げは負値）
Δh_s：吸込み配管の圧力損失[m]
H_v：流体の使用温度における飽和蒸気圧力相当[m]

ポンプの有効NPSHが，必要NPSH（前述）以下の場合に，ポンプのサクションでキャビテーションが発生する。

20 原理と実践(4) 空調機の選定

空調システムの中核機器の一つである空調機の選定は，空調システムと空調プロセスの両者を理解することから始める。これらには，空調対象室の特徴など空調システムの構造や，実稼動時の運転状況の理解なども含む。本項では，空調機の選定の基本と，上記を踏まえた実務での応用例を紹介する。

1 ― 空調機選定の基本

(1) 室内負荷および空調風量の算定

空調風量の算定は，室内顕熱負荷と給気温度差（室内と給気の設定温度差）により算出する。冷暖房を行う場合は，一般に冷房基準で風量算定し，暖房時の給気温度差が過大とならないことを確認する。ここで，室内冷房負荷は，躯体負荷（窓ガラスの日射負荷を含む），内部発熱（人体・照明・機器），および隙間風負荷の各計算値の合算値に，ダクト式の空調方式の場合には，空気の搬送負荷（送風発熱，ダクトロス）を加える。搬送負荷は，一般的には前記合算値の顕熱負荷に10%程度の割増として見込まれる。また，間欠運転による蓄熱負荷が前記計算値に含まれていない場合は，これも付加する。

(2) 空気線図の作成

換気計算により算定した新鮮外気量と上記の各種算定値，および室内外と空調給気の設定温湿度条件により，空調プロセスを空気線図に現す。空気線図上のプロセス状態点からコイル負荷や加湿負荷を算定することができる。

2 ― 空調機選定の実務

(1) 天井還気チャンバ方式

最上階が天井還気チャンバ方式の場合，屋根負荷の大半は，室内に放出されず，天井内温度を昇温（冷房時）または降温（暖房時）し，直接に空調機に還気される。したがって，屋根負荷の大半は，空調機コイルの負荷とはなるが，空調風量の計算からは除外することができる。また，最上階に限らず，同様に照明発熱の一部（天井内放熱分）も，空調風量の算定から除外することも可能である（**図1**）。

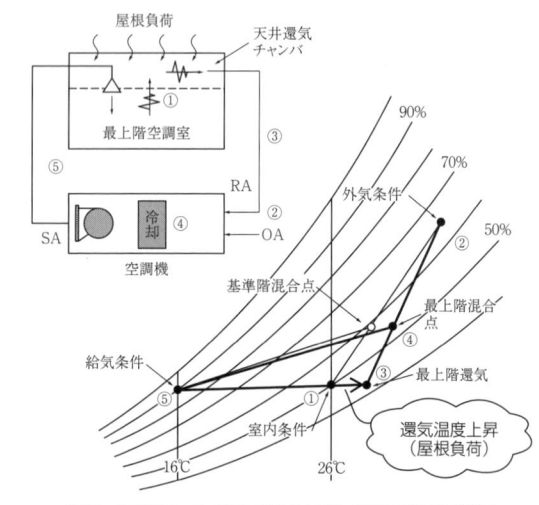

図1 天井チャンバ方式（最上階）の冷房時空気線図

(2) 電算室などの送風発熱

　高密度の電算室，恒温恒湿室やクリーンルームでは，室内温度と給気温度，あるいは換気回数の条件設定の制約から，空調風量が大きくなり，空調の給気温度差が小さくなるケースが多い。この場合は，送風発熱が，前記記載の10%程度の割増では不足するので，ファン動力の実選定値を冷却負荷として計上することが必要となる。

(3) 年間冷房空調機の選定

　加熱コイルは，立上げ時などの暖房最大運転時の条件にて選定する。一方，加湿器は，冬季冷房運転時の条件にて加湿器を選定する。この場合，加湿後の空気状態点が飽和空気に近くなるので，以下の注意が必要となる。①蒸気加湿器を採用する場合は，低温加湿用（蒸発吸収距離の短い）加湿器を選定する。②気化式加湿器を採用する場合は，飽和効率の高い仕様とする。③加湿器仕様に，有効加湿量（kg/h）のほかに，加湿空気の入口条件（DBとWB）を明示する（**図2**）。

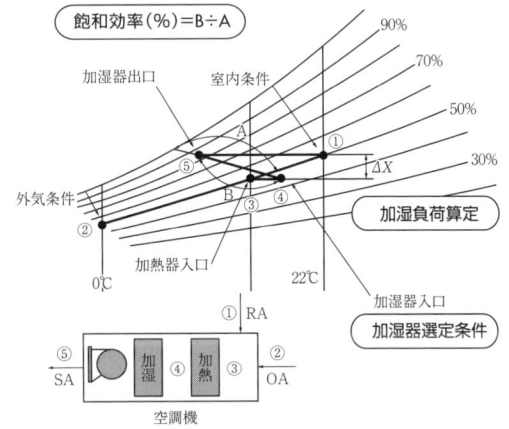

図2　冬季冷房加湿（気化式）の空気線図

空調風量および必要加湿量の算定

空調風量(冷房基準)は，以下の式で算出される。

$$Q = q_{cs} \div (0.33 \times (T_{ic} - T_{sc}))$$

ここで，　Q　：空調風量(m^3/h)

　　　　　q_{cs}：室内冷房顕熱負荷(W)

　　　　　T_{sc}：冷房給気温度(℃)

　　　　　T_{ic}：冷房室内温度(℃)

必要加湿量(暖房基準)は，以下の式で算出される。

$$L = 1.2 \times Q \times (X_i - X_{mx}) = 1.2 \times Q_o \times (X_i - X_o)$$

ここで，　L　：加湿量(kg/h)

　　　　　Q　：空調風量(m^3/h)

　　　　　X_o　：外気風量(m^3/h)

　　　　　X_i　：暖房室内絶対湿度(kg/kg(DA))

　　　　　X_{mx}：混合点絶対湿度(kg/kg(DA))

　　　　　X_o　：暖房外気絶対湿度(kg/kg(DA))

第3章

光環境

01 人間はどうやってモノを見るのか

照明計画は，人間の「明るい」「暗い」といった感覚に準ずるよう行われる。設計対象空間にはどのくらいの明るさが必要とされるのか，必要な明るさを達成するためにどのような照明器具を何台用いればよいかなどを検討していくにあたって，「明るい」「暗い」といった感覚を定量的に表現する方法（02参照）をまず理解しておく必要がある。

測光量には，人間の目の視覚特性が関係している。各種測光量の意味を理解するためにも，また明るいところから暗いところまで広範囲の照明計画に対応できるようになるためにも，まず人間がモノを見る原理を理解しておくことが大切である。

1 ── 人間の視覚情報取得経路

人間は五感を使ってさまざまな情報を取得しているが，目・耳・鼻・口・触覚のうち，目から得られる情報が全体の約9割を占めるといわれる。

人間は光源から発せられる光を直接知覚することはあまりなく，物体の表面で反射，あるいは透過された光を知覚する場合がほとんどである。人間の視覚情報取得は，図1に示すような伝搬経路で行われる。照明計画を行う際は，光源の特性だけでなく，照射される物体表面の反射・透過特性，さらには人間の視覚特性にも配慮する必要がある。

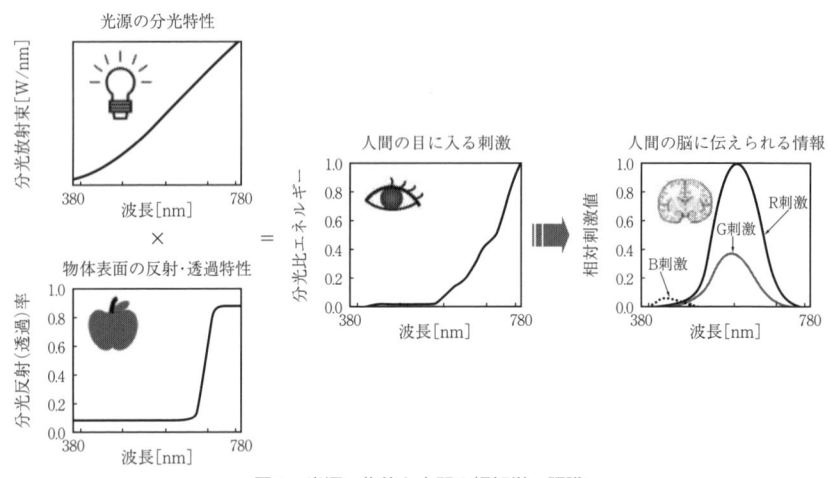

図1　光源，物体と人間の視知覚・認識

2 ── 光と人間の視覚特性

光（可視放射とも呼ばれる）とは，人間の目で知覚できる波長380～780nmの範囲の電磁放射のことを一般にいう。波長の長さに応じて，虹の七色（波長の短いほうから，

紫，藍，青，緑，黄，橙，赤）に区分することができる。人間の目は，各波長の光に対して等しい感度を持ち合わせているわけではなく，一般に**図2**に示すような感度特性（分光視感効率，あるいは比視感度ともいう）をもつとされる。

　人間の目の網膜上には，大きく分けて錐体細胞と杆体細胞の二種類の視細胞があるが，光量に応じて反応する視細胞が異なる。照度10lx以上の環境では，反応する波長域が異なる三種類の錐体細胞（最大感度となる波長に応じて，L錐体・M錐体・S錐体，あるいはR錐体・G錐体・B錐体と呼ばれる）により，視対象物の色や形を知覚する。このときの目の状態を明所視という。一方，照度0.01lx以下の環境では，弱い光刺激に対しても反応する杆体細胞により明るさを知覚する。このときの目の状態を暗所視という。暗所視では，1種類しかない杆体細胞のみで視知覚を行うため，主に明暗だけが識別でき，色を知覚することはほとんどできない。

　明所視では，波長555nm（黄緑）の光に対する目の感度が最も高い。暗所視では，明所視よりも感度のピークが短波長側にずれ（これをプルキンエ現象という），波長507nm（青緑〜緑）の光に対して最も目の感度が高くなる。

　人間の目の構造は**図3**のようになっており，瞳孔の大きさで目に入る光量を調整，水晶体の厚みによって焦点距離を調整，さらに反応する視細胞の種類を使い分けることで，満月の夜（0.2lx程度）から直射日光のある日中屋外（10万lx程度）まで，非常に広範の明るさに適応することができる。

光環境

　光の量の大小を表す測光量は，明所視における人間の目の感度特性に基づき定義される。明所視における人間の目の分光感度特性を標準分光視感効率，あるいは標準比視感度という。

　ちなみに，明所視と暗所視の間の目の状態（照度0.01〜10lx）は薄明視と呼ばれ，錐体細胞と杆体細胞の両方が機能する。薄明視での分光視感効率は，明所視の分光視感効率と暗所視の分光視感効率の中間に位置するが，明るさのレベルに応じて錐体細胞と杆体細胞の反応度合いが異なるため，一つの曲線に定めることはできない。

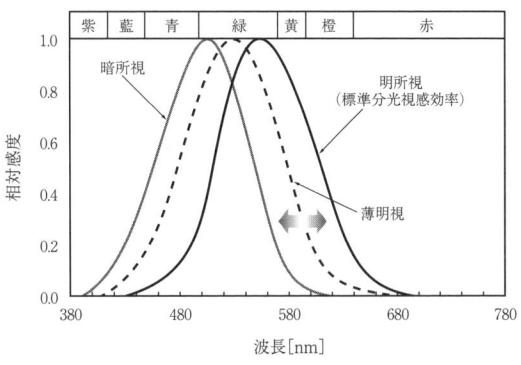

図2　人間の目の分光感度特性

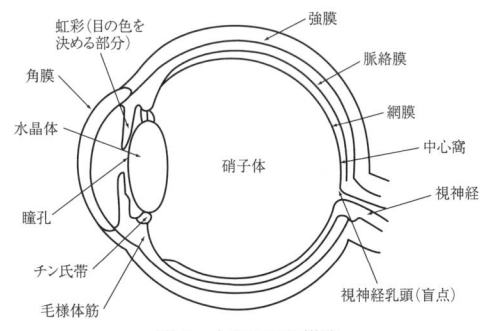

図3　人間の目の構造

02　光をどう定量的に測るのか

光環境を物理的に表現する方法として定義される各種測光量について解説する。また，設計・評価の際に最も頻繁に使われる測光量である「照度」「輝度」について，各測定機器とともに，それらの違いを詳しく説明する。

1 ── 測光量の基本

光の量を表す測光量は，明所視での人間の目の分光感度特性である標準分光視感効率 $V(\lambda)$ に基づき定義される。式(1)に示す光束 ϕ_v [lm（ルーメン）] と呼ばれる値が，全ての測光量の基本となる。

$$\phi_v = K_m \int_0^\infty \phi_{e,\lambda}(\lambda) V(\lambda) d\lambda \tag{1}$$

$\phi_{e,\lambda}(\lambda)$：分光放射束（単位時間の波長別の放射エネルギー）[W/nm]
$V(\lambda)$　　：標準分光視感効率 [−]
K_m　　　：明所視における最大視感効果度（= 683 lm/W）

ある発光体から放射される単位時間当たりの各波長のエネルギー量を，人間の目の感度で重み付けし，人間が知覚できる波長域について積分した値を求めることで，人間が感じる明るさに比較的対応した値を物理量のように扱うことができる。このような物理量を「心理物理量」という。

2 ── 各種測光量の定義

各種測光量は，図1に示すような関係で表される。

(1) 光度 I [cd]
　発光体からある微小な範囲（単位立体角 $d\omega$ [sr（ステラジアン）]）に向けて発せられる光束 $d\phi_v$ [lm] の密度で，式(2)のように表される。単位は cd（カンデラ），または lm/sr（ルーメン毎ステラジアン）が使われる。

$$I = d\phi_v / d\omega \tag{2}$$

(2) 照度 E [lx]
　対象点を含む微小面を通過する光束 $d\phi_v$ [lm] の微小面の単位面積 dS [m^2] 当たりの入射光束密度で，式(3)のように表される。単位は lx（ルクス），または lm/m^2（ルーメン毎平方メートル）が使われる。

$$E = d\phi_v / dS \tag{3}$$

(3) 光束発散度 M [lm/m^2]
　対象点を含む微小面から発散される光

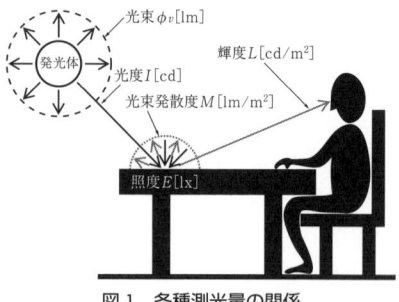

図1　各種測光量の関係

束 $d\phi_v$ [lm] の微小面の単位面積 dS [m²] 当たりの発散光束密度で，式(4)で表される。単位は lm/m²（ルーメン毎平方メートル）が使われる。

$$M = d\phi_v / dS \quad (4)$$

(4) 輝度 L [cd/m²]

ある微小面からある方向に発散される光束 $d\phi_v$ [lm] の単位立体角 $d\omega$ [sr]，単位投影面積 $dS\cos\theta$ [m²] 当たりの発散光束密度で，式(5)で表される。ここで θ は，微小面の法線と光の発散方向のなす角である（**図2**）。単位は cd/m²（カンデラ毎平方メートル）が使われる。

$$L = d\phi_v / (d\omega \cdot dS\cos\theta)$$
$$= dI / dS\cos\theta \quad (5)$$

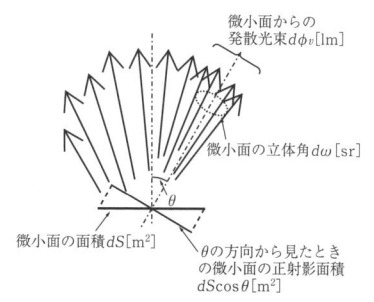

図2 輝度の定義

3 — 照明計画と測光量：照度と輝度の違い

照明計画を行う際，あるいは照明計画された空間を評価する際に，最も多く取り扱われる測光量は，照度と輝度であろう。照度は**図3**，輝度は**図4**に示すような機器を用いて測定することができる。各測定機器のセンサの形状からもわかるように，照度はある微小面に入射する光の総量を，輝度はある微小面からある特定の方向に向かって発散される光の量を表す。照度と輝度の関係は**図5**に示すとおりで，輝度は光の到来方向が考慮されるのに対し，照度はある微小面が受ける光の総量が等しければ，光の到来方向に関係なく等しい値となる。

従来の照明計画は，空間全体にどのくらいの光量が必要かに応じて，照明器具の設置台数を決めるという手法が一般的であった（15参照）。この場合の設計目標値は，空間全体の平均照度であって，空間全体に光がどのように分布しているか，あるいは光がどちらの方向から発せられているのかは考慮されない。

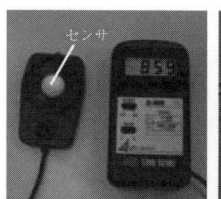

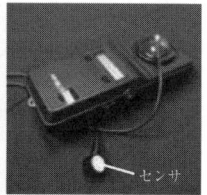

図3 照度計の一例（口絵参照）

人間の目が感じる明るさやまぶしさといった感覚に対しては，照度よりも輝度の値のほうがよく対応する。最近では，パソコンやデジタルカメラの発達・普及も手伝って，空間全体の輝度分布を用いて設計・評価することもできる（17参照）。

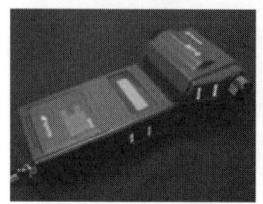

図4 輝度計の一例と輝度の測定（口絵参照）

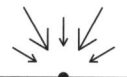

図5 輝度と照度の違い

03 照計計画のフローと照明要件

照明計画は，単に必要な明るさを提供するだけでなく，空間の用途に応じて求められる雰囲気や，空間を使用する人間の快適性に配慮する必要がある。加えて，照明に係る電力消費量を極力少なく保つ各種制御による工夫が必要である。次節以降でこれらの必要要件を達成するための具体的手法について解説するにあたって，ここでは，一般的な照明計画のフローに従って，照明環境の要件について述べる。

1 ― 照明計画のフロー

図1に一般的な照明計画の流れを示す。まず初めに，設計対象物件が果たすべき機能を把握した上で，その建物内で行われる諸活動の目的達成をサポートするように，各構成スペース（例えば，オフィスビルであれば，執務室，コミュニケーションエリア，リフレッシュエリアなど）の光環境を計画する必要がある。その建物で行われる視作業（作業面はどこか，視作業の内容（思考作業か単純作業か），作業の細かさなど），視作業を行う者の視覚特性を把握した上で，照明環境に求められる要件を策定する。

策定した照明要件を達するために，適切に直射日光を制御した上で，可能な限り自然光の活用を考える。そのために，あらかじめ周辺建物からの影響も含めた立地環境を調査し，採光がどの程度期待できるか検討する。

昼光照明を補助する人工照明の計画については，光源と照明器具の種類を決定し，照明器具の配置・制御・運用の計画を立て，シミュレーション等によって，必要要件が満たされているかを確認した上で，実施設計を進めていく。

竣工後も，目標とした照明要件が確保されているか，計画通り制御・運用が行われているか，定期的な照明器具と室内表面の

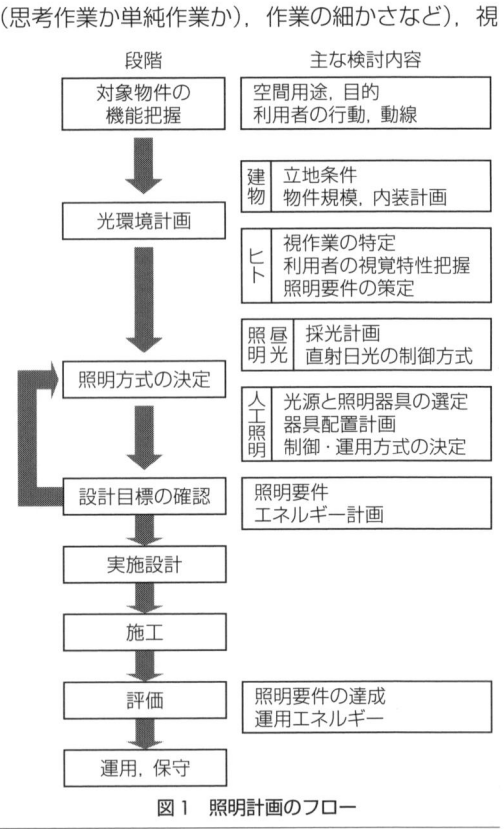

図1 照明計画のフロー

清掃，ランプ交換が行われているかなど，定期的に保守点検が行われるよう，包括的な計画を設計者は提供しなくてはならない。

2 — 照明要件

作業空間における諸活動を安全・快適に行うための照明要件を記す。

(1) 高輝度面の回避，制御

高輝度面が視界に入ると，グレア（まぶしさ）が生じ，視対象物が見えづらくなったり（視力低下グレアあるいは減能グレアという），不快（不快グレア）を感じることがある。グレアをもたらす光源としては，窓面や照明器具がある。在室者の視界にグレア源となる高輝度面が直接見えないように，光源の配置計画を工夫する，あるいは高輝度面の輝度を抑える工夫が必要である。

不快グレアは，グレア源の輝度，グレア源の大きさ，観測者の目が順応しているグレア源以外の背景の輝度，グレア源の位置によって決まる。照明器具の不快グレアは，UGR（Unified Glare Rating，屋内統一グレア評価法）によって評価することがJIS照明基準で定められており，具体的には，照明メーカーから提供される照明器具ごとに作成されたUGR表あるいは計算によって求め，空間用途・作業の種類ごとに定められたUGR制限値を超えないよう照明器具を選定，配置していく（19参照）。

窓面については，直射日光の直接入射を防ぐような各種日よけ装置の制御（08参照）に加えて，高輝度の窓面を背にした視対象物を照らす室内側の照明の不足によって生じるシルエット現象の回避にも努める必要がある。

照明器具や窓面からの光が反射される面（天井面や壁面など）で，二次的なグレアを生じないよう内装材にも配慮する。

(2) 明視性の確保

作業を行う際，視対象が難なく見えるということは，照明環境の必要最低要件である。視対象の見えには，①視対象物の大きさ（視角），②視対象を見る環境の明るさ（順応輝度），③視対象物と背景の輝度対比，④視認時間，の4つの要素（明視4要素）が関係する。視作業の内容（作業の細かさ，視対象の種類など）に応じて，設計照度を決める必要がある（図2）。

(3) 色の見えの確保

空間用途によっては，視対象物の色を正確に知覚することも重要である。カタログなどに記載されているランプの平均演色評価数 Ra を参照し（12参照），設計対象空間に使用するランプを選定する。

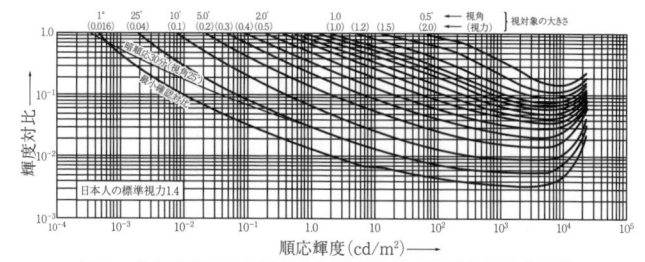

図2　白色光源での最小確認対比曲線及び標準等視力曲線 [1]

---

1) 中根芳一，伊藤克三，明視照明のための標準等視力曲線に関する研究，日本建築学会論文報告集，第229号，pp.101-109，図12, 1975

04　太陽の位置を捉える

自然光の効果的な活用による照明の省エネルギーが期待されるが，室内への過剰な直射日光の入射は，窓際の温熱環境，窓面のまぶしさなどの観点から避けなければならない。各種日よけ装置を用いて，直射日光を適切にコントロールする必要がある。そのためには，まずは地球から見た太陽の動きをいかに捉えるか，太陽位置の表し方について理解しておく必要がある。

1 ― 太陽と地球の位置関係

　地球は，公転面の法線に対し23.4°傾いた地軸を中心に1日1周自転しながら，太陽を中心に1年を周期として公転している。自転によって昼夜が形成され，公転によって季節が変わる。地球上には，1年のうちある期間，1日を通して太陽に面する場所が存在する。この場所では，「白夜」と呼ばれる現象が起こり，逆に1日中太陽に面さない場所では，1日を通して暗い状態「極夜」となる(図1)。

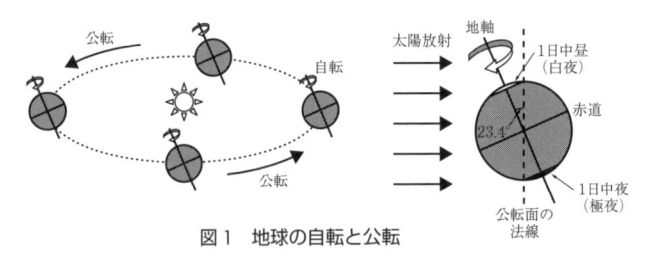

図1　地球の自転と公転

2 ― 天球上の太陽の動き

　地球上のある観測点における太陽の影響を考える際には，太陽を中心に地球の動きを捉える地動説ではなく，地球上の観測点を中心に太陽が動くと考える天動説を採用するほうが便宜上都合がよい。観測点を中心に架空の球体(天球という)を描き，天球上を太陽が移動すると考える。
　北半球では，太陽は天球上の東側の地点か

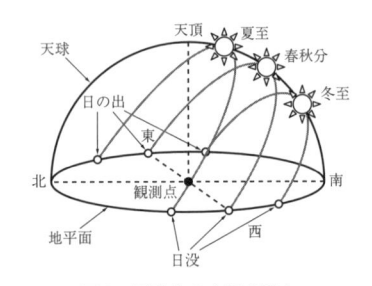

図2　天球上の太陽の動き

ら出て(日の出)，南側を通過し，西側の地点に沈む(日没)。春分・秋分には，太陽は真東から出て真西に沈む。春分～夏至～秋分には，真東よりも北側の地点から太陽は地平線上に出て，真西よりも北側の地点に沈む。一方，秋分～冬至～春分には，真東よりも南側の地点から太陽は出て，真西よりも南側の地点に沈む(図2)。春分・秋分は，昼(太陽が地平面よりも上にある時間)と夜(太陽が地平面よりも下にある時間)の長さがちょうど等しくなる日で，春分～夏至～秋分は昼のほうが夜よりも長く，逆に秋分

〜冬至〜春分は昼よりも夜のほうが長い。

3 ― 中央標準時と真太陽時

　太陽がちょうど真南に来ることを「南中」といい，南中時を中心として，太陽との位置関係に応じて地球上の各地点の時刻は求められる。

　しかし，同じ生活習慣に則って生活をするある一定の領域内では，同じ時刻表示を用いたほうが便利である。そこで，ある一定の領域内で基準地点を設け，そこでの平均太陽時T_m(後述)を中央標準時T_sとして共通で用いる。日本では，兵庫県明石市(東経135°)の平均太陽時T_mを中央標準時T_sとして用いる。

　同じ中央標準時であっても，場所(経度)が少しでも異なれば，その場所から見た太陽の位置は異なる。例えば，**図3**中のA地点から見る太陽の位置と，B地点から見る太陽の位置が等しくなるためには，B地点がA地点との経度の差分だけ地球の自転によって移動する必要がある。これに要する時間を補正したものが，各場所の平均太陽時T_mとなり，式(1)で求められる。

$$T_m = T_s + (L - 135)/15 \qquad (1)$$

　T_m：平均太陽時[時]
　T_s：中央標準時[時]
　L　：計算対象地点の経度[°]

　1日の長さは，太陽が南中した時点から，翌日南中するまでにかかる時間(＝地球が1回自転するのに要する時間)で決まる。しかし，地球の公転軌跡は完全な円形でないため，日によって地球と太陽の間の距離が異なり，地球の自転に要する時間は日々異なる(**図4**)。各場所における太陽との位置関係を正確に表す真太陽時Tを求めるためには，経度の違いによる平均太陽時T_mとのずれ以外に，均時差eによる補正が必要となる。均時差eとは，自転にかかる時間の年平均値とある日の自転時間との差のことで，その値は毎日，毎年異なり，『理科年表』にその年の各日の値が記載されている(**図5**)。

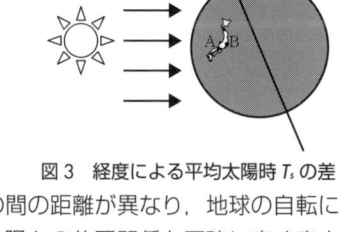

図3　経度による平均太陽時T_sの差

　中央標準時T_s，平均太陽時T_m，真太陽時Tの間には，式(2)に示す関係が成り立つ。

$$T = T_m + e = T_s + (L - L_s)/15 + e \qquad (2)$$

　L　：計算対象地点の経度[°]
　L_s：基準地点の経度[°]（日本の場合，兵庫県明石市の135°)
　e　：計算対象地点の対象日の均時差[時]

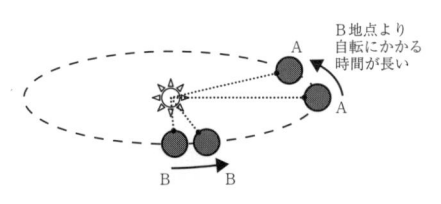

図4　太陽までの距離による自転時間の違い

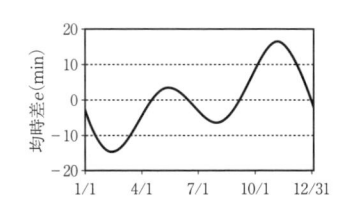

図5　1年間の均時差eの変化

05 太陽位置を求める

真太陽時が求まれば，任意の場所，任意の日時における太陽位置を知ることができる。太陽位置を知ることで，各種設備の最適設計・制御が可能となる。太陽位置を計算式と太陽位置図から求める方法について解説する。

1 ― 太陽位置の表し方

地球上のある観測点から見た太陽の位置は，天球上の太陽の位置として，図1に示す太陽高度h，太陽方位角Aの二つの角度で表すことができる。

太陽高度hは，太陽が地平線上に位置するとき（日の出，日の入り）を0°として，日中は正の値，夜間は負の値で表される。

太陽方位角Aは，南中時を0°として，日の出〜南中時（午前）を負の値，南中時〜日没（午後）を正の値で表す。

2 ― 太陽位置の算出法

太陽高度h，太陽方位角Aは，式(1)〜(3)で算出することができる。

$$\sin h = \sin\phi\sin\delta + \cos\phi\cos\delta\cos t \quad (1)$$

$$\sin A = \frac{\cos\phi\sin t}{\cos h} \quad (2)$$

$$\cos A = \frac{\sin h\cos\phi - \sin\delta}{\cos h\cos\delta} \quad (3)$$

ここで，

$$t = (T - 12) \times 15 [°] \quad (4)$$

ϕ：緯度[°]
δ：太陽赤緯[°]
t：時角[°]
T：真太陽時[時]

図1 太陽位置の表し方

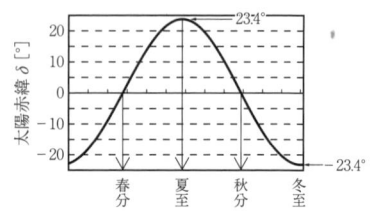

図2 1年間の太陽赤緯の変動（東経139°）

時角tは，南中時（真太陽時12時）を0°として，次の南中時までに24時間かけて太陽が天球上を1周360°回転する，すなわち，1時間当たり15°回転すると考えて，南中時からの太陽の回転角で時刻を表すものである。

太陽赤緯δ（日赤緯，赤緯ともいう）は，春分・秋分における天球上の太陽軌跡（天球の赤道という）と計算対象日の太陽軌跡のなす角度から，日にちを特定するものである。春分・秋分は0°，夏至は＋23.4°，冬至は－23.4°となる（図2）。

太陽方位角Aは，式(2)，(3)のどちらからも求めることができるが，式(3)による

場合,午前か午後かによって符号が異なるので,注意が必要である。

3 ― 太陽位置図とその活用

　太陽高度h,太陽方位角Aを計算式から求めることもできるが,式が少々複雑なため,煩雑な手続きを要する。そこで,正確な値でなくとも,およその太陽位置を知りたい場合には,**図3**に示すような太陽位置図を用いて簡易に求めることもできる。

　太陽位置図とは,ある場所における天球上の太陽軌跡を水平面あるいは垂直面上に射影した図で,任意の場所(緯度)について一枚の図が作成される。

　ある日にちの太陽軌跡(図3中の円を横切る線)と,太陽位置を求めたい時刻(真太陽時)の線(太陽軌跡を横断する線)の交点を見つけ,交点を同心円状に上側にたどると太陽高度h,放射状に円の外側に向かうと太陽方位角Aを求めることができる。ここでは極射影による太陽位置図を示したが,射影方式によってさまざまな図がある。

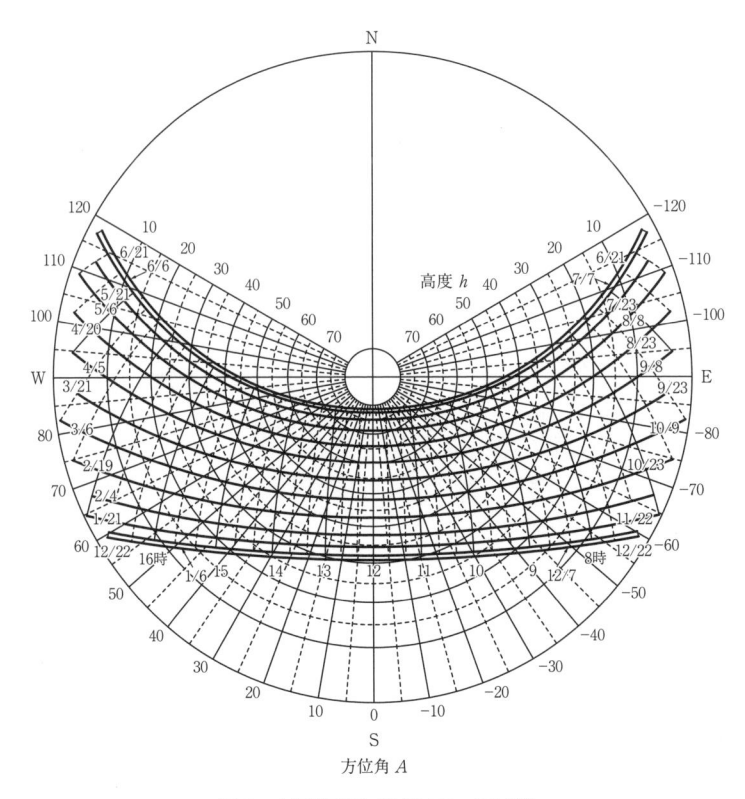

図3　太陽位置図（北緯35°,極射影）

06 太陽位置の活用（1）日影

高層マンションを建設する際，しばしば日照権を巡って紛争が発生することがある。建物を建てる際は，都市全体で良好な環境を保つために，自身の建物内環境だけでなく，周辺環境に与える影響についても十分な配慮が必要となる。周辺環境においても，十分な日照が確保されるように，建設対象建物の高さや形態を検討していく必要がある。

1 ― 日影の長さと方位を求める

水平な地面に立つ高さHの垂直棒の影の長さLは，太陽位置図あるいは「05」に記した式（1）から太陽高度を求め，以下の式（1）より算出することができる。影の方向は太陽の方位と真逆の向きになり，影の方位角は太陽の方位角$A±180[°]$となる（図1）。

$$L = H/\tan h \quad (1)$$

ここで，
　L：影の長さ
　H：棒の長さ
　h：太陽高度[°]

日影曲線図を使えば，多少精度は劣るものの，計算で求めるよりも簡便に日影の長さと方位を求めることができる。

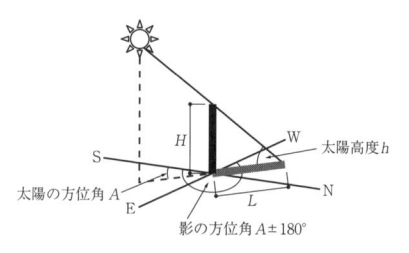

図1　垂直棒の影の長さと方位角

2 ― 年間の建物の日影の様子を予測する

建物が周辺につくる日影は，時々刻々と変化する。年間を通して周辺環境にどのような日影がつくられるかを予測することで，周辺環境の日照環境を良好に保つための建物高さ，形態を検討することができる。

図2は，北緯35°地点での春分・秋分，夏至における立方体の日影を1時間おきに描いたものである。このようなある物体による日影の形を描いた図を日影図という。

また，ある物体によってできる日影の時間が等しい地点を結んだ線を等時間日影線といい，一定時間ごとの等時間日影線を重ね合わせて描いた図を日影時間図という。

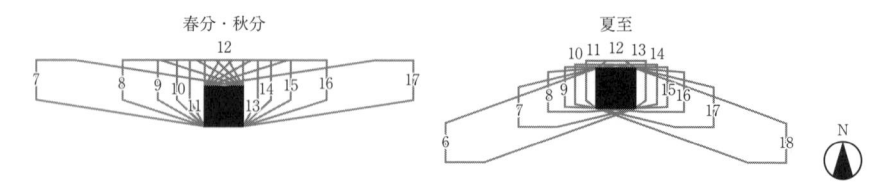

図2　日影図（北緯35°）　※図中の数値は真太陽時

図2と同じ立方体の冬至における日影時間図を**図3**に示す。1時間日影線は，8時と9時，9時と10時，10時と11時・・・，2時間日影線は8時と10時，9時と11時，10時と12時・・・のように，各時間の日影図の交点を結んでいくと作成できる。

日影図（図2，図3灰色線）を見ると，夏至の日には日の出直後，日没直前に太陽が北側に回るため，南側にも日影ができることがわかる。また春分・秋分の日影の先端の軌跡は，東西軸と平行にほぼ一直線となる。冬至は一年間で太陽高度が最も低いため，日影の長さが最も長くなることが見てとれる。

図3の冬至の日影で，建物高さが1.5倍，建物間口が2倍になった場合を比べると，式(1)からもわかるように，日影の長さは建物高さに比例して長くなるため，建物高さが高いほど日影が生じる範囲も広くなる。しかし，4時間以上日影になる範囲は，建物高さによらずほぼ同じである。一方，建物間口については，間口幅が広いほど日影の生じる範囲も大きくなり，4時間以上日影になる範囲も間口に比例して大きくなる。

ここで示した例は，単一の物体による日影であるが，実際には複雑な形状の建物が複数建っている状況について検討する必要があるため，実務ではコンピュータを用いて検討するのが一般的である。

光環境

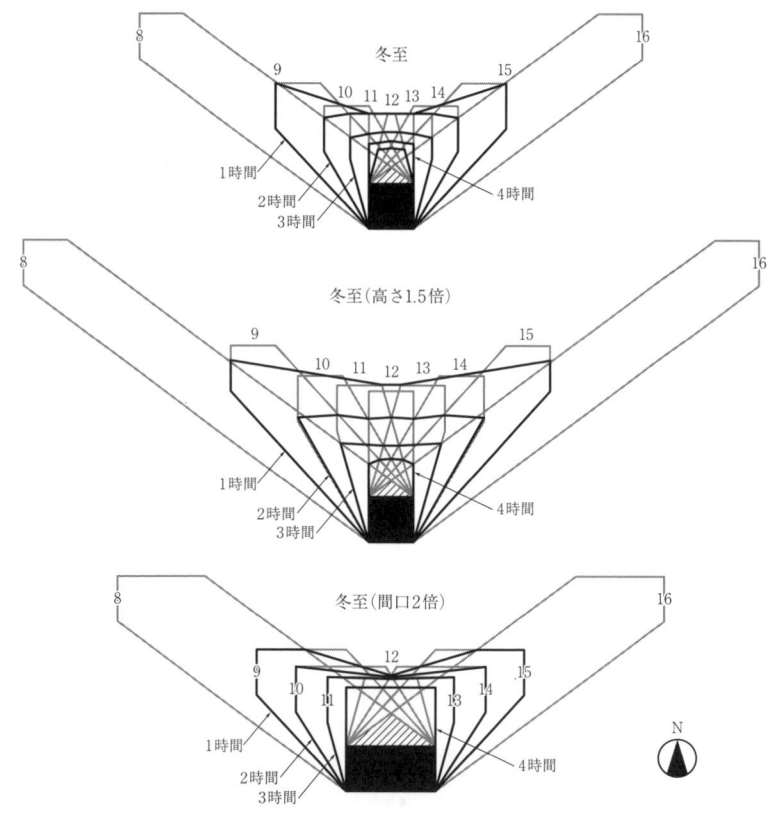

図3 日影時間図（北緯 35°） ※図中の数値は真太陽時

07 太陽位置の活用 (2) 庇の設計

直射日光が室内に直接入射すると，窓際の温熱環境やグレア（まぶしさ），光幕反射（光の反射によって視対象物が見えづらくなる）など諸々の問題が生じる。庇やブラインドなどの日よけ装置を使って，直射日光の入射を適切にコントロールすることが，快適な室内環境計画には不可欠である。ここでは，窓面の方位と太陽位置から，室内に直射日光がどのように入射するか，庇・ライトシェルフによって直射日光の直接入射をどの程度緩和できるかを考える。

1 ─ 室内に入射する直射日光の範囲

図1に示すような室内に入射する直射日光の範囲について考えてみよう。窓からの直射日光は，図中灰色で示した部分の床に照射される。窓面の方位角を a [°] とすると，直射日光は窓面の法線に対し，角度 $A-a$ [°]（見かけの太陽方位角）で入射する。直射日光の照射位置を表す各寸法は，以下の式(1)〜(8)で求められる。

$$L_1 = H_1/\tan h \quad (1)$$

$$L_2 = H_2/\tan h \quad (2)$$

$$y_1 = L_1 \times \cos A'$$
$$= H_1 \times \cos(A-a)/\tan h = H_1/\tan h' \quad (3)$$

$$y_2 = L_2 \times \cos A'$$
$$= H_2 \times \cos(A-a)/\tan h = H_2/\tan h' \quad (4)$$

$$x_1 = w_1 + L_1 \times \sin A'$$
$$= w_1 + H_1 \times \sin(A-a)/\tan h \quad (5)$$

$$x_2 = w_2 + L_1 \times \sin A'$$
$$= w_2 + H_1 \times \sin(A-a)/\tan h \quad (6)$$

$$x_3 = w_1 + L_2 \times \sin A'$$
$$= w_1 + H_2 \times \sin(A-a)/\tan h \quad (7)$$

$$x_4 = w_2 + L_2 \times \sin A'$$
$$= w_2 + H_2 \times \sin(A-a)/\tan h \quad (8)$$

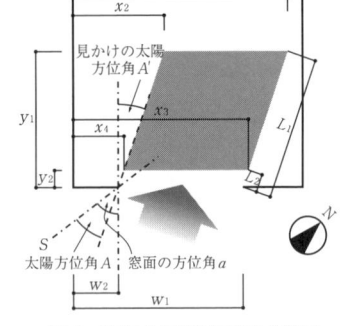

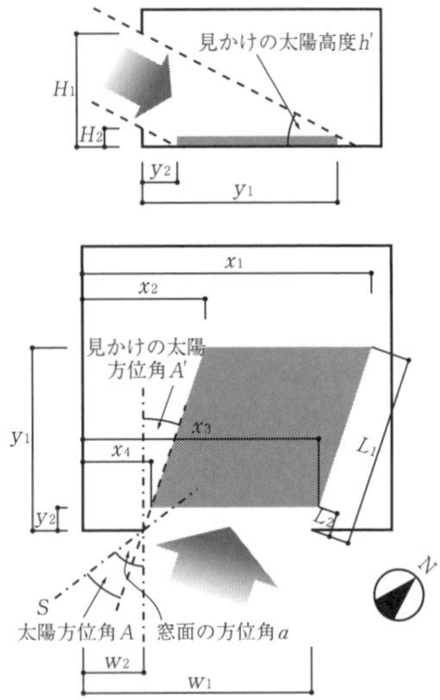

ここで，
h：太陽高度[°] A：太陽方位角[°]
a：窓面方位角[°] h'：見かけの太陽高度[°]
A'：見かけの太陽方位角[°] H_1：窓上端の高さ H_2：窓下端の高さ
w_1：左壁から窓右端の長さ w_2：左壁から窓左端の長さ

図1 窓からの直射日光入射範囲

図1の上図に示す通り，窓と垂直な室断面における直射日光の入射高度によって，直射日光の室内への最大入射距離は決まる。窓と垂直な室断面から見たときの太陽の入射高度を，見かけの太陽高度あるいはプロファイル角といい，式(9)で定義される。

$$\tan h' = \tan h/\cos(A-a) \quad (9)$$

図1では，床面への直射日光の照射範囲を求めたが，机上面への直射日光の照射範囲を求めるには，受照面の高さが床面から机上面に上がる分，窓上端の高さH_1と窓下端の高さH_2からそれぞれ机の高さを引いて，式(1)～(8)を同様に適用すればよい。

日の出直後の東窓面や冬の夕方の西窓面に対する見かけの太陽高度はかなり低く，直射日光が室奥深くまで入射することとなる。窓面の方位・位置，室の寸法にもよるが，周囲に太陽を遮る障害物が何もなければ，**図2**の例のように，室奥や横の壁にまで直射日光が当たることもある。学校教室の場合は，黒板や壁の掲示物に直射日光が当たることになり，黒板面の文字の見えづらさや掲示物の劣化などが問題となるので注意が必要である。

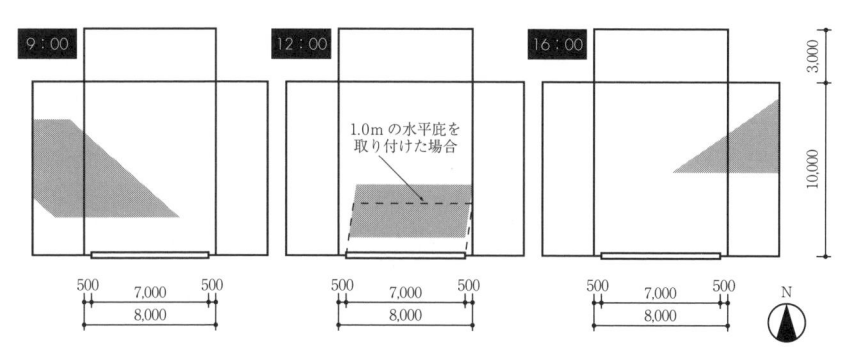

図2 冬至（中央標準時）の直射日光入射位置の推移（展開図）
（北緯35°，東経139°，窓下端高さ0.5 m，上端高さ2.5 m）
灰色部分の室内表面に直射日光が照射される

2 ― 庇，ライトシェルフによる直射日光入射範囲の緩和

窓面の外側に幅dの庇を取り付ければ，直射日光の室内入射距離を，庇の幅dだけ短くすることができる。図2に示す例で，南側窓面の上端に幅1.0mの水平庇を取り付けると，12時（中央標準時）では直射日光の直接入射を窓際2.0m程度に抑えることができる。しかし，太陽高度が低い時間帯では，水平庇だけで直射日光の直接入射を防ぎきれないため，必要に応じて垂直庇，深い袖壁等の採用も検討するとよい。

庇の取付け高さによっても，直射日光の照射範囲は異なってくる。窓の中ほどの高さに設置する庇をライトシェルフまたは中庇と呼び，図3のように，ライトシェルフより下側の窓から入射する直射日光を遮蔽するだけでなく，ライトシェルフ上面に照射された直射日光の反射光を，室奥の天井に照射することで，室奥と窓際の明るさのむらを軽減することができる。図3では，内庇と外庇の両方があるが，内庇がうっとうしく感じられるため，外庇だけのライトシェルフのほうが一般的である。建築躯体へ後から取り付けることもでき，学校建築のエコ改修などでよく設置される。

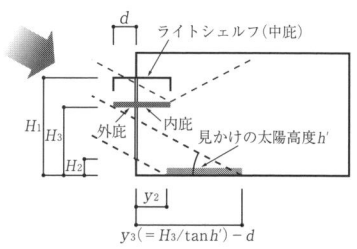

図3 ライトシェルフによる直射日光遮蔽

08　太陽位置の活用（3）ブラインド制御

直射日光の入射を調整するために，ブラインドやロールスクリーンなどを用いることがある。必要に応じて上げ下ろし，羽根の開き具合などを自由に調整できることに利点があるが，日本のオフィスのように大きな空間を大勢で共有する場合には，ややもすると，一度下ろしたら下ろしっぱなし，こまめな調整が行われないことも多い。積極的な昼光利用，外部景観の確保を念頭に，最近では，自動制御を行う事例も多い。ここでは，ブラインドの自動制御の考え方について解説する。

1 ― ブラインドのスラット角制御

　窓は在室者に対し，時刻や天候などの外部情報を与えるだけでなく，開放感やリラックス効果をもたらすことも期待され，快適な室内光環境を形成するための重要な要素となる。しかし，窓から入射する過度な直達日射（あるいは直射日光）は，夏季の冷房負荷増大を招き，また，不快グレアをもたらすことが懸念される。
　ブラインド（正式にはベネシャンブラインド）は数ある日よけ装置の中でも，スラットの隙間から外部景観を臨むことができ，スラットで反射した昼光の一部が室内側に照射され，直射日光を間接光として室内に採り入れることができる点で優れている。しかし，実際には一度ブラインドが下ろされてしまうと，そのままの状態が維持され，天候，時刻によらず常時窓が遮蔽されてしまうことも多い。最近では，在室者の快適性，省エネルギーの観点から，可能な限り窓を開放するよう，ブラインドの自動制御を行うオフィスビルも増えてきた。

2 ― ブラインドのスラット角の決定方法

　窓面の不快グレアや過度な直達日射の入射がない限りは，ブラインドは開放し，眺望を確保するほうが好ましい。まずは，天候状態の判断が制御に際して必要となる。天候判断は，建物屋上に水平に，あるいは異なる方位に面し複数台鉛直に設けた日射計，照度計の測定値などから判断される（図1）。
　天候判断の上，直射日光が室内に入射すると想定される場合には，直射日光が室内に入射しないよう太陽位置に基づいてブラインドのスラット角を設定し，さらに不快グレアを考慮して任意のオフセット角（かぶせ角とも呼ばれる。直射日光を完全に遮断するため，安全側に10～15°程度余分に閉じる）を加えて制御される。直射日光の室内への入射をぎりぎり防ぐためのスラット角は，式(1)から求められる。

図1　天候判断のための日射量計測

スラットの角度 $\theta = \sin^{-1}(S \times \cos h'/W) - h'$ (1)
 S：スラット間の間隔
 W：スラットの幅
 h'：見かけの太陽高度

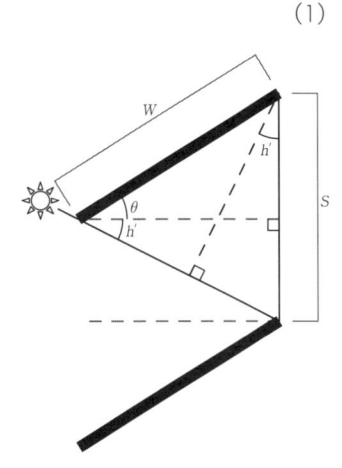

　ブラインドのスラットは曲面のこともあるが，図2に示すように，スラット面を平板かつ一様拡散性と仮定しても，実用上十分な精度でスラット角を求められることがわかっている[1]。オフセット角は，安全を見積もって大きめに設定すると，景観の見えが不十分となり，小さすぎるとグレアが生じるため，実際の直射日光の入射状況を確認しつつ，窓面方位，季節に応じて適切な値に設定する必要がある。

図2　ブラインドのスラット角制御

3 ― 自動ブラインド制御の実例

　前項では，太陽位置に応じてスラット角を決定する方法を紹介したが，直射日光の遮蔽，不快グレアの抑制，眺望の確保を両立させるようなさまざまな制御の工夫が，実際のオフィスビルでは実践されている。

　窓面の不快グレア抑制を目的として，屋上に設置した東西両方向の日射計の測定値から直達日射量と天空日射量を算出，換算した照度の値から窓面の不快グレアの程度を予測し，外付けブラインドのスラット角を制御，天井照明の自動調光も組み合わせることで，室全体で約3.3％の照明用消費電力量の削減に成功した例(図3)[2]や，在室者の目線高さのスラットは開放気味にし，上部のスラットは閉鎖気味にすることで，眺望を確保しつつ，スラット面で反射された昼光を天井面に照射させて，天井面での反射光を間接照明として利用できるグラデーションブラインド(清水建設(株)開発)(図4)などがある。

図3　不快グレアに基づく外付けブラインドの自動制御（N設計本社ビル）

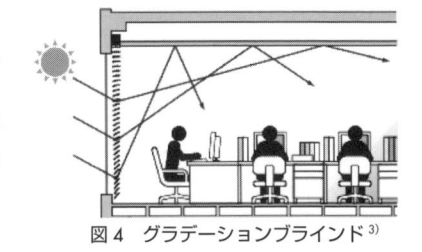

図4　グラデーションブラインド[3]

1) 平田ほか，ベネシャンブラインド透過率の実験値と計算値の比較，日本建築学会大会学術講演梗概集，D分冊，pp. 779-780, 1990
2) 本間，昼光利用の新しい建築（4）日建設計東京ビルのブラインド協調制御，照明学会誌，第88号，第10巻，pp. 815-820, 2004
3) NICHIBEI, NEWS RELEASE, 2012.11.26

09 開口部の設計（天空光の確保）

直射日光の室内への直接入射を適切にコントロールできるのであれば，可能な限り拡散光源である天空光は室内に多く採り入れたい。天空光の採り入れは，一般的に窓などの開口部からである。開口部から天空光によって得られる昼光照度の算定方法について解説する。

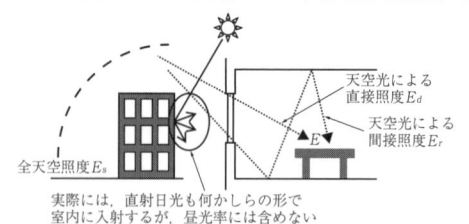

1 ── 昼光率と昼光照度

窓からの採光性能を表す指標の一つに昼光率がある。昼光率とは，室内の所定の受照面上の昼光照度を，同時に測定した全天空照度で除した値のことで，理論的には式(1)で表される。

$$昼光率 D = E/E_s = (E_d + E_r)/E_s = \underbrace{E_d/E_s}_{\text{直接昼光率}D_d} + \underbrace{E_r/E_s}_{\text{間接昼光率}D_r} \quad (1)$$

ここで，
E：受照面上の直射日光を除く昼光照度[lx]　　E_s：全天空照度[lx]
E_d：開口部から得られる直射日光を除く直接昼光照度[lx]
E_r：開口部からの直射日光を除く昼光の室内表面での反射による間接昼光照度[lx]

時々刻々と変動する直射日光による昼光照度を除いて開口部の採光性能で表すことで，天候に依存しない安定的な指標が得られる一方で，直射日光が直接は室内に入射しない場合も，実際には何かしらの部位（庇，ライトシェルフ，ブラインドなどの直射日光遮蔽装置や対向建物の壁面など）に反射した直射日光による拡散光が室内には入射するため，昼光率のみで実際の昼光照度を推定するのは不十分である。また，天空の輝度分布によっても，室内各点で得られる昼光照度は異なる。

建築基準法第28条第1項では，採光に有効な開口部面積を住宅では居室床面積の1/7以上，その他の建築物では1/5～1/10の政令で定められる割合以上設けることと定められているが，開口部の面積が等しくても，その形や設置位置によって採光効果は異なる。天空光に限っていえば，開口部の採光性能を検討するにあたって，昼光率はいくぶん使える指標である。CASBEEでは，昼光による省エネルギー性能を評価するための指標として，室中央床面の昼光率を用いている（20参照）。

2 ── 直接昼光率と立体角投射率（長方形光源の場合）

式(1)に記したように，昼光率は直接昼光率と間接昼光率に分離することができる。直接昼光率は，開口部の大きさ・形と対象点との位置関係，開口部に使用する部材の

透過特性によって決まり，間接昼光率は，室内表面の反射特性によって決まる。天空と対向建物の輝度分布を一様と仮定した場合，直接昼光率は式(2)で求められる。CASBEEでは，採光可能性を表す指標とされる昼光率を，式(2)中のϕ_wとしている。

$$直接昼光率 D_d = \tau_w \times \phi_w \times (E_s \times \phi_s + M_o \times \phi_o)/E_s \tag{2}$$

ここで，

M_o：対向建物の光束発散度(＝対向建物の壁面照度×対向建物の反射率)$[\mathrm{lm/m^2}]$

ϕ_w：対象点に対する開口部の立体角投射率$[-]$

ϕ_s：開口部に対する天空の立体角投射率(天空率)$[-]$

ϕ_o：開口部に対する対向建物の立体角投射率$[-]$

τ_w：ガラスの透過率$[-]$

ある微小点に対する長方形光源の立体角投射率ϕ_wは，図2，図3のような読み取り図から容易に求めることもできるが，正確には式(3)，式(4)より求められる。具体的な求め方に関する注意事項は，「16」を参照されたい。

① 受照点と光源が垂直の場合(例：机に対する側窓，鉛直を向いた目に対する天窓)

$$\phi_w = \frac{1}{2\pi}\left(\tan^{-1}\frac{x}{z} - \frac{z}{\sqrt{z^2+y^2}}\tan^{-1}\frac{x}{\sqrt{z^2+y^2}}\right) \tag{3}$$

② 受照点と光源が平行の場合(例：机に対する天窓，鉛直を向いた目に対する側窓)

$$\phi_w = \frac{1}{2\pi}\left(\frac{x}{\sqrt{z^2+x^2}}\tan^{-1}\frac{y}{\sqrt{z^2+x^2}} + \frac{x}{\sqrt{z^2+y^2}}\tan^{-1}\frac{y}{\sqrt{z^2+y^2}}\right) \tag{4}$$

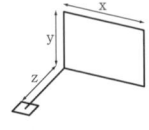

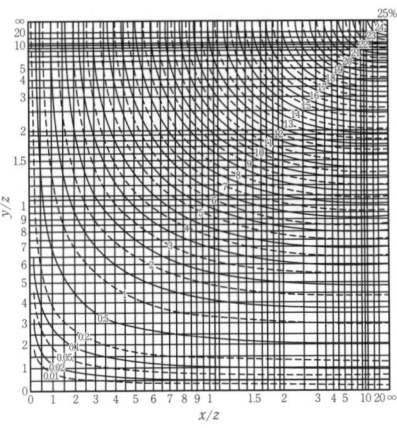

図2　長方形光源の立体角投射率[1]
(① 受照点と光源が垂直の場合)

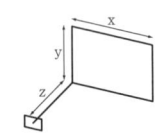

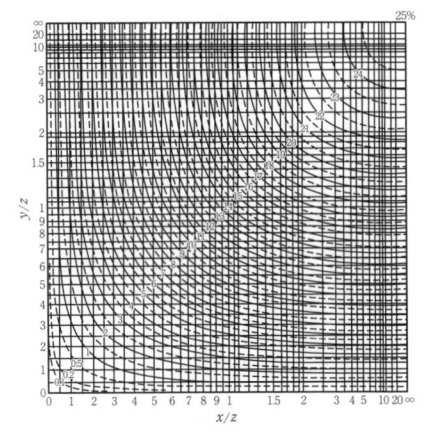

図3　長方形光源の立体角投射率[2]
(② 受照点と光源が平行の場合)

1) 日本建築学会編，設計計画パンフレット16.採光設計，彰国社，p.27，f4.13(小木曽)
2) 日本建築学会編，設計計画パンフレット16.採光設計，彰国社，p.28，f4.14(小木曽)

10　昼光利用による省エネルギー

照明にかかる一次エネルギーは，建物用途によって多少はあるが，建物全体の10〜30%を占める。特にオフィスビルでは，人工照明の消灯・減灯は，夏季の冷房負荷削減にもつながることから，直射日光による視的不快を防いだ上で，昼光利用によって積極的に照明の省エネルギーを図ることが大事である。また，昼光はエネルギー面だけでなく，在室者の健康・快適面でも有効である。ここでは，パッシブ型からアクティブ型まで，効果的に昼光利用を行っている事例を紹介する。

1 ― 高い位置の開口部からの採光：頂側窓，光庭，光井戸

開口部から入射する天空光照度は，対象点から見た開口部の立体角投射率に比例する（08, 16参照）。図1に示すように，同面積の開口部でも，高い位置に設けたほうが効率よく採光できる。建築基準法第28条の採光規定でも，天窓は面積が等しい側窓の3倍の採光効果があるとされる。

プライバシーの問題や密集地域ゆえ，側窓からの採光が十分に確保できない場合は，天窓や中庭など，高い位置に設けられた開口部から採光することがある。

T社本社ビルでは，大きい窓面は窓際の温熱環境の悪化，不快グレアを生じるとして，外壁面の開口部を極力小さくし，建物内部に設けられた光庭から自然光を採り入れている（図2，口絵参照）。光庭から臨める天空率は，外壁面の開口部から臨める天空率に比べかなり小さくなるため（図3），光庭からの昼光導入による省エネルギー効果はそれほど大きくない。しかし，在室者は外壁面の小さい窓よりも，光庭のほうから昼光の影響を感じ取っており，在室者の開放感や快適感など，心理的な効果が大きいことが確認されている[1]。

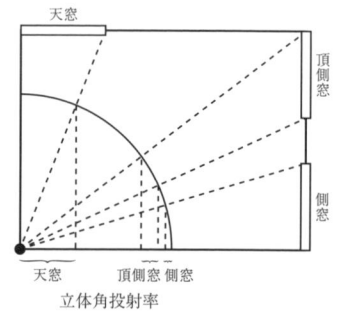

図1　開口部の位置と採光効果

図2　光庭からの昼光導入（T社本社ビル）

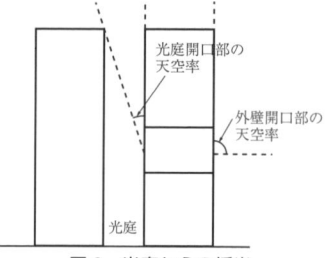

図3　光庭からの採光

2 ― 直射日光を拡散させて採り入れる：光ダクトシステム

光ダクトシステムはライトチューブ，ライトパイプ，ミラーダクトなどと呼ばれる

ものの一種で，**図4**に示すように，採光部（あるいは集光部），導光部，放光部の3つの部位からなり，採光部から採り入れた直射日光を導光部内で反射させ，昼光を直接採り入れるのが難しい場所（地下や窓面から遠い室奥など）まで搬送し，任意の位置に設けた放光部から昼光を室内に採り入れようとするものである。導光部は，水平方向にも，垂直方向にも設置可能である。

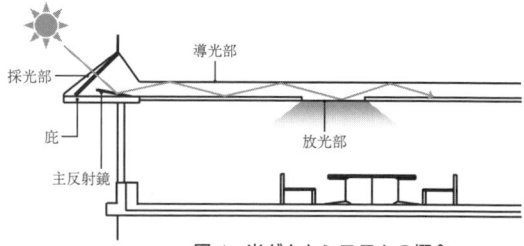

図4 光ダクトシステムの概念

図5（口絵参照）に光ダクトシステムの設置例を示す。左側は水平型，右側は垂直型のもので，ともに上の写真は採光部を，下の写真は放光部の様子を示す。水平型の場合は，天井裏にダクトスペースを設けることになるので，十分な天井高を確保する必要がある。垂直型の場合は，ダクトの設置数を増やせば増やすほど，上部階の床面積確保が難しくなる。また，導光部内で複数回直射日光を反射させることになるので，導光部内材料の反射率を高く保つことが重要であり，材料の選定およびダクト内の定期的な清掃が大切である。

図5 光ダクトシステムの導入例

3 — 太陽を逐次追尾する：太陽光追尾システム

時々刻々と位置を変える太陽を追いかけ，最も効率の良い状態で太陽からの放射エネルギーを活用しようとする方法もいくつか開発されている。例えば，太陽に常に正対するよう反射鏡の向きを変え，鏡面反射した直射日光を吹抜け内に設置したプリズムパネルに照射し，プリズムパネルから任意の方向へ反射光を分配，任意の場所を明るく照らす採光システムがある（**図6**，口絵参照）[2]。このシステムで，天窓からの採光と比べ，最大20％の照明用消費電力が削減可能とのシミュレーション結果が得られている。

図6 太陽を追尾する反射鏡とプリズムパネル（T建設札幌支店）

1) 小林敬ほか，昼光導入空間における視的・熱的快適性と省エネルギー性に関する研究（その16〜18），日本建築学会大会学術講演梗概集，D-1分冊，pp.329-334，2009
2) 小林光ほか，太陽光採光システムの開発，日本建築学会大会学術講演梗概集，D-2分冊，pp.483-488，2008

11 各種光源の特徴を表す指標

照明要件，省エネルギーを実現するために採用した制御・運用方式も，その方式に適した光源を選択しないと，せっかくの効果も発揮できないことになりかねない。各種光源の特徴を知った上で，照明器具，制御・運用方式に合った光源を選びたい。

1 — 光源を特徴づける分光分布

光源の出力（光束）（02参照）や光色といった光源の特徴は，全て光源の分光分布（スペクトル分布ともいう）によって決まる。分光分布とは，人間の目が知覚できる可視域の各波長に対する光源からの放射量の分布のことである。

図1に代表的な光源の分光分布を示す。いずれも見た目にはほぼ同じ光色の光源であるが，発光原理の違い（12参照）によって，分光分布は大きく異なる。白熱電球の光は，太陽光と同じく物体の燃焼による発光であり，連続した分光分布をもつのが，他の人工光源と異なる最大の特徴である。一方，蛍光ランプやLEDといった人工光源の多くは，離散的な分光分布をもつ。光放射をどの波長で出すよう設計するかによって，光源の効率や演色性が決まる。

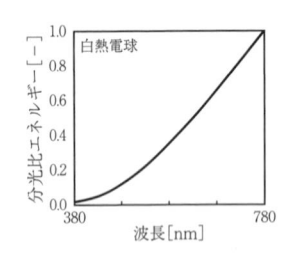

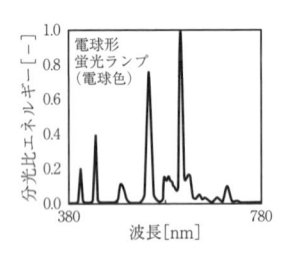

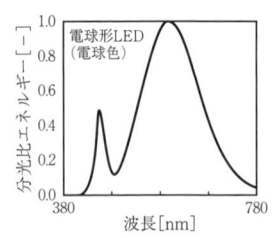

図1 代表的な光源の分光分布

2 — 光源の特徴を表す指標

光源の製品カタログには，光源の特徴を表すさまざまな指標，数値が記載されている。以下に各種指標の意味を説明する。

用　語	定　　　義	単位
発光効率 ランプ効率	光源が発する全光束を光源の消費電力で割った値。値が大きいほど，エネルギー効率の良い光源である。	lm/W
総合効率	放電ランプが発する全光束を放電ランプおよび安定器の消費電力の和で割った値。値が大きいほど，エネルギー効率の良い照明器具である。	lm/W
寿命	光源が使用できなくなるか，または規定された基準によってそのように見なされるまでの総点灯時間。	時間

定格寿命	光源を規定の条件で点灯した場合の，製造業者または責任のある販売業者が公表している光源の寿命。連続点灯試験において，電球では「多数の製品の半数のフィラメントが切れるまでの点灯時間」，放電ランプでは「ランプが点灯しなくなるまでの時間」あるいは「全光束が初期光束の60～70%（ランプの種類による）に下がるまでの点灯時間」として定められる。		時間
全光束	光源がすべての方向に放出する光束の総和。		lm
定格光束	光源を規定の条件で点灯した場合の，製造業者または責任のある販売業者が公表している光源の初期光束。		lm
初期光束	規定された短時間のエージング*の後の光束。		lm
光束維持率	規程の条件で光源を点灯したときの，寿命までの間のある与えられた時間における，光源の光束のその初期光束に対する比。		%
定格消費電力 定格ランプ電力	光源を規定の条件で点灯した場合の，製造業者または責任のある販売業者が公表している光源の電力値。		W
色温度 相関色温度注)	特定の観察条件の下で，明るさを等しくして比較したときに，与えられた刺激に対して知覚色が最も近似する黒体の温度。数値が低いほど赤みがかった，数値が高いほど青みがかった光色となる。		K
演色評価数 平均演色評価数	試料光源で照明したある物体の色刺激値が，その色順応状態を適切に考慮した上で，演色評価用の基準照明光で照明した同じ試料の色刺激値と一致する度合いを示す数値。100が最高値で，値が大きいほど，試料光源下で見る物体の色が基準照明光下で見る物体の色に近いことを意味する。平均演色評価数 Ra は，全色相を網羅する平均演色評価用の8色の演色評価数の平均値で表される。		—

* エージング：ランプの特性を安定させるために特定の条件で初期点灯すること。電球（白熱電球，ハロゲン電球，電球形LED）では点灯直後の，放電ランプ（蛍光ランプ，HIDランプ）では100時間点灯後の特性を初特性として定める。

注）黒体の放射軌跡と色温度，相関色温度

完全黒体の燃焼による光放射の色度は，燃焼温度に応じて図2に示すような軌跡を描く。物体の燃焼による発光の色度は，この黒体軌跡上の点と一致するが，燃焼によらない発光の場合は，黒体軌跡上の点とは一致しない。そこで，当該の発光の色度点を通る等色温度線と交差する黒体軌跡上の点に相当する温度を相関色温度として定義する。

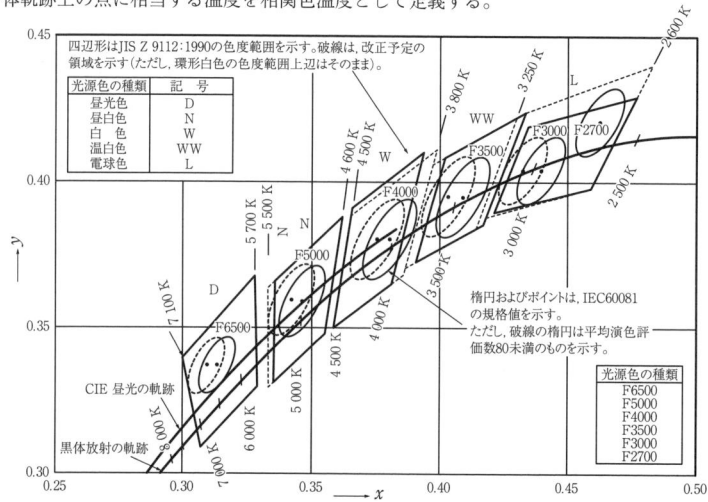

図2　xy色度図上における蛍光ランプの光源色の色度範囲（JISおよびIEC規格）[1]

1) 照明学会編，照明ハンドブック，第2版，p.111，図2.18

12　各種光源の特徴と選択

光源の種類は同じでも，形や大きさ，光色などさまざまである。照明器具の特徴や照明空間の雰囲気に合った光源を的確に選びたい。光源の性能は日進月歩向上している。光源の性能を表す数値については，逐次，各社のカタログをご参照いただきたい。

光源		発光原理	特徴
白熱電球		タングステンフィラメントの燃焼により発光する。	連続した分光分布をもち高演色だが，投入電力の多くが熱となり，効率が悪い。
ハロゲン電球		白熱電球と同様の発光原理であるが，管内の圧力を高めることで，タングステンの蒸発による管表面の黒化現象を防ぎ，光束低下を改善している。	寿命期間中の光束の低下が少ない。白熱電球に比べ，高効率，長寿命である。
蛍光ランプ		管内に封入された水銀原子と通電によって電極から放出された電子が衝突，水銀原子が電子のエネルギーを受けて紫外線を発生。管内壁に塗布された蛍光物質が紫外線を受けて可視光線を発生する。蛍光体の組合せ種類によってさまざまな光色がつくられる。放電の際の電極間の圧力のかけ方によって，スタータ形，ラピッドスタート形，高周波点灯(HF)方式に分けられる。	電球形，コンパクト形，直管形，環形がある。点滅回数が増えるほど，寿命が短くなる。周囲温度が低すぎても高すぎても寿命は短く，効率も落ちる。一般に周囲温度20〜25℃で最も効率が良い。電源周波数に適合した安定器を使用する必要がある(電子安定器(インバータ)は50Hz・60Hz共用)。
HIDランプ	メタルハライドランプ	蛍光ランプと同様の発光原理だが，蛍光ランプに比べ，管内の水銀原子の密度と温度が圧倒的に高いため，種々の発光スペクトルをつくることができる。管内が高温になり安定して発光するまで数分程度要し，消灯後も再点灯までに時間を要する。	高効率 高演色
	高圧ナトリウムランプ		HIDランプの中でも最も効率が良く，長寿命である。
	水銀ランプ		高出力 高効率
LED		Light Emitting Diode(発光ダイオード)のことで，P型半導体とN型半導体を接合した構造である。電圧をかけることで，N型半導体の電子とP型半導体の正孔がぶつかり，再結合することで，電子が保有していたエネルギーの一部が光として放出される。白色光の作り方としては，青色LEDに黄色蛍光体を組み合わせる方式，紫外LEDに赤・緑・青の蛍光体を組み合わせる方式，赤・青・緑の3つのLEDを混ぜ合わせる方式がある。	LEDチップの光は指向性で，LEDチップを内包するカバーによって光の拡散特性が決まる。配光角が狭いものは，半直接・半間接照明に不向きである(13参照)。点滅による寿命劣化が起こらず，即時点灯する。頻繁に点滅する場所，調光制御に適している。温度上昇により効率が低下する。紫外放射，赤外放射がほとんど出ない。

定格ランプ電力[W]	総合効率[lm/W]	寿命[時間]	白色光の相関色温度[K]	平均演色評価数Ra	主な用途
5～100	2～18	1,000～5,000	2,600～3,150	100	一般照明 装飾照明 街灯照明 投光照明
9～1,500	6.8～24	50～4,000	2,800～4,500	100	一般照明 スポット照明 (店舗・美術館・ショールーム) 非常灯用
4～110	24～105	3,000～18,000	2,800～7,200	60～99	一般照明
37～2,000	86～122	6,000～18,000	3,000～6,000	70～96	店舗照明 スポーツ照明 街路灯 道路照明
50～940	90～146	6,000～48,000	2,050～2,800	25～85	一般照明 (一般の高圧ナトリウムランプは演色性を重視する空間には不向き)
40～1,000	20～273	6,000～12,000	3,300～5,800	14～58	投光照明
4～25	32～100	30,000～40,000	2,700～5,000	70～90	一般照明 特にランプ交換が困難な場所に有効

光環境

13　配光と各種照明方式

光源は単体で使用されることは滅多になく，照明器具に取り付けて使用されるのが一般的である。空間内をどのように照らしたいか，または視対象物をどのように見せたいかによって，照明器具からの光の広がり具合（配光）を考慮し，照明方式を決定，照明器具の配置を計画する。ここでは，各種照明方式について説明する。

1 ── 照明器具の配光を知る

　光源あるいは光源を照明器具に取り付けた際に，光源あるいは照明器具からどの方向にどれだけの強さの光が放たれるかを，角度に対する光度（02参照）の分布で表したものを配光という。図1に配光データの一例を示す。配光は，照明器具を各断面から見たときの鉛直方向の角度と光度の関係で表され，これを図にしたものが配光曲線として表される。配光データは，照明器具と適用ランプの組合せごとに照明メーカーから提供される。電球形の光源のように，どの方向から見ても等しい断面形状をもつ場合は，ある一つの断面について配光が測定されるが，直管型ランプのような光源を用いた照明器具の場合は，見る断面方向によって配光が異なるため，短手方向，長手方向とその中間の3つの方向について配光データが提供される。

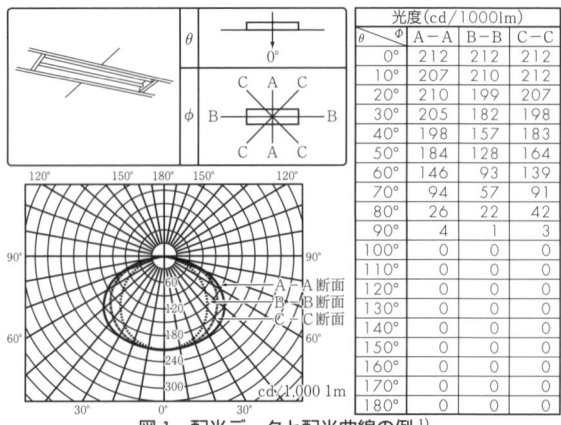

θ＼Φ	A-A	B-B	C-C
0°	212	212	212
10°	207	210	212
20°	210	199	207
30°	205	182	198
40°	198	157	183
50°	184	128	164
60°	146	93	139
70°	94	57	91
80°	26	22	42
90°	4	1	3
100°	0	0	0
110°	0	0	0
120°	0	0	0
130°	0	0	0
140°	0	0	0
150°	0	0	0
160°	0	0	0
170°	0	0	0
180°	0	0	0

光度(cd/1000lm)

図1　配光データと配光曲線の例[1]
（埋込み形照明器具，高周波点灯方式蛍光ランプ2灯用）

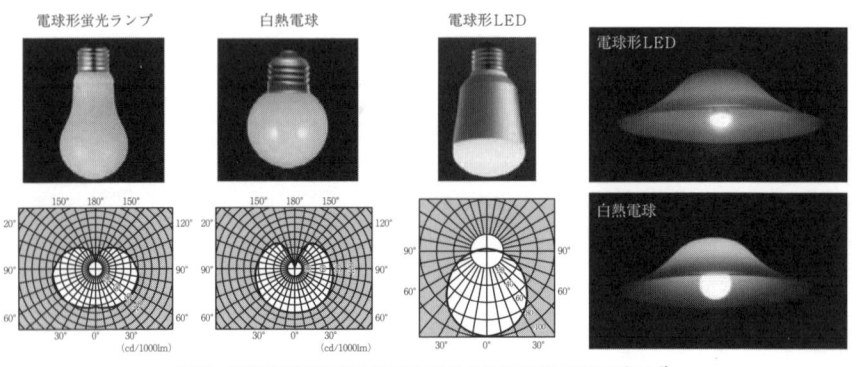

図2　各種電球形光源の配光曲線と照明器具装着時の違い[2]

図2(口絵参照)は，各種電球形光源の配光曲線である。蛍光ランプは管内壁に塗布された蛍光物質から可視光線が発せられるため，ガラス管の両肩から上方へも光が放射される。白熱電球も，タングステンフィラメントからの散乱光によって全方向に可視光線が放出される(図2の例では，ガラス管表面の仕上げによっても拡散される)。ところが，電球形LEDの場合は，LEDチップからの光自体は直進性のため，LEDチップの向きやLEDチップを内包するカバーの拡散特性，形状に配慮しない限りは，指向性の強い光源になる。

　図2の右側は，白熱電球と電球形LED(配光曲線はともに図2に示すもの)を同一の照明器具に取り付けた場合の照明器具からの光の広がり具合を比較したものである。照明傘が反射板の役割をするが，配光角の狭い電球形LEDを用いた場合は，上方への光放射がないため，照明器具からは下方向の光のみが与えられることになり，天井面への光の照射がなく，室全体が陰鬱になりがちである。照明器具の形状・特性に合った光源の選択が重要である。電球形光源の配光角は，**表1**のように分類される。

表1　電球形光源の配光角*((一社)日本電球工業会)

全般配光形	準全般配光形	広角配光形	中角配光形	狭角配光形
180度以上	90〜180度	30〜90度	15〜30度	15度未満

＊配光角(ビーム角)：最大光度の1/2の光度になる広がりの角度

2 ― 照明方式の分類

　照明器具の配光により，照明の効率と室内の雰囲気は左右される。照明器具からの光が作業面に直接到達する割合が大きいほど，エネルギー効率は良い。逆に，照明器具からの光が直接作業面に到達する割合が少なく，作業面以外に到達した光が各面で反射され照明する場合は，エネルギー効率は落ちるが，室内表面での拡散反射による間接光で空間全体が照明されることになり，柔らかい雰囲気をつくることができる。

　表2に作業面への光の到達割合による照明方式の分類をまとめる。

表2　照明方式の分類

光の到達割合	直接照明	半直接照明	全般拡散照明	半間接照明	間接照明
作業面	90〜100%	60〜90%	40〜60%	10〜40%	0〜10%
非作業面	0〜10%	10〜40%	40〜60%	60〜90%	90〜100%

エネルギー効率　高 ← → 低
拡散性　小 ← → 大

1) 東芝ライテック(株)東芝照明器具配光データシート(SHEET No.A1163001)
2) 東芝ランプ総合カタログ

14　照明方式の分類と照明器具

室内のどの部分をどのように照明したいかによって，使用する照明器具は異なってくる。照明する範囲による照明方式の分類，さまざまな照明方式，照明器具を紹介する。

1 ― 全般照明と局部照明

　室内のどのエリアを照明するかによって，照明方式は全般照明と局部照明の2種類に分類することができる。

　全般照明とは，室全体を均一に照らすように設計した照明のことであり，局部照明とは，比較的小さい面積や限られた場所を照らすように設計した照明のことである。全般照明では，比較的広い配光角をもつ照明器具を空間全体に均等に配置することになる(15参照)。局部照明では，照明対象部位に集中して，配光角の比較的小さい照明器具を設けることとなる(16参照)。

　作業空間では，タスク・アンビエント照明(Task and Ambient Lightingを略してTALということもある)と呼ばれる方式で，視作業を行うための局部照明(タスク照明)と作業領域周辺を照らすための照明(アンビエント照明)を併用することがある。タスク・アンビエント照明では，アンビエント照明のレベルを低めに設定し，不足する必要照度はタスク照明によって確保することで，省エネルギー化が図れるだけでなく，作業に集中できるなど，作業者の心理面でも有効であることが知られている。

2 ― 建築化照明

　天井や壁などの建築部位と一体化した照明方式を「建築化照明」という。以下に代表的な建築化照明の方式について記す。

名　称	定　義	外　観
ルーバー天井	ルーバーを天井にほぼ連続した面となるように張り，その上部にランプを配置した照明方式。	
光天井	透明プリズムまたは拡散透過性の透光パネルを，天井にほぼ連続した面となるように張り，その上部にランプを配置した照明方式。	
コーニス照明	壁に平行に遮光帯を取り付けてランプを隠し，壁面を照らす照明方式。	
コーブ照明	棚またはくぼみで隠したランプによって，天井面と上部の壁面とを照らす照明方式。	

| システム天井 | 建築モジュールを考慮して，天井面に各種設備機器（埋込み形照明器具，空調吹出し口，火災報知器，スピーカなど）を合理的に配置するようにしたシステム。 | |

3 ― 照明器具および構成要素

取付け方法による照明器具の分類と，頻繁に使われる器具を以下にまとめる。

名 称	定 義	照明器具の例	
埋込み形照明器具	建造物にその全部または一部を埋め込む照明器具	ダウンライト	天井に埋め込まれる小形で狭配光の照明器具
直付け形照明器具	建造物の表面に直接取り付ける照明器具	天井灯（シーリングライト）	天井面に取り付ける構造をもつ照明器具
		ブラケット（壁付け形照明器具）	壁，柱などに取り付ける照明器具
		スポットライト	発光部の口径が小さく（0.2m以下），ランプを装着したとき，ビームの開きがごく小さい（20度以下）投射器
吊下げ形照明器具	建造物からコード，鎖，パイプなどで吊り下げる照明器具	ペンダントライト	天井からコードやチェーンで吊り下げる照明器具
移動灯器具，可搬型照明器具	電源に接続したまま，一つの場所から他の場所へ容易に動かすことができる照明器具。電源に接続するための差込みプラグをもち，手で容易に取り外せる装置で固定する器具も含む。	（卓上）スタンド	家具などの上に置く移動灯器具
		フロアスタンド	床に置く移動灯器具で，高い支柱をもつもの

光環境

15 照明器具の配置計画(光束法)

複雑な室の形状，内装の反射特性，照明器具の配光・配置を考慮し，室内各点にどのように光が分配されるかを正確に知るためには，照明器具と計算対象点の位置関係，ならびに室内各面での光の相互反射を加味して，室全体の輝度分布を求めることとなる。しかし，比較的単純な形状の室を全般照明方式で照明しようとする場合には，光束法によって簡単に精度よく必要な照明器具台数，平均照度を求めることができる。

1 — 光束法

室内各点の照度は，光源から直接届く光による直接照度と，室内表面で反射された光による間接照度の合計値で求められる。照明計算を精度よく行うには，直接照度と間接照度を各々算出すべきであるが，室全体に照明器具を均等に配置し，室全体で均一な照度分布を目指す場合には，光束法で直接照度と間接照度を区別せず略算することができる。

光束法は，ある空間に供給する光の総量を空全体に均等に分配するという考え方で，式(1)のような計算式で行われる。

$$E = NFUM/A \tag{1}$$

E：空間の平均照度[lx]　　　N：使用するランプ数[本]
F：ランプ1本当たりの光束[lm]　　U：照明率[-]
M：保守率(光源の劣化，汚れ具合による補正係数)[-]
A：照明を照らす対象範囲の面積[m²]

照明率Uは，照明器具の配光や対象空間の内装反射率，室の形状によって決まる係数で，表1に示すような照明率表の形で照明器具と適用する光源の組合せに応じてメーカーから提供される。ここで，室指数Kは対象空間の形状から式(2)で求められる。

$$K = \frac{XY}{H(X+Y)} \tag{2}$$

X：室の横幅　　　　　　　　Y：室の奥行
H：設計対象面(机など)と照明器具の間の距離

式(2)中の高さHは，天井高ではなく，照明器具の発光面と設計対象となる作業面の間の距離であることに注意する。

保守率Mは，照明器具の形状や清掃頻度によって決まる係数で，照明率表とともにメーカーからデータ提供される。

2 — 照明器具の配置

式(1)に基づき，設計照度を得るために必要な照明器具台数が求められたら，室全体が均一な照度分布となるよう，照明器具を最大取付け間隔以下で均等に配置する。

表1 照明率表の一例（埋込み下面開放形器具)[1]

反射率%	天井	70						50				30	
	壁	70		50		30		50		30		30	
	床	30	10	30	10	30	10	30	10	30	10	30	10
室指数 K		照明率 $U(\times 0.01)$											
0.6		43	40	33	31	26	26	31	30	26	25	25	25
0.8		51	47	41	39	35	33	40	38	34	33	33	32
1.0		57	51	47	44	40	38	45	42	39	38	38	37
1.25		62	56	53	49	46	44	51	48	45	43	43	42
1.5		66	59	57	53	51	48	55	51	49	47	47	49
2.0		72	64	65	59	59	54	61	57	56	53	54	56
3.0		78	69	72	65	68	61	68	63	64	60	61	60
4.0		82	71	77	68	72	65	72	66	69	64	66	63
5.0		84	73	80	70	75	68	75	68	72	66	68	65
10.0		88	76	86	74	80	73	80	73	79	72	74	70

4950 1m×2灯

最大取付け間隔
A-A 1.5H
B-B 1.3H

保守率 M
良 0.73
普通 0.69
悪 0.61

　図1に示す10m四方の簡単な室を例に考えてみよう。机上面（床上800）を対象面とし，**表1**に示す照明器具で平均照度500lxに設計する際の必要器具台数Nを求める。

$$室指数 K = \frac{XY}{H(X+Y)} = \frac{10 \times 10}{(2.5-0.8)(10+10)} = 2.94$$

　表1の照明率表で，天井の反射率70%，壁50%，床10%の列を見ると，室指数2.0のとき照明率は0.59，3.0のとき0.65であるから，比例配分して室指数2.94のときの照明率を求めると，

　　照明率 $U = 0.646$

となり，平均照度500lxを満たすために必要な器具台数は，

$$N = EA/FUM = \frac{500 \times (10 \times 10)}{(4950 \times 2) \times 0.646 \times 0.69} = 11.3$$

したがって，12台の器具を室全体に均等配置する。最大取付け間隔は，

　　短手方向(A-A) = 1.5H = 1.5×(2.5-0.8) = 2.55m
　　長手方向(B-B) = 1.3H = 1.3×(2.5-0.8) = 2.21m

であるから，例えば**図2**に示すような照明器具の配置案が考えられる。全点灯により過剰となる照度については，調光制御（18参照）で出力を抑え，省エネルギー化を図るのが望ましい。

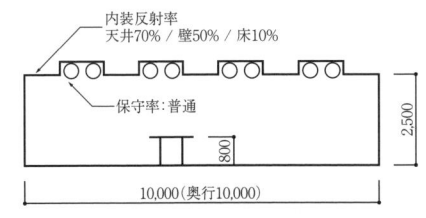

図1　光束法による器具配置検討空間

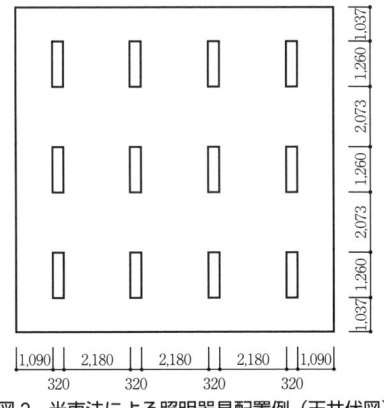

図2　光束法による照明器具配置例（天井伏図）

1) 東芝ライテック(株)東芝照明器具配光データシート(SHEET No.A1163001)

16 室内照度分布の算出法

室の用途，求める雰囲気によっては，室全体が均質であるよりも，局部照明や多灯分散照明などで，あえて明るさが不均一なほうが好まれる場合もある。LED照明も一般的になり，従来の全般配光形以外の光源も多く見られるようになってきた。各種光源，各種照明方式による室内照度分布を算出する方法を学んでおこう。

1 ― 面光源による直接照度（立体角投射率）

光が均等拡散する面光源の場合（均一輝度分布の天空を臨む窓面やシーリングライト，光天井など），計算対象点と面光源の位置関係ならびに面光源の輝度から室内各点の直接照度を求めることができる。

$$面光源による直接照度 E_d = \pi \sum_{i=1}^{n} L_i \times \phi_i \qquad (1)$$

L_i: 光源 i の輝度 $[cd/m^2]$
ϕ_i: 計算対象点から見た光源 i の立体角投射率 $[-]$

長方形光源の立体角投射率 ϕ_i の求め方は，「09」を参照されたい。ここで注意すべきは，立体角投射率は受照点から発光面に下ろした垂線の足を頂点にもつ矩形について求められるということである。つまり，例えば図1に示すような場合，面光源Aについては，受照点から発光面に下ろした垂線の足を頂点にもつ4つの矩形に発光面を分割し，各矩形の立体角投射率を求めた後に全てを合算することで，面光源A全体の立体角投射率を求めることができる。面光源Bについては，受照点から発光面に下ろした垂線の足を頂点にもち，発光面を内包するような矩形を仮に考え，余分な矩形の立体角投射率を加減して面光源Bの立体角投射率を求める。

面光源Aの立体角投射率
$\phi_A = \phi_{A1} + \phi_{A2} + \phi_{A3} + \phi_{A4}$

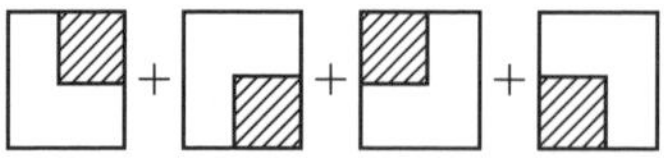

面光源Bの立体角投射率
$\phi_B = \phi_{B1} - \phi_{B2} - \phi_{B3} + \phi_{B4}$

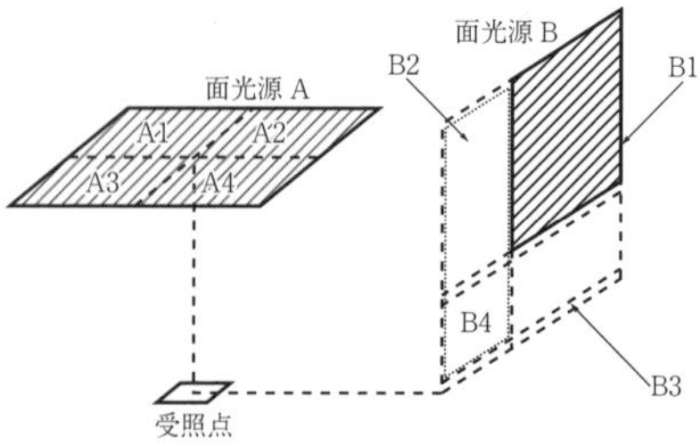

図1 立体角投射率の計算方法

2 — 点光源による直接照度（逐点法）

受照点が受け取る点光源からの放射エネルギーは，点光源と受照点の距離の二乗に反比例して減衰する。これを「距離の逆二乗則」という。

光源と図2のような位置関係にある受照点が受ける光放射の量は，以下の式(2)〜(4)で求めることができる。一般に，光源の直径に対して，その10倍以上の距離が離れていれば，点光源とみなしてよい。光源から受照点への光度 I_θ は，配光データ（13参照）から求められる。配光データは，通常1,000lm当たりの光度で示されているため，光源の光束に応じて光度を算定することを忘れないよう注意する。

$$E_n = \frac{I_\theta}{(r/\cos\theta)^2} \quad (2)$$

$$E_v = E_n \sin\theta = \frac{I_\theta \sin\theta}{(r/\cos\theta)^2} \quad (3)$$

$$E_h = E_n \cos\theta = \frac{I_\theta \cos^3\theta}{r^2} \quad (4)$$

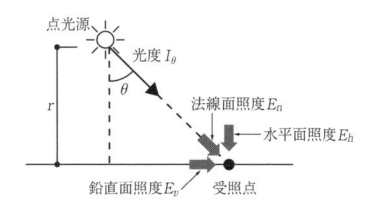

図2　点光源による直接照度

3 — 間接照度（作業面切断公式）

室内の照度には，窓面や照明器具からの直接照度だけでなく，天井・壁・床などの室内表面や什器によって反射された間接照度も加わる。間接照度は室内各表面の反射特性を考慮し，反射面間の相互反射を解いて求める必要があるが，直接照度に比べればその値が小さいこと，分布も比較的均一に近いことから，平均的な値として略算値により求めるのが一般的である。

その際に用いられるのが，式(5)に示す作業面切断公式である。作業空間を作業面より上方／下方の空間に分割し，下方空間へ入射する直接光束 F_1 が，下方空間内で反射されて上方空間へ向かう反射光束 $\rho_{e1}F_1$ と，上方空間に直接入射する光束 F_2 とを合わせて，それらが上方空間内で反射され下方空間へ向かうと考え，間接照度 E_{r1} を算出する。

$$E_{r1} = \frac{\rho_{e2}(F_2 + \rho_{e1}F_1)}{A(1 - \rho_{e1}\rho_{e2})} \quad (5)$$

ここで，

$$\rho_{ej} = \frac{\rho_{mj}A}{S_j - \rho_{mj}(S_j - A)}$$

$$\rho_{mj} = \frac{\sum_{i=1}^{nj} S_{ji} \times \rho_{ji}}{\sum_{i=1}^{nj} S_{ji}}$$

$j = 1\,or\,2$（1：下方空間，2：上方空間）
nj：作業面より上方／下方空間を構成する面の数

図3　室内間接照度の考え方

光環境

17 シミュレーションによる検討

　照明計画を行う際，導入を予定しているシステムが長期に渡りどのような効果を発揮すると見込まれるのか，また，再現が難しい避難時の照明計画を行う際など，シミュレーションによる検討が有効となる。光は唯一目に見える環境要素であり，シミュレーションとCGを併用することで，設計段階でも現実に近い状態を再現し，検討へフィードバックすることができる。ここでは，光環境のシミュレーションに用いる各種データやフリーでダウンロード可能なシミュレーションプログラムについて，いくつかの概略を紹介する。

1 ― 昼光に関する標準データ

　ブラインド制御や外部条件に応じた照明の自動調光制御などを検討する場合，事前にどの程度の省エネルギー効果や照明環境の質改善が見込めるかをシミュレーションで検討することがよくある。しかし，時々刻々と変化する外部環境をあらかじめ推定することは難しい。そこで，長年の実測データに基づく標準的な気象データや理論的な天空の輝度分布のモデル等を用いて，シミュレーションを実行するのが一般的である。昼光に関するデータには，以下のようなものがある。

① 拡張アメダス気象データ[1]

　気象庁の地域気象観測所（アメダス）で観測された気象データの欠測を補充，異常値と判断されるデータを修正し，アメダスで観測されていない日射量，湿度，大気放射量のデータを補充して作成された全国842地点の時別気象データである。各年のデータならびに全年のデータから推定した標準的な標準年データが用意されている。

　昼光に関しては，日射量のデータを直散分離して，全天空照度，直達照度，グローバル照度を算定している。任意の方位の任意の傾斜面における直射日光照度，天空光照度も，太陽位置から算定できる。さらに，145点に分割された天球上の天空放射輝度分布を求めることもできる。

② 標準気象データと熱負荷計算プログラムLESCOM[2]

　昼光シミュレーションプログラムRadiance用に変換された天空輝度分布，直射日光照度の1960年代からのデータが全国66箇所について提供されている。東京の年間を通じた昼光シミュレーションを30分間隔で実施することが可能であり，また，熱環境と光環境を同時に考慮したシミュレーションが実施可能なデータセットとなっている。

2 ― 光環境シミュレーションのためのプログラム

　照明メーカーが独自に開発した照明環境シミュレーションプログラムもいくつかあるが，ここでは，フリーでダウンロード可能な光環境シミュレーションのためのプログラムをいくつか紹介する。

① **Radiance**

　カリフォルニア大学ローレンス・バークレー国立研究所が開発したフリーのソフトで，照度分布，輝度分布を数値と画像の両方で出力可能である。検討対象のモデルは，3次元座標をテキストで入力するか，モデリングソフトを用いて入力し，内装の反射特性はいくつかのタイプの中から選択する。天空条件は，CIE標準天空の中から選択する。

　輝度分布の出力結果から，グレア源がどこに存在するか，さらにグレアの程度を評価することも可能である。照度分布からは，均斉度や年間の昼光利用可能性を検証することも可能である。

② **DIALux**

　代表的な照明器具のデータベースをダウンロードし，使用する照明器具を選択，昼光に関してはCIE（国際照明委員会）による天空輝度分布のモデルを選択し，シミュレートすることで，照明器具の配置計画や照度分布を求めることができる。入力画面と出力結果の一例を図1に示す。ここでは，単純な形状の室について検討した例を示したが，CADと連成することで，より複雑な形状の室の検討も可能である。

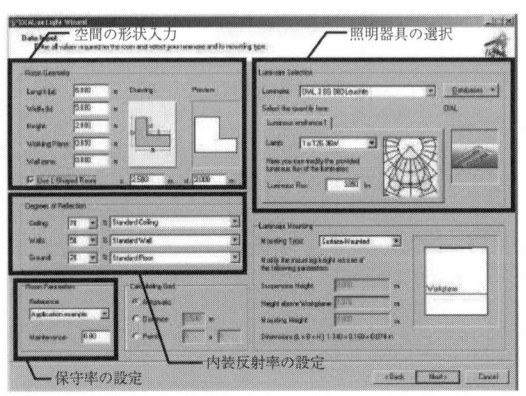

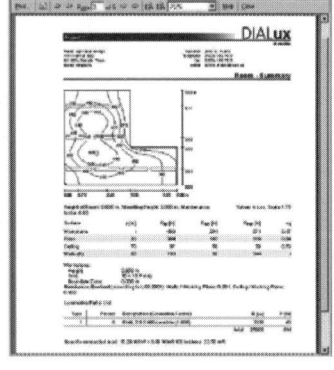

図1　シミュレーションソフトの入力画面と出力結果の例

　実際に人間が感じる明るさや視対象物の見え，グレア評価などは，視対象物と周辺との輝度対比や観察者の目の順応状態によっても異なる（03参照）。人間の目に対する物理刺激である輝度分布を求めることで，人間が感じる明るさやまぶしさの程度を考慮した設計が可能となる。

1）日本建築学会，拡張アメダス気象データ1980-2000
2）武田仁，稲沼實，吉澤望，磯崎恭一郎，標準気象データと熱負荷計算プログラムLESCOM，井上書院，2005

18 照明制御の方法

照明環境は，空間的，時間的に均一である必要は必ずしもない。時々刻々と変化する外部環境に応じて，こまめに制御・運用することが省エネルギーの観点から求められる。また，人間の生理面に関しても，一日を通して同じ照明環境に曝露されるより，時間帯に応じた照度・光色に曝露されることで，睡眠への良い影響があることもわかってきた。制御に適した光源の開発も進み，今後，照明制御は計画上ますます必要不可欠になると考えられる。

1 ― 初期照度補正

照明器具から出力される光束は，点灯時間の経過に伴い低下する。図1に示すような光源自体の発散光束の低下以外に，塵埃などによる照明器具の汚れが原因となる。

図2に，オフィス照明に一般的に使用される照明器具の設計光束維持率を示す。1年間清掃しなかった場合，光源からの出力は約80%まで低下する。通常の照明設計では，光束の低下を見込んだ保守率を考慮して必要器具台数を求めるが（15参照），初期の段階では出力光束は100%であり，照明器具の汚れもないため，過剰な照度設定となる。つまり，維持照度に対して過剰な設定照度となる図3の斜線部分は，余分なエネルギー消費となる。初期照度補正とは，光源の点灯初期の余分な明るさを調光することで，過剰な電力消費を抑える方法であり，蛍光ランプの場合，初期照度補正制御を厳密に行えば，15%程度の照明消費電力が削減可能である。

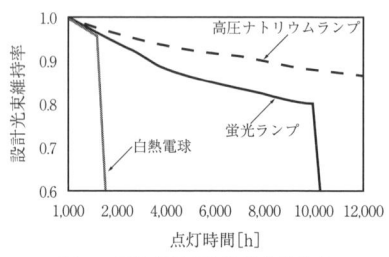

図1 各種光源の設計光束維持率

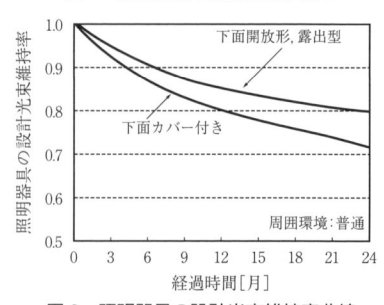

図2 照明器具の設計光束維持率曲線

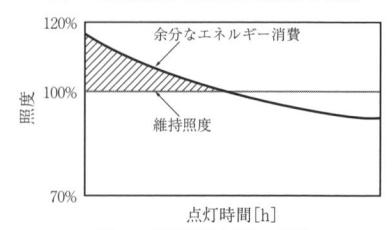

図3 初期照度補正の概念

2 ― 在室検知制御（人感センサ）

在室検知制御は，赤外線センサや超音波センサなどによって，在室者の有無を検出し，自動的に照明の点滅や調光を行う方法である。トイレやロッカー室などで，一定時間，人が不在となった時点で消灯することで，消し忘れ防止対策として利用される。

一般の執務空間でも利用されるが，制御対象箇所の人が不在であっても，周辺で人の往来が頻繁な場合は，消灯判断に至るまでの時間が十分に確保されず，ほとんど点灯したままとなり，想定した省エネルギー効果（20参照）が得られないとの報告もある。空間の利用形態，在室者の行動特性によっては，完全に自動で消灯されることを期待するのではなく，手動による消灯も適切に組み合わせ，無駄な照明点灯を防ぐ取り組みが必要である。

　蛍光ランプは，点灯後，出力が安定するまで数分を要し，また，点滅回数が増えるほど寿命が短くなるが，LEDは点滅による光源の劣化がなく，点灯直後に最大出力となることから，こまめな点消灯に適している（12参照）。

3 ─ 自動調光制御（明るさセンサ）

　人工照明は，夜間に開口部からの昼光の入射がまったく期待できない場合にも対応するよう計画されるが，日中は開口部から十分な昼光照度が確保されていれば，人工照明を必ずしも点灯する必要はない。

　天井面に設置したセンサで，机上面からの反射光の輝度あるいは光束発散度（机上面照度×机上面の反射率）を検知し，机上面照度を推定，維持照度に対する不足照度を補うよう天井照明を自動調光する制御方法がある。センサ直下にあるものの反射率が低い場合（在室者の頭頂部や黒い書類など），センサの検知範囲が狭いと誤感知することがあるので，センサの設置位置や検知範囲に注意する必要がある。

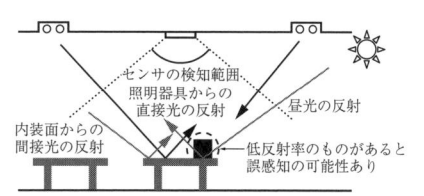

図4　明るさセンサを用いた自動調光制御

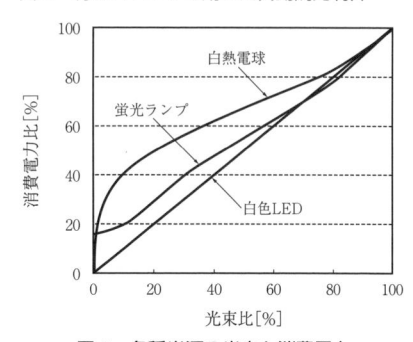

図5　各種光源の光束と消費電力

　空間の照明計画で重要なのは，照度の確保ではなく，あくまでも在室者の明るさ感確保であることから，広範囲の輝度測定が可能なCCDカメラを用いて空間内の輝度分布を測定し，在室者が感じる明るさ感を予測，明るさ感を目標値とした制御手法も開発されている。

　蛍光ランプで調光制御を行う場合，安定器の種類によって調光可能範囲は異なり，約40〜100％のものもあれば，約0.5〜100％で制御可能なものまである。制御下限値が高い器具を用いた場合，必要出力が下限値以下の場合も，下限値での制御となるため，過剰な照度設定となり，想定した省エネルギー効果が得られないことがある。昼光との連動制御を行う場合も，変動が激しいときには，昼光照度が安定するまで制御値が判断できず，こまめな制御がなされないこともある。また，**図5**に示すように，光源によっては，出力に比例して消費電力が削減される訳ではないことにも注意する。

19 照明設計目標となる基準値

照明計画を行う際，設計目標として参照される基準（値）がいくつかある。基準はそれを満たせば十分というものではないが，設計時に検討すべきいくつかの項目に対するものさしにはなる。基準値のもつ意味を正しく理解した上で，設計対象の目標値をどこに設定すべきか，設計者自身が見出す必要がある。

1 ― 照度に関する基準

「03」でも述べたように，作業空間では視対象物が難なく見えるよう，かつ視作業が快適に行えるよう，照明計画を行わなければならない。明視4要素の一つである作業者の順応明るさを照明によって確保することが照明計画の根源的な課題であり，その際，設計目標として検討されるのは，一般に作業面の照度となる。JIS Z 9110：2010「照明基準総則」（以下，JIS照明基準と記す）や労働安全衛生規則などで，視作業の細かさに応じた視作業面の照度推奨値が定められている。

表1に，各基準の照度推奨値を示す。JIS照明基準では，作業領域の基準面（机上視作業の場合は一般的に床上0.8m）における維持照度（照明設備の経年および状態にかかわらず維持すべき照度）を推奨値として定めており，表2に示す照度範囲の中央値が維持照度として示されている。両基準とも，作業内容が細かいほど，作業面照度を高く設計するよう推奨している。

表1　視作業の細かさに応じた照度基準（JIS Z 9110：2010）

JIS Z 9110：2010「照明基準総則」		「労働安全衛生規則」第604条	
基準面の維持照度 [lx]		作業の区分	基　準
超精密な視作業	2,000	精密な作業	300 lx以上
非常に精密な視作業	1,500		
精密な視作業	1,000		
やや精密な視作業	750		
普通の視作業	500	普通の作業	150 lx以上
やや粗い視作業	300	粗な作業	70 lx以上
粗い視作業，継続的に作業する部屋（最低）	200		
作業のために連続的に使用しない所	150		
ごく粗い視作業，短い訪問，倉庫	100		

JIS Z 9110：2010の引用元であるJIS Z 9125：2007「屋内作業場の照明基準」では，31の異なる建物用途における作業内容ごとに維持照度が定められている。設計照度は維持照度を基に定めることとなっており，周辺環境（視作業対象の大きさやコントラスト，

表2　照度段階と照度範囲（JIS Z 9110：2011）

推奨照度 [lx]	照度範囲
200	150～300
300	200～500
500	300～750
750	500～1,000
1,000	750～1,500

あるいは作業時間の長さや作業者の視機能など）に応じて，設計照度の照度段階を少なくとも1段階上下させてもよいとしている。例えば，事務所の事務室については，

JIS Z 9125：2007で，維持照度750 lx（作業領域の基準面の平均照度を500～1,000 lxに維持）となっているが，空間の状況や設計のいかんによって設計照度の段階を±1段階させても，すなわち平均照度が300～1,500 lxとなるように設計すれば，基準は担保していることになる．設計のテクニックによって，低めの照度設定であっても十分な照明環境の質を確保することが期待される．

JIS規格は，国際規格とも整合するように改訂が行われている．国際照明委員会CIE（Commission Internationale de l'Eclairage）が定めた規格のうち，必要と判断されたものがISO規格となり，JIS規格へ反映される仕組みとなっており，ISO規格は5年に一度，見直しが入ることになっている．

2 — 照明環境の質に関する基準，評価システム

照明環境の質に対する要件には，明るさ（明視性）以外に，グレアの回避や色の見えの確保などがあり，JIS照明基準でも建物用途・作業内容ごとに推奨値が定められている．演色性については，使用するランプの平均演色評価数Raで推奨値が規定される．

照明器具のグレアについては，屋内統一グレア評価法UGR（Unified Glare Rating）で推奨値が定められている．UGR式を式(1)に記す．オフィスでは，UGRが19（グレアの程度：気になる）を超えないようにするのが望ましいとされる．

$$UGR = 8\log\left[\frac{0.25}{L_b}\cdot\sum\frac{L^2\omega}{p^2}\right] \quad (1)$$

L_b：背景（順応）輝度[cd/m²]
L：観測者の目の位置から見た照明器具発光部の輝度[cd/m²]
ω：観測者の目の位置から見た照明器具発光部の立体角[sr]
p：各照明器具のGuthのポジション・インデックス（グレア源の位置指数）[−]

屋内環境でグレアをもたらしうるもう一つの光源，窓面については，いくつか評価方法が提案されているが，国際的に統一されたものはまだない．窓面以外にも，発光部の輝度分布が不均一な場合には，グレア源の輝度をどう捉えるかが問題となる．

設計した照明環境が，どの程度の質を担保できているのか，あるいは設計目標値をどのレベルに設定するのかを検討する際，客観的かつ包括的な評価が必要である．建物環境の性能を評価するシステムとして，日本のCASBEE，米国のLEED，英国のBREEAMなどがある．CASBEEでは，窓面グレアの抑制の程度を，**表3**に示すような直射日光制御装置の設置有無により評価する．適切な設計・運用がなされているという前提での評価であり，実際に不快グレアがどの程度回避できているかは判定できない．単に，評価システム上，高得点を得るために設備を選定するのではなく，期待する効果を得るために，適切な設備を選択・設計・運用しなければならない．

表3　CASBEEの昼光制御評価

建物全体・共用部分	
用途	事・学・病・ホ・エ・住
レベル1	何もない．
レベル2	スクリーン，オーニング，庇によりグレアを制御．
レベル3	ブラインドによりグレアを制御．スクリーン，オーニング，庇のうち2種類を組み合わせてグレアを制御．
レベル4	ブラインドに，スクリーン，オーニング，庇のうち1種類以上を組み合わせてグレアを制御．
レベル5	自動制御ブラインドによりグレアを制御．

CASBEE-新築（簡易版）評価マニュアル，2006年版より

20　照明の省エネルギー性能評価

照明設備の運用に係る一次エネルギー消費量は，建物全体の10～30%を占める。照明環境の質をできる限り少ない電力消費で達成するよう，計画に配慮せねばならない。国内並びに諸外国の環境性能評価システムの概要を紹介する。

1 ― 改正省エネ法

　照明エネルギーを量的に規制する法律に，「エネルギーの使用の合理化に関する法律」(通称，省エネ法)がある。2009年に改正され，延床面積300m²以上の建築物全てに省エネルギー措置の届出が求められるようになった。延床面積5,000m²以下の建築物については，照明器具の種類や制御の方式に応じて省エネルギー性能を簡易に評価するポイント法が適用できるが，延床面積5,000m²を超える建築物については，式(1)で定義される照明エネルギー消費係数CEC/L(Coefficient of Energy Consumption for Lighting)を性能基準として示す必要がある。

$$CEC/L = \frac{年間照明消費エネルギー量[kWh/年] \times 電気の一次エネルギー換算値[kJ/kWh]}{年間仮想照明消費エネルギー量[kWh/年] \times 電気の一次エネルギー換算値[kJ/kWh]] \quad (1)$$

　CEC/Lは，値が小さいほど照明施設のエネルギーが効率的に運用されていることを意味し，全ての用途の照明施設で1.0以下にする努力が求められる。具体的には，対象施設で使用される照明器具の入力電力の総和[W]に年間点灯時間[h]を乗じた値をもとに，**表1**に示す照明設備の制御等による補正係数(制御手法の省エネルギー効果率を示す係数)と，照明設備の種類・照度による補正係数(合理性のない照度低下など，照明環境の悪化を伴う安易な照明計画を防ぐ係数)などを勘案して計算する。

　明るさセンサや人感センサを用いた自動制御では係数0.80，すなわち20%の消費エネルギー削減が見込めることとなっているが，適用する室の利用形態，在室者の行動特性によっては，期待される省エネルギー効果が得られないこともあるので(18参照)，過剰評価とならないよう，実態に即した評価が求められる。

　東京都では，延床面積5,000m²以上の新築・増築を行う建築物に対し，建築物環境計画書の提出を義務付けており，その中で，空調，機械換気，照明，給湯，エレベータといった主要設備システムにかかる一次エネルギー消費量の低減率をERR(Energy Reduction Rate)

表1　CEC/Lにおける照明設備の制御等による補正係数

制御の方法	係数
カード，センサ等による在室検知制御	0.80
明るさ感知による自動点滅制御	0.80
適正照度制御	0.85
タイムスケジュール制御	0.85
昼光利用照明制御	0.90
ゾーニング制御	0.90
局所制御	0.90
その他	1.00

で評価することとなっている。

　*ERR*は，基本的に各設備のエネルギー消費係数*CEC*を合算して求められる値であるが，特に空気調和負荷と照明消費エネルギー量については，そのエネルギー利用の効率化を図る設備の採用が重視されている。昼光利用に関しては，ライトシェルフ，アトリウム，トップライト，昼光制御機能ガラスその他の昼光利用効率の向上のための措置が，環境への負荷の低減に高い効果を有するとして評価される。

2 ― 省エネルギー性能評価

　地球規模での環境負荷低減，省エネルギー，省資源が求められている。環境配慮型建築（通称，グリーンビル）の省エネルギー性能ならびに建物を使用する人の快適性への関心の高まりとともに，その環境性能を総合的に評価するシステムが開発されてきた。英国BREEAM，米国LEEDをはじめ，日本でも「建築物総合環境性能評価システム（通称，CASBEE）」が開発され，現在もさまざまなバージョンが整備されつつある。

　これらの評価システムは，その多くが導入した技術に対しポイントを加算する方式をとっているが，同一物件でも，評価するシステムによって，評価ランクに差があることも指摘されている。設備を付加すればするほど高得点となる評価項目もあるが，効果を伴わなければ，設備導入が質の高い環境構築に繋がるとは限らない。評価ランクに一喜一憂するのではなく，求められる性能に応じて，どの評価項目で高得点を目指そうとするのか，取捨選択が重要となろう。

　表2にCASBEEとLEEDにおける光環境に関する評価項目を比較する。CASBEEは竣工時に認証取得するのに対し，LEEDでは竣工後2〜6ヵ月後に認証取得となる。LEEDでは，運用マニュアルの作成や竣工後10ヵ月以降の運用確認も求められており，運用段階の評価がより重視されているといえる。

表2　各種環境性能評価システムの光環境に関する評価項目の比較（一部抜粋）

評価システム	照明環境の評価項目	評価方法
CASBEE（日本）	昼光利用 　 　 グレア対策 照度 照明制御	昼光率（開口部の立体角投射率） 開口部方位 昼光利用設備の設置有無と設置種類数 日よけ装置の設置有無と設置種類数 作業面照度のレベル 制御の有無と制御区分の単位
LEED（米国）	漏れ光への配慮 　 自然採光 　 景色	23：00－5：00の間の50％減光／17時以降は点灯30分以内／電動ブラインドの設置 居室に昼光を導入し，75％以上の部分で昼光照度110lxを確保 居室の90％以上で眺望を確保

第4章

音環境

01　建築の音環境

音は，空気・熱・光とともに建築における重要な環境要素である。その中でも音は，コミュニケーションの手段であることもあって，われわれにとって最も身近で，かつセンシティブな環境要素といえる。同じ音に対しても人の感じ方は千差万別であり，おかれた状況，さらには体調や精神状態によっても大きく変化する。建築における音環境の目指すところは，「良い音・良い響きを創る」こと，「静かな建築空間を創る」そして「周りへ騒音を出さない」ことに集約できる。本書では，実務において知っておきたい音に関わるポイントを取り上げ解説する。

1 ― 良い音・良い響きを創る

　音楽，演劇，映画鑑賞，講演会，会議，それぞれの用途に適した音環境がある。例えば，音楽を愉しむためのコンサートホール等では，豊かで美しい響き，迫力のある音量，空間的な広がり感が求められるとともに，エコー等の音響障害は避けなければならない。「残響2秒」で話題になった日本で初めてのクラシック専用コンサートホールである大阪・ザ・シンフォニーホール（**図1**）は，当時の音響技術を結集し創り上げられた。演劇・講演を用途とする劇場等では，台詞や講話が十分な音量で明瞭に聴衆に届くことが求められ，映画館では，電気音響設備による拡声音を忠実に再現することが求められる。

　音響設計を必要とする物件では，その多くが音響専門家による技術検討が行われるため，専門的な知識を習得する必要は必ずしもないが，音響コンサルタントが何を求めているかを少しでも理解できれば，建築・設備の設計・施工において役立つことも多い。

図1　大阪ザ・シンフォニーホール

2 — 静かな建築空間を創る

コンサートホールに限らず，オフィスや住宅等においても，快適な音環境とは，静かな環境であると捉えられている。ところが，実は，静か過ぎても，うるさ過ぎても問題がある。静か過ぎると，これまでは聞こえなかった非常に小さな音まで聞き取れるようになり，かえって気になってしまう。静かな郊外の窓を閉め切ったRC造の高気密住宅では，あたかも「シーン」という音があるかのような体験ができる。自分の鼓動が気になって寝るに寝られなくなるかも知れない。一方，周りの音がある程度以上の大きさになると，本来欲しい音の情報を得るのに邪魔になる。さらに，地下鉄の車内のようにうるさ過ぎると，コミュニケーションができなくなってしまう。

静かな空間を創るといっても，実は，その建築空間の用途，条件，その他，さまざまな要因に対応した適度な静かさが重要なのである。

3 — 騒音とは

さて，建物の外に目を向けると，道路を自動車が行き交い，線路を列車が走る。空を見上げるとジェット機にヘリコプターが飛び，遠くには煙突から煙を吐く工場が見える。自然を見ると，川が流れ，波が打ち寄せ，風が吹き，雨が窓を叩き，雷の音に驚く。夏には蝉の声，秋にはコオロギが鳴き，犬が吠え，小鳥がさえずる。

一方，建物の中に目を向けると，エアコンの音，テレビの音，話し声，足音や小物が落ちる音，OA機器の音，機械やエレベータが動く音，そして音楽。われわれの周りにはさまざまな音があふれている。

意識せずに使っている"騒音"という言葉には，はっきりとした定義はないようだが，「好ましくない音，無いほうがよい音」と考えてよさそうである。すなわち，音楽も，その音楽が好きな人にとっては心地良くても，関心のない人には雑音であり騒音でしかない。車のエンジン音に陶酔する車マニアもいれば，それを不快に思う人もいる。しかも，それぞれの音が許容されるか否かは，その人の主観に大きく左右されるということを覚えておきたい。

図2　建築の周りの音 [1]

1) 大川平一郎，建築文化11月臨時増刊，デザイナーのための内外装チェックリスト 音と建築性能，彰国社，Ⅷ，図-1-1，1985

02　身近な音～高さ

音に関する基礎知識として，意匠設計者，設備設計者等が知っておきたい事項について簡単にまとめる。計算式等は最低限おさえておきたいものだけに絞った。理論的な根拠，計算式の導出方法等については，専門書等をご覧いただきたい。

1 ― 音波とは

音は，気体・液体・固体など媒質中を波動として伝わる現象で「音波」と呼ばれる。空気中を音波が伝搬する場合，空気の個々の粒子が移動するのではなく，その平衡位置を中心に音波の進行方向と同じ方向に前後運動する。このとき空気粒子の変位が隣の空気粒子に作用し，隣の粒子も前後運動して次々に伝搬していく。ある点では，粒子の疎密が交互にあらわれ，圧力の上下変動を繰り返す（縦波，粗密波）。この圧力の変化を「音圧」という。

このときの粒子の往復運動の1秒間当たりの回数を「振動数」または「周波数」と呼び，一般にfで表記する。単位はHz（ヘルツ）。1秒間に音波の進む距離を「音速」と呼び，一般にc[m/s]で表され，音の波長λとは，$c=f\lambda$の関係がある。なお，空気中の気温t[℃]における音速は，次式で求められる。

$$c \fallingdotseq 331.5 + 0.61t \, [\text{m/s}]$$

常温15℃のときの音速は，およそ340m/sである。ちなみに，水中の音速はおよそ1,500m/s。なお，弦の振動や電磁波は，媒質の振動方向が波の伝搬方向と直角方向（横波）である。

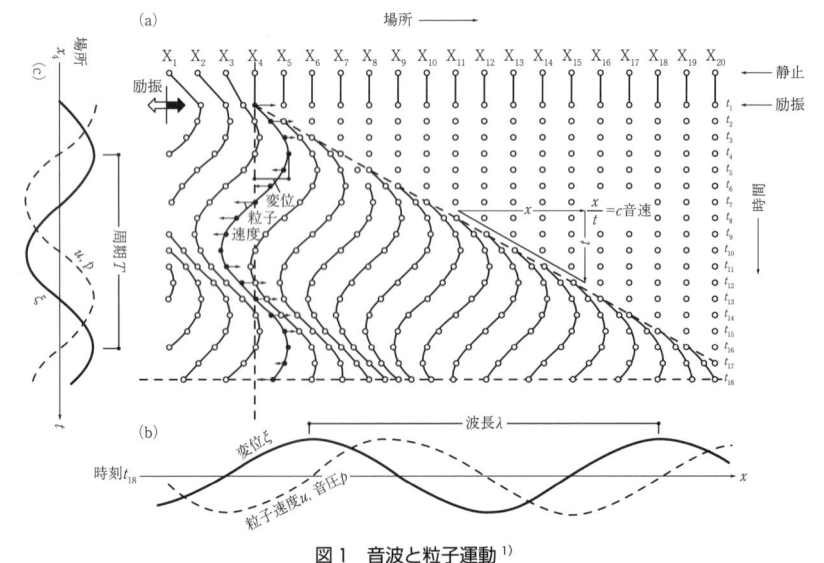

図1　音波と粒子運動[1]

2 — 身近な音の高さ

　われわれの周りには，多種多様な音があふれている。これらのうち，人が音として聴くことができる音の高さ（周波数）の範囲は，およそ20～20,000Hz（20kHzとも表記する）といわれている。身近な音ですぐに思いつくものをあげると，テレビ・ラジオの時報の「プッ・プッ・プッ・ポーン」という音は，低い音が440Hz，高い音は880Hzである。音階でいうと，440Hzはラの音に相当し，周波数が2倍の880Hzとの関係を「オクターブ」という。

　ちなみにピアノの調律で使われる平均律音階は，半音上がるごとに，振動数は1/12オクターブずつ増え，

　　　ド ＝ 440Hz(ラ)×2^(1/12) ＝ 262Hz
　　　ミ ＝ 440Hz(ラ)×2^(4/12) ＝ 330Hz
　　　ソ ＝ 440Hz(ラ)×2^(7/12) ＝ 392Hz

となる。

　音叉の音や口笛のように，単一の正弦波のように聞こえる音は「純音」と呼ばれ，小さなレベルでも聞き取りやすい。ポンプや変圧器でしばしば問題となるのがこの種の音であり，「ブーン」という音は，一度耳につくといつまでも聞こえている感覚になる。

　一方，ラジオやテレビの同調をずらしたときの「シャー」という音は，全ての周波数で同じ強さをもつ不規則変動音であり，「ホワイトノイズ(白色雑音)」と呼ばれる。

　人の声は，男声がおよそ250～1,000Hz，女声はおよそ500～2,000Hzが主成分とされる。ただし人の声は，コミュニケーションの手段であることから，一律ではなく百人百様，同じ人でも体調や情緒によっても大きく変わる。

　ロックコンサートのリズムを刻むベースやドラムス，あるいは和太鼓などの音は31.5～125Hzが卓越する。後述するが，この低周波音が建築の音環境にとって重要な要素となる。

　反対に，一時話題になった公園でたむろする若者たちの撃退やネズミ駆除に使われているのが，「モスキート音」と呼ばれる12kHzを超える高周波数の音で，若者には聞こえて不快でも，聴力の衰えた大人たちには聞こえない(?)音である。

　なお，低周波音とは，およそ100Hz以下を指し，可聴域(20Hz)以下を超低周波音として分類されている。

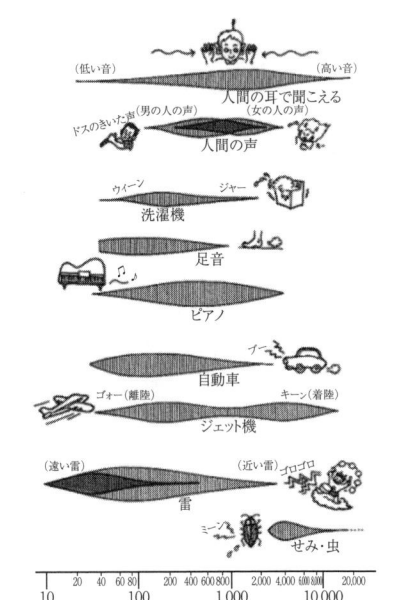

図2　身近な音の周波数[2]

1) 中村泰人ほか，新建築学大系10 環境物理，彰国社，p.229，図5.1，1984
2) 大川平一郎，建築文化11月臨時増刊，デザイナーのための内外装チェックリスト 音と建築性能，彰国社，Ⅷ，図-1-2，1985

03 身近な音〜大きさ

音の強さは物理的な強さで客観的な量を意味するのに対し，音の大きさは主観的な感覚量であり，必ずしも音の強さとは一致しない。ここでは，音の強さと大きさの表し方，その評価量，評価方法について解説する。

1 ― 身近な音の大きさ

音の強さは，通常，音圧で表される。人が感じることができる音圧は，$20\mu Pa$〜$20Pa$（パスカル）とされ，実に10^6の非常に広い範囲に渡る。これを扱いやすくするために，音の強さの強弱を，正常な聴覚を有する人の1,000Hzの純音を聞くことができる最小の音圧$p_0 = 2\times10^{-5}$（Pa）を基準値としてレベル表示したものが音圧レベルL_pであり，次式で表される。単位はdB（デシベル）。

$$L_p = 10\log(p^2/p_0^2) = 20\log(p/p_0)$$

ささやき声の音圧はおよそ0.0006Pa，大音量のロックコンサートの音圧はおよそ6Pa。音圧レベルで表すと，ひそひそ声は30dB，ロックコンサートは110dBと表される。

一方，人の感覚量は刺激強度の対数に比例するとするウェーバー・フェヒナーの法則が，聴覚にも当てはまる。ちなみに音圧レベルが10dB大きくなると，音の大きさの感覚は2倍の関係になる。

音の大きさの感覚はラウドネスと呼ばれ，物理的な音の強さあるいは音圧だけでなく周波数に依存する。1kHzの純音のラウドネスを基準に，周波数を変化させたときのラウドネスが同じになる音圧レベルを示したものが等ラウドネス曲線（図1）である。これは聴覚の感度の周波数特性を示すもので，低い周波数ほど感度が鈍く，4kHz付近が最も感度が高い。

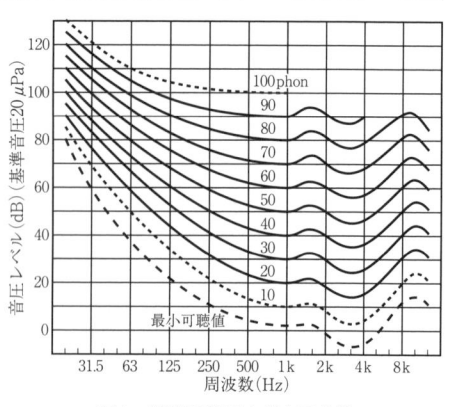

図1　純音の等ラウドネス曲線

2 ― 騒音レベル

実際の環境下では，いろいろな高さ（周波数）のいろいろな強さ（音圧）の組合せを一度に聴いている。騒音の大きさを，人の聴覚の感度の周波数特性（A特性）を重みづけし単一評価量で表したものを「騒音レベル」という。現在，

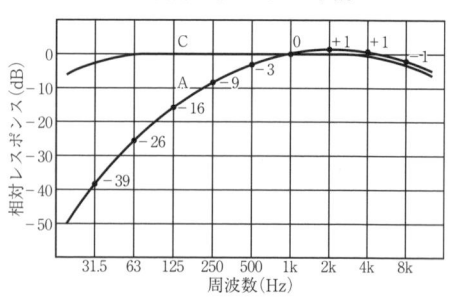

図2　騒音計の周波数補正特性

さまざまな複合的な音の大きさと最も相関が良い評価量として一般的に使用されている。騒音計のA特性は，図2に示すように，等ラウドネス曲線の40phonの曲線をほぼ反転した周波数特性となっている。なお，騒音計のA特性で計測されたA特性音圧レベルの周波数特性を見れば，騒音の大きさに寄与している周波数帯域が確認できる。

3 ― 騒音等級による評価

日本建築学会の遮音性能基準では，基準周波数特性曲線（N曲線）を使用した騒音等級が規定されている。建物および室用途別の室内騒音の推奨値を表1に示す。なお，表中の級は適用等級であり，2級を標準としている。詳細は，『建築物の遮音性能基準と設計指針』（日本建築学会編）を参照いただきたい。

表1　室内騒音の騒音レベルとN値の推奨値[1]

建築物	室用途	騒音レベル(dB)			騒音等級		
		1級	2級	3級	1級	2級	3級
集合住宅	居室	35	40	45	N-35	N-40	N-45
ホテル	客室	35	40	45	N-35	N-40	N-45
事務所	オープン事務室	40	45	50	N-40	N-45	N-50
	会議・応接室	35	40	45	N-35	N-40	N-45
学校	普通教室	35	40	45	N-35	N-40	N-45
病院	病室(個室)	35	40	45	N-35	N-40	N-45
コンサートホール オペラハウス		25	30	―	N-25	N-30	―
劇場・多目的ホール		30	35	―	N-30	N-35	―
録音スタジオ		20	25	―	N-20	N-25	―

4 ― NC値による評価

NC（Noise Criteria）は，主として空調騒音の評価に広く用いられている指標である。計測あるいは予測された評価対象の騒音のオクターブバンド音圧レベル（騒音計の周波数重みづけ特性はFLAT特性）をNC曲線にプロットし，各周波数のNC値のうち最大値を対象騒音のNC値とする方法である。NCは有効な室内騒音評価方法として世界各国で使用されており，室用途ごとに推奨値が提案されている。

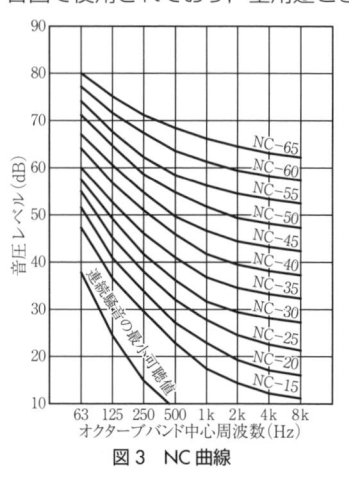

図3　NC曲線

表2　室内騒音のNC推奨値[2]

室の種類	NC数
放送スタジオ	NC-15～20
音楽堂	NC-15～20
劇場(500席，拡声装置なし)	NC-20～25
音楽室	NC-25
教室(拡声装置なし)	NC-25
テレビスタジオ	NC-25
アパート，ホテル	NC-25～30
会議場(拡声装置付き)	NC-25～30
家庭(寝室)	NC-25～30
映画館	NC-30
病院	NC-30
教会	NC-30
裁判所	NC-30
図書館	NC-30
料理店	NC-45
運動競技場(拡声装置付き)	NC-50

1) 日本建築学会編，建築物の遮音設計基準と設計指針（第2版），技報堂出版，p.34，表B.4.4，1997（一部抜粋）
2) 日本建築学会／建築設計計画規準委員会編，設計計画パンフレット4，建築の音環境設計（新訂版），彰国社，p.15，表3-3，1983

04　音の伝搬

音源から放射された音は，媒質中を伝搬する。伝搬経路上に障害物があると，その一部は反射され，一部は障害物中を透過し，あるいはその障害物を回り込んで受音点に到達する。ここでは，音の伝搬について主要な特徴について解説する。

1 ── 距離減衰

一様な媒質の自由空間では，音源から放射された音のエネルギーは，全ての方向に均一に拡がり，受音点に到達するエネルギーは距離とともに小さくなる。これを「距離減衰」という。

① 点音源の距離減衰（図1）

音源の大きさが伝搬距離に対して十分に小さい場合は「点音源」と見なし，音源から放射された音のエネルギーは球面状に拡がる。音源の音響パワーレベルL_w，受音点までの距離rとすると，受音点の音圧レベルL_rは，次式で表される。

$$L_r = L_w - 20 \log r - 11$$

また，音源からの距離r_1，r_2の受音点の音圧レベルの関係は，

$$\Delta L = L_1 - L_2 = 20 \log(r_2/r_1)$$

で表され，倍距離6dB減衰する。

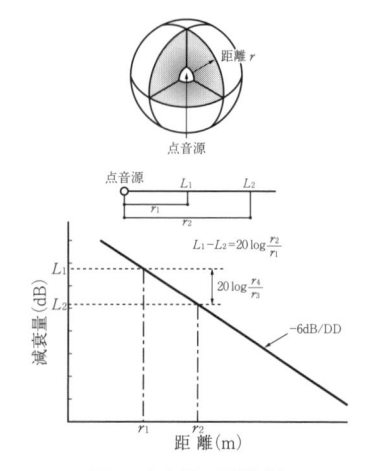

図1　点音源の距離減衰

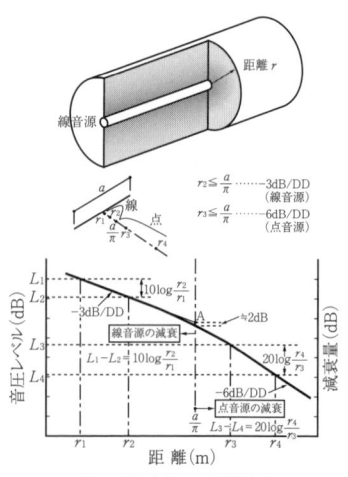

② 線音源の距離減衰（図2）

高速道路や鉄道のように，点音源が線上に並んだものを「線音源」と呼び，放射された音のエネルギーは円筒状に拡がる。音源の単位長さ当たりの音響パワーレベルをL_{wm}とすると，線分から垂線距離r離れた受音点の音圧レベルは，次式で表される。

$$L_r = L_{wm} - 10 \log r - 6$$

垂線の距離r_1，r_2の音圧レベルの関係は，

$$\Delta L = L_1 - L_2 = 10 \log(r_2/r_1)$$

で表され，音源長さをaとすると，距離a/πまでの範囲は倍距離3dBの減衰になる。点音源の場合よりも減衰が小さいので注意が必要である。

図2　線音源の距離減衰

③ 面音源の距離減衰（図3）

工場の外壁やガラリ開口などのように，壁面全体や開口から音が放射されている場

合には，点音源が面上に並んだものと考えることができ，これを「面音源」と呼ぶ。音源の単位面積当たりの音響パワーレベルをL_{wm^2}とすると，面からの垂線距離r離れた受音点の音圧レベルは，次式で表される。

$$L_r = L_{wm^2} + 10\log U - 8$$

$$U = \int_0^{a/r}\int_0^{b/r} \frac{dXdY}{1+X^2+Y^2},\ X=x/r,\ Y=y/r$$

実用的には，Uは，

$$k = 0.727,\ A = a/r,\ B = b/r$$

として次式で近似できる。

$$U = \frac{\pi}{2}\ell n \frac{(A+\sqrt{1+A^2})(B+\sqrt{1+B^2})}{A+B+\sqrt{1+A^2+B^2}+kAB}$$

壁面の短辺長さをaとすると，距離a/πまでの範囲は距離減衰が見込めないので注意が必要である。

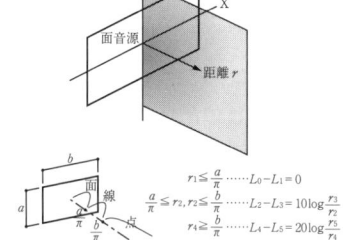

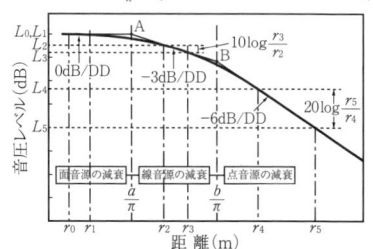

図3 面音源の距離減衰

2 — 障害物による減衰

騒音が屋外を伝搬する場合は，距離減衰のほか，障害物による減衰，空気吸収による減衰，風や気温などの気象条件による減衰，地表面による減衰などが加わる。これらのうち，障害物による減衰の影響が最も大きく，他の減衰項は，通常は無視することができる。

音の伝搬経路上に障害物があると，その音の一部は反射され，一部は透過し，そして一部は障害物を回り込むように伝搬する（**図4**）。音が障壁を回り込む（回折）ことによるエネルギーの減衰を「回折減衰」と呼ぶ。

障壁による回折減衰量は，音源と受音点間の直線距離と，音源から障壁先端の回折点を経由して受音点に至る行路との行路差δから，**図6**により周波数ごとに求めることができる。点音源の回折減衰量は，波長をλとして次式で近似的に求められる。

$$\Delta L \fallingdotseq 10\log(0.2 + 2\delta/\lambda) + 12.5$$
$$\delta = (\ell_1 + \ell_2) - \ell$$

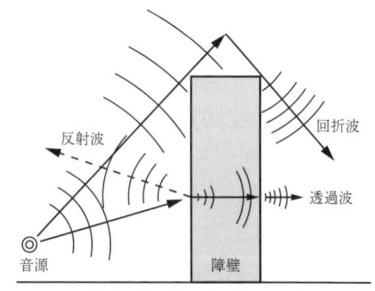

図4 障害物による減衰[1]

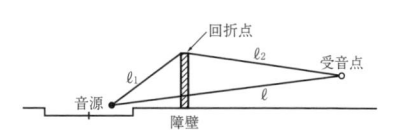

図5 障壁による回折

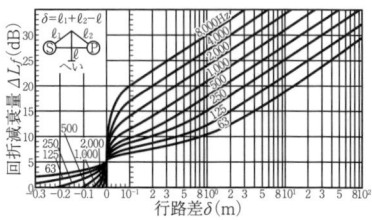

図6 点音源の回折減衰量[2]

1) 音響技術No.100，日本音響材料協会，p.5，図1.10，1997
2) 日本建築学会編，実務的騒音対策指針 応用編，技報堂出版，p.14，図-1.5，1987

05 吸音材料の種類と吸音機構

吸音材料は，コンサートホールの微妙な響きを調整する目的のほか，エコーや残響過多などの音響障害の防止，喧騒感の低減や機械室内の音圧を下げるなどの目的で使用される。ここでは，いろいろな吸音材料の種類と吸音の機構について解説する。

1 — 吸音率

音波が材料に入射すると，図1に示すように，入射した音のエネルギー（E_i）の一部は反射され（E_r），一部は材料の内部で熱となって消費され（E_a），そして残りが透過する（E_t）。このとき，入射エネルギーE_iに対して，反射されなかったエネルギー$E_i-E_r=E_a+E_t$との比，$\alpha=(E_i-E_r)/E_i$を「吸音率」という。

吸音率は，音の入射条件，材料の種類と構成により大きく変化する。

図1 音のエネルギーの収支

2 — 吸音材料の種類と特徴

①多孔質材料

多孔質材料は，最もポピュラーな吸音材料であり，グラスウール，ロックウールなどの無機質繊維，ポリウレタン，スポンジなどの連続気泡の発泡高分子化合物などがある。繊維の隙間や小さな孔の空気の粘性摩擦抵抗，あるいは繊維の機械的振動による熱エネルギーへの変換によって吸音する。身近なところでは，建物の機械室の壁や天井に貼られているのがグラスウールである。また，オフィス執務室や会議室などの天井仕上げに岩綿吸音板が使用されている。

図2 グラスウール

図3 岩綿吸音板

多孔質材料の吸音率は，一般に周波数が高いほど高くなる。また，材料が厚いほど中低音域が，背後空気層が大きいほど低音域の吸音率が高くなる。なお，表面保護仕上げ，塗装などによって高音域の吸音率が低くなるので注意が必要である。

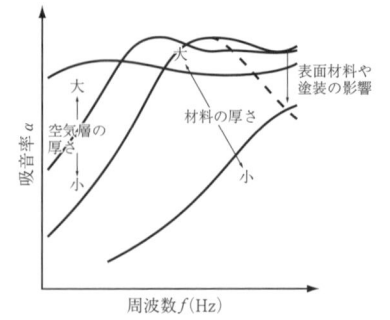

図4 多孔質材料の吸音特性[1]

②板状材料

　背後に空気層を有する板状材料あるいは膜材料に音が入射すると，板が質量，空気層と板の弾性がばねとなり共振する（板振動）。この振動エネルギーは，板の内部損失と取付け部の摩擦抵抗などによって熱エネルギーに変換され吸音される。
　ボード類の板振動の共鳴周波数は，およそ80～300Hzにあり，この周波数付近の吸音率が高くなる。また，板の背後に多孔質吸音材を挿入すると，吸音率がさらに高くなる。板表面の粗さ，凹凸は，高音域の吸音率の増加に寄与する。

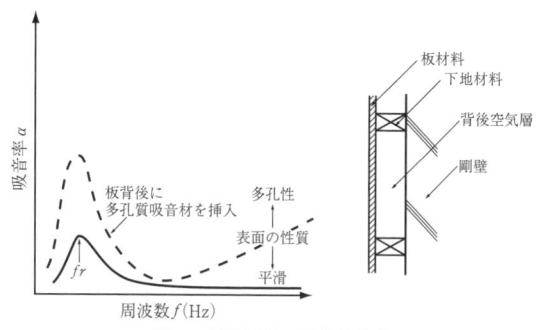

図5　板状材料の吸音特性 [2]

③ヘルムホルツ型共鳴吸収型材料

　ヘルムホルツ型共鳴器（レゾネータ）は，ネック部分の空気を質量，空洞部の空気をばねとした共振系を構成する。共鳴周波数でネック部分の空気は激しく振動し，摩擦によって吸音する。有孔板を剛壁から空気層を設けて設置すると，ヘルムホルツ共鳴器が多数並んだものとみなせる。
　有孔板の吸音特性は，背後空気層，板厚，孔径がそれぞれ大きくなるほど，吸音率の卓越する周波数は低音域に移動する。また，背後に多孔質吸音材を挿入する，あるいは開口率が高くなると，吸音率は高くなる。
　また，リブ壁は，スリット型レゾネータが並んだものであり，意匠性も優れていることから多く使用されている。

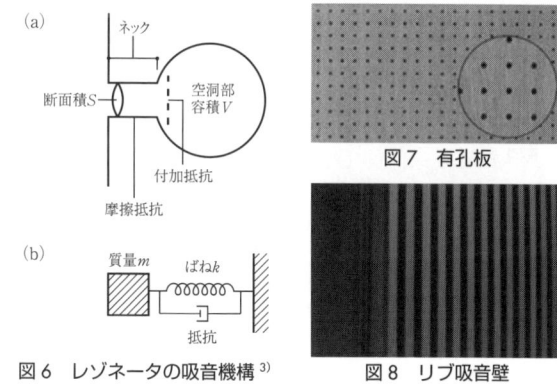

図6　レゾネータの吸音機構 [3]

図7　有孔板

図8　リブ吸音壁

図9　有孔板の吸音特性 [4]

1)～4) 日本建築学会／建築設計計画規準委員会編，設計計画パンフレット4，建築の音環境設計（新訂版），彰国社，pp.56～57，図4-2，図4-3，図4-4，図4-5，1983

06　遮音の機構と遮音性能

さまざまな用途，利用形態が異なる複合施設では，それぞれの施設で使用に支障が出ないように，施設間の遮音性能を確保する必要がある。機械室やエレベータシャフト，または大きな音が発生する諸室に隣接あるいは上下して静けさを求められる室を計画しないことが前提であるが，実際にはなかなか難しいのが実情である。ここでは，遮音の機構と遮音性能の特徴について解説する。

1 ― 質量則

音波が材料に入射すると，図1に示すように入射した音のエネルギー（E_i）の一部は反射され（E_r），一部は材料の内部で熱となって消費され（E_a），そして残りが透過する（E_t）。

このときの，入射エネルギーE_iに対する透過エネルギーE_tの比，$\tau = E_t/E_i$を「透過率」といい，その逆数をレベル表示したものを音響透過損失TLと定義し，次式で表される。

$$TL = 10\log(1/\tau)$$

図1　音のエネルギーの透過

音の波長に比べ十分に薄く，壁が一体となってピストン運動すると仮定すると，壁面に垂直に音波が入射する条件（垂直入射条件）の音響透過損失は，周波数f（Hz），材料の面密度M（kg/m^2）として，次式で求められ，周波数が2倍（オクターブ）になると，6dB音響透過損失は向上する。この性質を「質量則」（Mass Law）と呼ぶ。

$$TL = 20\log(f \cdot M) - 42.5 \text{（dB）}$$

なお，実際の建物の音場条件では，音響透過損失は実用的に次式で近似できる。

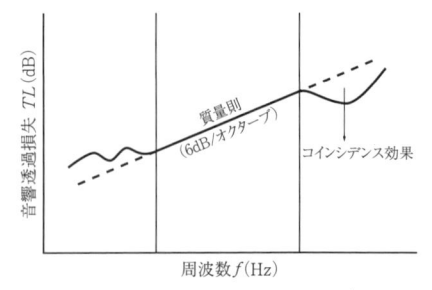

$$TL = 18\log(f \cdot M) - 44 \text{（dB）}$$

図2　単層壁の遮音性能の特徴[1]

すなわち，周波数が2倍，あるいは面密度または厚さが2倍になると，約5dB音響透過損失が向上することになる。

2 ― コインシデンス効果

実際には，質量のほかに曲げ剛性などが関与する「コインシデンス効果」と呼ばれる現象が生じる。これは図3に示すように，入射する音の波長と壁の屈曲振動の波長が一致する周波数（コインシデンス限界周波数）において壁が励振され，音が透過しやすくなることから，透過損失は質量則の値より著しく低下する。

その条件は，空気中の音波の波長λ，音波の入射角θ，壁の屈曲波の波長λ_Bとして，

$\lambda/\sin\theta = \lambda_B$ の関係である。このとき，コインシデンス周波数 f_c は，壁の厚さ h (m)，壁の密度 ρ (kg/m³)，壁のヤング率 E (N/m²)，ポアソン比 σ として次式で求められる。

$$f_c = \frac{c^2}{2\pi h}\sqrt{\frac{12\rho(1-\sigma^2)}{E}} \cdot \frac{1}{\sin^2\theta}$$

すなわち，コインシデンス周波数は，壁の厚さに反比例し，密度の平方根に比例する。

例えば8mm厚のフロートガラスのコインシデンス周波数は約1,500Hz，12mm厚では約1,000Hzであり，厚くなるとコインシデンス周波数は低い周波数へ移行する。

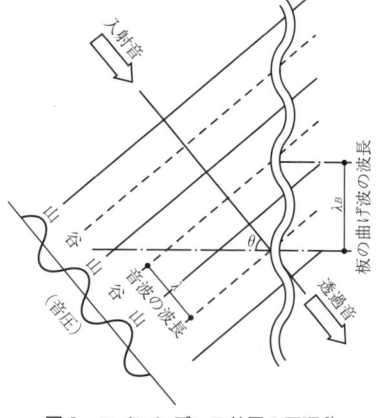

図3 コインシデンス効果の原理[2]

3 ── 二重壁の遮音性能

前項で示したように単層壁の場合は，壁の厚さを2倍にしても音響透過損失はたかだか5dBしか向上しない。一方，二枚の壁を十分に大きな空気層を介して設置した二重壁の遮音性能は，単体の壁の音響透過損失のレベル和になる可能性がある。実際には，二枚の壁の質量が中空の空気をばねとして共鳴する低音域共鳴透過現象による遮音低下が低い周波数で生じる。低音域共鳴透過周波数 f_{rmd} は，中空層の厚さ d(m)，空気の密度 ρ(kg/m³) とすると，次式で表される。

$$f_{rmd} = \frac{1}{2\pi}\sqrt{\frac{\rho c^2}{d}\left(\frac{m_1+m_2}{m_1 m_2}\right)}$$

二重壁の音響透過損失は，低音域共鳴透過周波数 f_{rmd} の $\sqrt{2}$ 倍の周波数付近で，同じ面密度 (m_1+m_2) の単層壁の音響透過損失と同等まで回復し，それより高い周波数では，その音響透過損失よりも大幅に遮音性能が向上する。また，中空層を大きくし低音域共鳴透過周波数をより低い周波数に移行させることで，63〜125Hz以上の周波数に対しても遮音性能を向上させることができる。

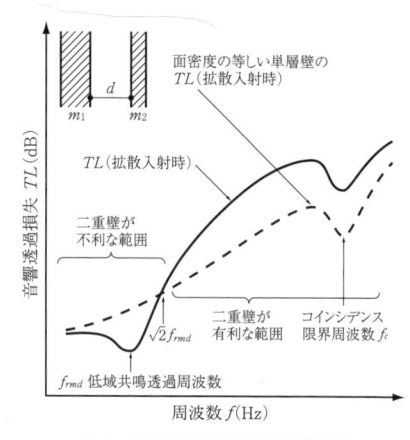

図4 二重壁の遮音性能の特徴[3]

なお，一般には二枚の壁それぞれのコインシデンス効果による遮音低下が生じるが，異厚の壁を組み合わせコインシデンス周波数をずらすことで，遮音低下を小さく抑えることができる。

1), 2) 中村泰人ほか，新建築学大系10 環境物理，彰国社，pp.268-269，図5.55，図5.56，1984
3) 日本建築学会/建築設計計画規準委員会編，設計計画パンフレット4，建築の音環境設計（新訂版），彰国社，p.59，図5-5，1983

07 室内の響き

野外のような自由空間（音場）では，音源から放射された音は拡がり，距離とともに次第に減衰する。これに対して，室内では，音源からの直接音に，壁や天井，床などから反射音が加わり，響きとなる。ここでは，室内における音の振る舞いについて解説する。

1 ─ 残響

　床・壁・天井という境界に囲まれた空間では，音源から放射された音は，周囲の境界面で反射し，その境界面の吸音率相当分の減衰を繰り返しながら伝搬する。音源の音を止めると，響きとなって音は徐々に小さくなる。これを「残響」という。また，室内の全ての点で音のエネルギーの密度が均一で，かつ全ての方向から一様に音が到来する状態を「拡散音場」という。

　拡散音場の仮定のもと，音源からの放射音が定常状態になった後，音源を止めると図1のように音圧レベルは減衰する。定常状態から−60dB減衰するのに要する時間を「残響時間」と定義し，残響減衰曲線の傾きから求められる残響時間は，室内の音響特性を表す指標として最もポピュラーな指標となっている。

　また，残響時間 T は，室容積 V，室表面積 S，平均吸音率 $\bar{\alpha}$ として，次式のセービン (Sabine) の残響式で表される。

$$T = \frac{0.161V}{S\bar{\alpha}}$$

なお，吸音率が大きい場合は，次式のアイリング (Eyring) の残響式のほうが実際に合う。

$$T = \frac{0.161V}{-Sln(1-\bar{\alpha})}$$

　1982年に日本初のクラシック専用ホールとして竣工したザ・シンフォニーホール（大阪）は，「残響2秒」がホールの代名詞となっている。

　残響時間は，室の用途と規模によってその最適値が異なるとされ，図2のような建物用途と500Hzの残響時間の最適値の関係が提案されている。

　なお，残響時間は，材料の吸音率や音響透過損失の測定などでも必ず計測される重要な量である。

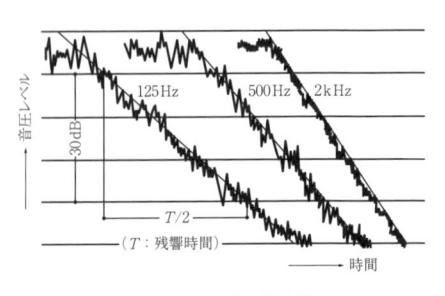

図1　残響減衰曲線[1]

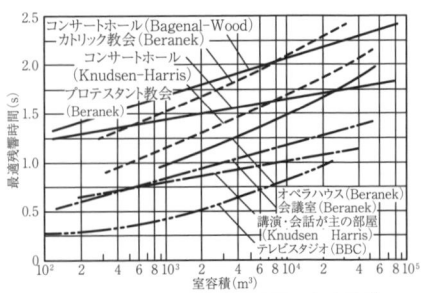

図2　500Hzの最適残響時間と室容積[2]

また，室の内装仕様の選定に際しては，室の用途ごとに平均吸音率の推奨値[1]が目安として示されている。

2 ― 室内の音圧分布

床・壁・天井という境界に囲まれた空間では，音源から放射された音の振る舞いも自由音場とは異なる。

拡散音場を仮定すると，室内にある音源から距離r離れた点の音圧レベルL_rは，音源の音響パワーレベルL_w，室表面積S，平均吸音率$\bar{\alpha}$として，次式で表される。

$$L_r = L_w + 10\log\left(\frac{1}{4\pi r^2} + \frac{4}{R}\right)$$

$$R = \frac{S\bar{\alpha}}{(1-\bar{\alpha})}$$

ここで，Rを「室定数」という。

Rが十分に大きいとき，すなわち平均吸音率$\bar{\alpha}$が大きいときには，

$$L_r \fallingdotseq L_w + 10\log\left(\frac{1}{4\pi r^2}\right)$$
$$= L_w + 10\log r^2 - 11 \quad (1)$$

となり，自由音場の伝搬式と等しくなる。

一方，Rが小さい，すなわち平均吸音率$\bar{\alpha}$が小さいときには，

$$L_r \fallingdotseq L_w + 10\log\left(\frac{4}{R}\right)$$
$$= L_w - 10\log A + 6 \quad (2)$$

ただし，室の総吸音力$A = S\bar{\alpha}$
となり，音源からの距離によらず音圧レベルL_rは一定となる。

音源が複数ある場合は，それぞれの音源に対して評価点の音圧レベルL_{ri}を求め，次式でレベル合成することで求められる。

$$L = 10\log\left(\sum_{i=1}^{n} 10^{(L_{ri}/10)}\right)$$

表1 室用途と平均吸音率推奨値[3]

室の使用目的		平均吸音率
ホール	コンサートホール	0.20〜0.23
	オペラハウス	0.25
	劇場	0.30
	講堂	0.30
	多目的ホール	0.25〜0.28
スタジオ	ラジオ用音楽スタジオ	0.25
	ラジオ用一般スタジオ	0.25〜0.35
	ラジオ用アナウンススタジオ	0.35
	テレビスタジオ	0.40
	録音スタジオ	0.35
その他	音楽鑑賞用リスニングルーム	0.25
	居間兼用リスニングルーム	0.30
	学校教室	0.25〜0.30
	会議室	0.25〜0.30
	事務室	0.30
	宴会場・集会場	0.35
	体育館	0.30

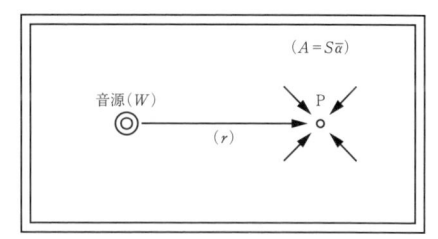

S：室内総表面積　　$\bar{\alpha}$：室内平均吸音率
A：吸音力

図3　室内の音の伝搬

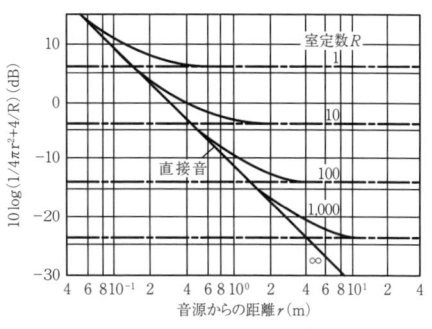

図4　室内の音圧分布[4]

1),4) 中村泰人ほか，新建築学大系10 環境物理，彰国社，p.280，図5.70，p.254，図5.33，1984
2),3) 日本建築学会／建築設計計画規準委員会編，設計計画パンフレット4，建築の音環境設計（新訂版），彰国社，p.10，図2-16，表2-4，1983

08 空調騒音の低減対策

空気調和設備の計画では，空調対象室の室内騒音の低減，空調機械室発生音の周辺諸室への騒音伝搬・固体伝搬音防止，そして屋外設備機器発生音の近隣への騒音伝搬防止に配慮する必要がある。ここでは，空調騒音の低減対策について解説する。

1 ── 送風機の発生音の特徴

空気調和機（AHU）の送風機の発生音は，送風機の風量×静圧^{2}に比例する。送風機の回転数がn_1からn_2に変化すると風量Q，静圧P，発生音レベル変化ΔL_Pは，

風量$Q：Q_2 = Q_1 \times (n_2/n_1)$
静圧$P：P_2 = P_1 \times (n_2/n_1)^2$
発生音$\Delta L_P：\Delta L_P = 10\log\{(Q_2/Q_1) \times (P_2/P_1)^2\} = 10\log\{(n_2/n_1)^5\}$

となり，例えば，回転数(風量)が80％になると，発生音はおよそ5dB低減される。

また，**表1**に示したように，送風機の種類，羽根車とケーシングの形状によって，発生騒音に有利不利があるので，特に静ひつ性を要求される場合には考慮されたい。

表1 各種送風機の特徴[1]

種類	遠心送風機 前向き羽根 多翼送風機 片吸込み・両片吸込み型	遠心送風機 後向き羽根 リミットロードファン 片持ち・両持ち型	遠心送風機 後向き羽根 遠心送風機 (羽根車支持方式)	チューブ型遠心軸流送風機	軸流送風機 プロペラ (有圧扇,換気扇)	軸流送風機 チューブ (ベーン付き)	斜流送風機 ラインファン	横流送風機
羽根車とケーシングの形状								
特性								
風量 (m³/min)	～5,000	～4,000	～5,000	～3,200	～500	～2,500	～900	～20
静圧 (Pa) [mmAq]	50～1,300 [5～130]	200～2,500 [20～250]	300～6,000 [30～600]	200～2,000 [20～200]	0～400 [0～40]	50～1,000 [5～100]	～1,000 [～100]	0～80 [0～8]
効率(%)	35～65	65～85	65～85	35～65	10～50	55～65	65～80	40～50
騒音	②	③	①小	④	④	⑤大	①小	①小
駆動方式	直動，Vベルト駆動，エンジン駆動	同左	同左	直動，Vベルト駆動	直動	直動，Vベルト駆動	直動	直動
風量制御方式	スクロールダンパ制御，吸込みベーン制御，回転数制御	同左	同左	回転数制御	回転数制御	回転数制御，可変翼	通常風量制御は行わない	回転数制御
特徴	圧力曲線の山の左側ではサージングを起こす。風量の増加とともに軸動力が増加するためオーバーロードに注意。小型から大型のものが多種多様あり，一般空調用としては最も普及している。	多翼式風機よりも効率は良い。軸動力はリミットロード特性があり，騒音も低い。高静圧に対応。また，エアホイル型(翼型)もあり，若干効率も良く，騒音も小さい。	リミットロードと同様。軸動力はリミットロード特性がある。エアホイル型(翼型)もある。	軸動力はリミットロード特性がある。エアホイル型が主流であるが，遠心送風機より効率は劣る。	軸流送風機は圧力線の下がりのため大風量時のオーバーロードに注意。	吹込む空気は環状で回転成分を有するのでガイドベーンで整流を行っているものが主流である。設置スペースが遠心型より小さくてすむ。	軸流送風機と類似しているが，圧力線の谷は浅い。動力曲線は全体に平たん。消音ボックス付きもあり，天井裏などに設置しやすい。	羽根車の径が小さくても効率低下は少ない。
用途	低速ダクト空調用，各種空調用，排煙用，一般換気用	高速ダクト空調用，各種空調用，排煙用，一般換気用	同左	中圧・大風量換気，一般空調ではほとんど使われない	換気扇，低圧・大風量ユニットヒータ，小型冷却塔	中圧・大風量換気用，排煙用，大型冷却塔	小風量の換気用	ファンコイルユニット，エアカーテン，小型パッケージ，サーキュレータ

注1) 風量，静圧，効率のそれぞれの値はだいたいの目安である。
2) 騒音の数字は，発生騒音の大きさ(小→大)の順を表している。

2 ― 空調制御方式と発生音

　定風量(CAV)方式は，送風機の出力は一定のまま，風量調整ダンパを絞ることで風量の調整をする方法であり，絞りすぎるとサージングが生じるとともに，ダンパ通過風速が高速になり，擦過音も大きくなるため注意が必要である。対策としては，プーリーダウンにより機械的に送風機回転数を下げ，適正風量になるよう調整する方法がとられる。一方，変風量(VAV)方式は，給気ダクト末端の静圧を監視し，ダンパ開度と送風機の出力を可変する方法であり，インバータにより送風機の回転数を制御することで，サージングを回避するとともに発生音の低減にも寄与している。

3 ― ダクト経路における消音

　空調機送風機から発生した音は，ダクト内を伝搬し，居室の吹出し口または吸込み口から放射される。室内騒音を低減するため，ダクト経路内に消音器を挿入することになる。消音器にはさまざまな型式のものがあり，そのうち代表的なものを**図1**に示す。

　低音域の消音には，消音器の大型化，あるいは共鳴マフラー型の採用が必要になるが，消音効果も限定的であり，コストや設置スペースの制約も多い。

　無理なダクティング，例えば吐出口の直近でチャンバやエルボによるダクト展開を避ける，あるいはダクト内風速を抑えるなど，低周波音の発生要因を作らないように留意する必要がある。また，消音計算で忘れがちなものが，防火区画貫通部の防火ダンパ(FD)であり，その他のダンパも含め擦過音の影響を考慮する必要がある。**図2**に示すように，ダクト系統図をアイソメ化し視覚的にチェックするとエラーを回避できる。

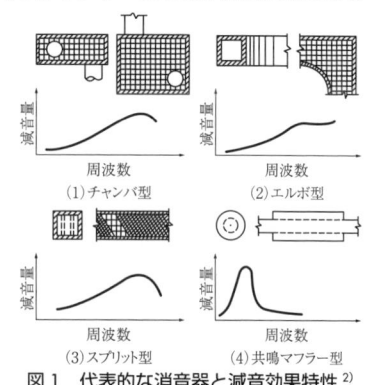

図1　代表的な消音器と減音効果特性[2]
(1)チャンバ型　(2)エルボ型　(3)スプリット型　(4)共鳴マフラー型

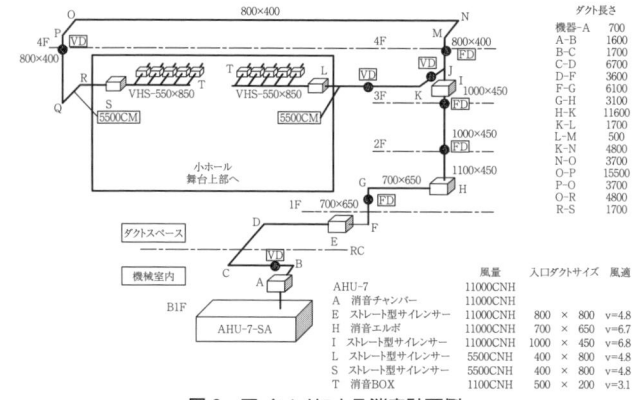

図2　アイソメによる消音計画例

1) 空気調和・衛生工学会編，空気調和設備計画設計の実務の知識(改訂2版)，オーム社，p.197，表5.1，2007
2) 日本建築学会／建築設計計画規準委員会編，設計計画パンフレット4，建築の音環境設計(新訂版)，彰国社，p.41，図5-6，1983(抜粋)

09　設備機械室の遮音対策

さまざまな用途，利用形態が異なる建物では，それぞれの施設の使用に支障がないように，施設間の遮音性能を確保する必要がある。設備機械室やエレベータシャフト，あるいは大きな音が発生する諸室などに，隣接あるいは上下して静けさを求められる居室を計画しないことが原則であるものの，実際は難しい。ここでは，諸室間の必要な遮音性能について解説する。

1 ― 二室間の必要遮音性能の算定

二室間の必要な遮音性能を算定するためには，音源側の設備機械室などの機器の発生音の音響特性を把握すること，受音側の静かさを求められる室の用途・性格に見合った室内騒音目標値を設定し，必要な遮音性能を算定することが重要である。

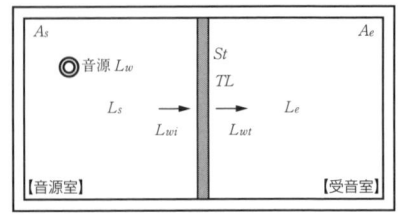

図1　二室間の音の伝搬

二室間の音の伝搬(遮音)は，以下のとおり考えることができる。

①音源室の平均音圧レベルL_sの算定

音源の音響パワーレベルL_w，音源室の吸音力A_sとして，次式で求められる。

$$L_s = L_w - 10\log A_s + 6 \tag{1}$$

②界壁の透過音の音響パワーレベルL_{wt}の算定

界壁の音響透過損失TL，界壁の面積S_tとして，次式で求められる。

$$L_{wt} = (L_s - TL - 6) + 10\log S_t \tag{2}$$

③受音室の平均音圧レベルL_eの算定

音源室の吸音力A_eとして，次式で求められる。

$$L_e = L_{wt} - 10\log A_e + 6 \tag{3}$$

④界壁の必要遮音性能TLの算定

音源室の平均音圧レベルと受音室の室内平均音圧レベルの目標値を設定すれば，界壁の必要遮音性能TLは，次式で求めることができる。

$$TL = L_s - L_e + 10\log S_t - 10\log A_e \tag{4}$$

なお，実際には界壁からの透過音以外に，扉や窓などからの側路伝搬音や床からの固体伝搬音の影響を受けることから，通常1ランク(5dB)程度余裕をもたせた設定とする必要がある。また，実際の遮音設計にあたっては，63～4kHzのオクターブバンドデータを用いて検討することになる。

2 ― 設備機械室の遮音対策

以上を踏まえると，受音室を静かにするためには，以下の対策が効果的であることがわかる。

①音源の発生音低減対策

　低騒音型設備機器の導入，機器本体の防音ケーシング，ダクト系からの放射音の低減対策などが挙げられる。なお，静ひつ性を求められる居室との界壁に近接して，音源となる機器を設置することは避けるのが原則である。

②音源室の音圧レベルの低減

　音源室の音圧レベルを低くするため，音源室の吸音力を増加させる方法も効果があり，機械室の壁・天井の仕上げに，グラスウールによる吸音処理がされることが多い所以である。

　機械室のグラスウール吸音仕上げの面積について，例を挙げて考えてみる。

　機械室の床・壁・天井の仕上げがすべて反射性（吸音率$\alpha=0.1$）とした場合と，床・壁・天井の対向する面の一面のみ，すなわち室表面積の半分をグラスウール吸音処理（吸音率$\alpha=0.8$）とした場合とを比較してみる。

　それぞれの吸音による減音効果は，

$$\Delta_1 = -10\log(S \times 0.1)$$
$$\Delta_2 = -10\log\{(S \times 50\%) \times 0.1 + (S \times 50\%) \times 0.8\}$$
$$\Delta_{2-1} = \Delta_2 - \Delta_1 = -10\log(0.45/0.1) \fallingdotseq -6.5 \text{dB}$$

となり，グラスウール吸音処理による音源室の減音効果は，およそ-6dBになる。

　これは，界壁の遮音性能に置き換えると，遮音等級で1ランク，コンクリートの壁を倍の厚さにしたものに相当する。

　一方，グラスウール吸音処理面積をさらに増やし，床のみ反射性で他の面（約80％）をすべてグラスウール吸音処理としても

$$\Delta_3 = -10\log\{(S \times 20\%) \times 0.1 + (S \times 80\%) \times 0.8\}$$
$$\Delta_{3-2} = \Delta_3 - \Delta_2 = -10\log(0.66/0.45) \fallingdotseq -1.7 \text{dB}$$

となり，さらなる減音効果は-2dB弱にとどまる。

　なお，グラスウールの吸音率は，低音域で0.2程度と小さいため，音源の周波数特性と照らし合わせて検証・確認する必要がある。

③機械室周壁の高遮音構造化

　機械室周壁の遮音性能は，遮音等級Dr-50相当，乾式ボード壁TLD-55（メーカーカタログ）程度またはRC180相当を基本に，機器発生音の大きさ・周波数特性と影響を受ける周辺諸室の用途・性格，要求される室内騒音などから，界壁の遮音性能の目標値を検証する必要がある。

　また，ダクト・配管などの界壁貫通部については，状況により鉛シート貼りなどの遮音・防振処理が必要になる場合もある。

④受音室側の吸音対策

　受音室においても，音源室と同様に内装仕上げを吸音処理とすることで，室内の平均音圧を下げることができる。ただし，意匠性や耐久性など他の要素の制約のため，大きな減音効果が期待できないのが実情である。

音環境

10 遮音性能の評価

遮音性能の評価にあたっては，部材そのものの遮音性能は音響透過損失等級，実際の使用状態における室間の遮音性能は音圧レベル差等級で評価する。ここでは，混同しやすい両者について解説する。

1 ― 音響透過損失等級と室間音圧レベル差等級

①音響透過損失等級 Rr（旧 TLD）

　建築部材の遮音性能は，JIS A 1416：2000「実験室における建築部材の空気音遮断性能の測定方法」によって測定された音響透過損失 R（旧 TL）で示され，部材の部位性能を表す。これを遮音等級の基準周波数特性（D曲線）にあてはめ，全ての周波数帯域において，この基準曲線を上回る最大の曲線の指示値によって示したものを「音響透過損失等級 Rr」という。2000年のJIS改正前までは，TLDと規定され，部材の遮音性能のカタログ値として示されているものと同値である。

②室間音圧レベル差等級 Dr（旧 D 値）

　一方，実際の状況における二室間の遮音性能は，JIS A 1417：2000「建築物の空気音遮断性能の測定方法」によって測定された室間音圧レベル差 D で示し，音響透過損失と同様に D 曲線で評価したものを「音圧レベル差等級 Dr」と呼ぶ。JIS改正前までの D 値で規定されていたものと同値である。なお，遮音等級で評価する場合は，周波数帯域ごとの基準曲線の値より最大2dBまで下回ることが許容されている。

　室間音圧レベル差は，対象としている建築部材以外の扉や窓などからの回り込みや床，天井，壁からの固体伝搬音などの側路伝搬音の影響，受音室の吸音効果などを含んだ空間性能を示すものである。

　一般的に隣り合う室間では，Drは，TLDよりもおよそ1ランク（5dB）低下することから，要求される遮音性能が Dr で示されている場合には，1ランク程度上位の壁仕様を選定するのが目安となる。

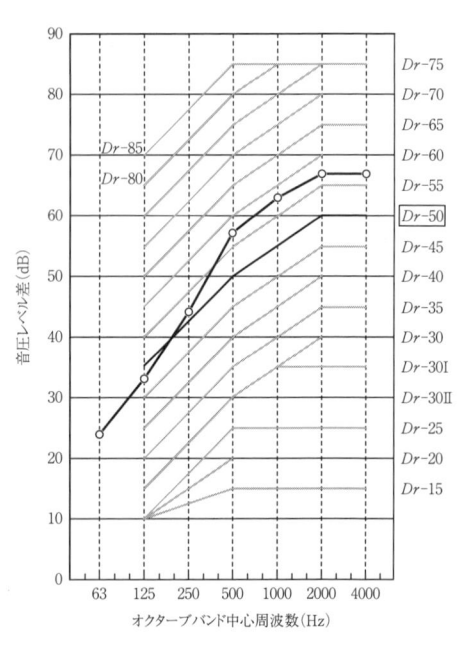

図1　遮音等級の基準周波数特性

③ T等級

ドアおよびサッシの遮音性能については，JIS A 4702：2000「ドアセット」，JIS A 4706：2000「サッシ」でT等級が規定されている。可動部を有することから，1,000 Hz以上の遮音低下を許容した形になっている。

2 — 遮音性能と生活実感

日本建築学会『遮音性能基準と設計指針』では，遮音性能と生活実感の対応，建物および室用途ごとの遮音性能の推奨値を示している。音源の特性により必要遮音性能が変わっていることがわかる。なお，適用等級1級は，学会が推奨する好ましい性能水準である。

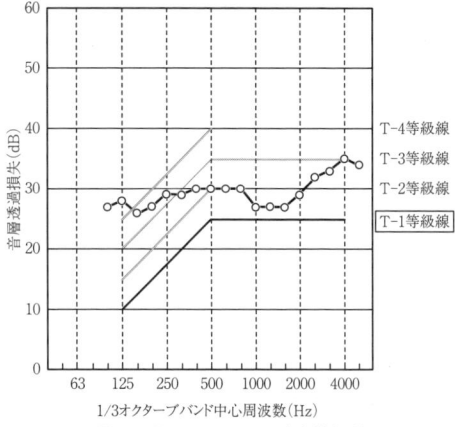

図2 ドア，サッシの遮音等級線

表1 表示尺度と住宅における生活実感との対応例 [1]

	遮音等級	Dr-60	Dr-55	Dr-50	Dr-45	備考
空気音	ピアノ・ステレオ等の大きい音	ほとんど聞こえない	ほとんど聞こえない	小さく聞こえる	かなり聞こえる	音源から1mで，90dBA前後を想定
	テレビ，ラジオ，会話等の一般の発生音	聞こえない	通常では聞こえない	ほとんど聞こえない	ほとんど聞こえない	音源から1mで，75dBA前後を想定
	生活実感，プライバシーの確保	・カラオケパーティー行っても問題ない ・機器類の防振が必要	・隣戸の気配を感じない	・日常生活で気兼ねなく生活できる ・隣戸の気配をほとんど意識しない	・隣戸在宅の有無がわかるが，あまり気にならない	生活行為，気配での例
	遮音等級	Dr-40	Dr-35	Dr-30	Dr-25	備考
空気音	ピアノ・ステレオ等の大きい音	・曲がはっきりわかる	・よく聞こえる	・大変よく聞こえる	・うるさい	音源から1mで，90dBA前後を想定
	テレビ，ラジオ，会話等の一般の発生音	・小さく聞こえる	・かなり聞こえる	・話の内容がわかる	・はっきり内容がわかる	音源から1mで，75dBA前後を想定
	生活実感，プライバシーの確保	・隣戸の生活がある程度わかる	・隣戸の生活がかなりわかる	・隣戸の生活行為がよくわかる	・隣戸の生活行為が大変よくわかる	生活行為，気配での例

表2 室間音圧レベル差に関する適用等級 [2]

建築物	室用途	部位	特級	1級(推奨)	2級(標準)	3級(許容)
集合住宅	居室	隣戸間界壁 隣戸間界床	Dr-55	Dr-50	Dr-45	Dr-40
ホテル	客室	隣戸間界壁 隣戸間界床	Dr-55	Dr-50	Dr-45	Dr-40
事務所	業務上プライバシーを要求される室	室間仕切り壁 テナント間界壁	Dr-50	Dr-45	Dr-40	Dr-35
学校	普通教室	室間仕切り壁	Dr-45	Dr-40	Dr-35	Dr-30
病院	病室(個室)	室間仕切り壁	Dr-50	Dr-45	Dr-40	Dr-35

1),2) 日本建築学会編，建築物の遮音設計基準と設計指針（第2版），技報堂出版，p.6，表A.1，pp.28-29，表B.4.2, 1997

11 近隣の音環境保全

音環境の分野では，環境基本法第16条第1項に基づき，騒音に係る環境上の条件について生活環境を保全し，人の健康の保護に資する上で維持されることが望ましい基準として，環境基準が定められている。著しい騒音を発生する工場，事業所の特定工場等に対しては，騒音規制法により敷地境界線における許容限度として規制基準が定められている。ここでは，建築計画・設計において，これらの規制基準を遵守するための考え方，処方について述べる。

1 ― 騒音に係る環境基準

騒音に係る環境基準は，地域の類型および時間の区分ごとに**表1**の基準値が示されている。道路騒音，航空機騒音，新幹線鉄道騒音については別途規定されている。

騒音の評価は，建物の影響を受けやすい面における騒音レベルによるものとされ，原則，時間区分ごとの全時間を通じた等価騒音レベル$L_{Aeq,T}$で評価するものとしている。

等価騒音レベルは，変動する騒音の実測時間におけるエネルギー平均レベルに相当する。

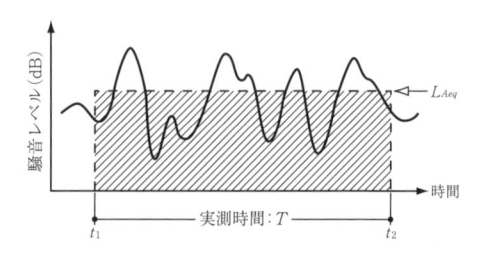

図1 等価騒音レベル（$L_{Aeq,T}$）の概念[1]

表1 騒音に係る環境基準（一般）

地域の区分		環境基準値（$L_{Aeq,T}$）	
		昼間 （6時～22時）	夜間 （22時～6時）
AA地域	特に静穏を要する地域	50 dB	40 dB
A地域	専ら住居の用に供される地域	55 dB	45 dB
B地域	主として住居の用に供される地域	55 dB	45 dB
C地域	相当数の住居と合わせて商業，工業等の用に供される地域	60 dB	50 dB

2 ― 騒音規制法

騒音規制法では，機械プレスや送風機など，著しい騒音を発生する施設を設置する工場・事業場（特定施設）が規制対象となる。また，杭打ち機など，建設工事として行われる作業のうち，著しい騒音を発生する作業が規制対象となっている。

特定施設に該当する機器としては，例えば，出力7.5 kW以上の圧縮機・送風機が該当し，工場だけでなくオフィスや集合住宅なども対象となる。

また，特定施設に該当する場合は，規制対象の機器だけでなく，通常，想定される作業，例えば荷捌き作業，トラックやフォークリフトの走行，設備機器など全ての騒

音源が規制対象となる。

特定施設の敷地境界の規制基準の例を**表2**に示す。なお，規制対象となる区域の区分，時間の区分および規制基準は都道府県，市町村により異なるので，その都度確認する必要がある。

表2　特定施設の敷地境界の規制基準（例）

地域の区分	昼間 8時～18時	朝夕 6時～8時 18時～22時	夜間 22時～6時
第1種区域	50 dB	45 dB	40 dB
第2種区域	55 dB	50 dB	45 dB
第3種区域	65 dB	60 dB	55 dB
第4種区域	70 dB	65 dB	60 dB

測定量は，観測される騒音により以下のとおり規定されている。なお，騒音計の周波数補正回路はA特性，時定数はFASTを使用する。

①騒音計の指示値が変動せず，または変動が少ない場合は，その指示値とする。
②騒音計の指示値が周期的または間欠的に変動し，その指示値の最大値がおおむね一定の場合は，その変動ごとの指示値の最大値の平均値とする。
③騒音計の指示値が不規則かつ大幅に変動する場合は，指示値の90%レンジの上端値とする。

ここで，90%レンジの上端値とは，時間率騒音レベル（L_5）を指し，変動騒音があるレベルを超える時間が全時間の5%に相当するレベルを意味する。

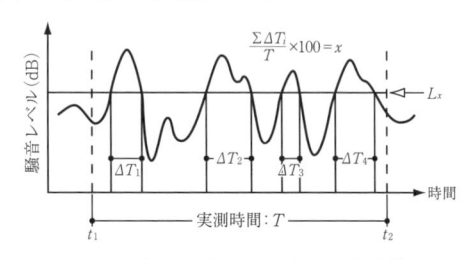

図2　時間率騒音レベル（L_x）の概念[2]

3 ― 敷地境界線上の評価点

騒音規制法では，騒音の評価点は，該当建物だけでなく事業所の全体の敷地境界線とされているが，その高さについては特に規定がない。

一般的には，地上1.2～1.5mの高さとされているが，騒音規制法の本来の目的が近隣地域の生活環境保全であることから，**図3**に示すように，影響を受ける対象と騒音源とを結ぶ直線と敷地境界線上の交点を評価点とすることを求められる場合もある。

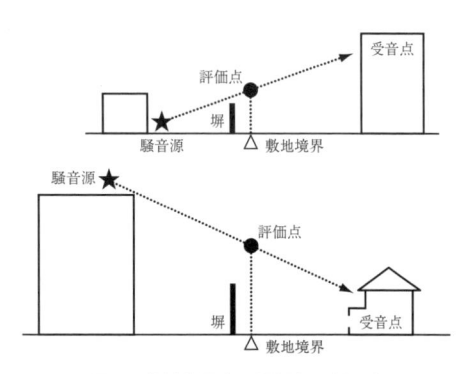

図3　敷地境界上の評価点の考え方

1), 2) 中村泰人ほか，新建築学大系10 環境物理，彰国社，pp.303-304，図5.105，図5.106，1984

12　近隣への騒音伝搬防止対策

　近隣の音環境保全のためには，建築に付随する設備，例えば，屋外に設置される空調室外機や冷却塔，ファン，ポンプなどの発生音，あるいは建物内の生産機械発生音などの外壁や開口部からの透過音，給排気ガラリからの発生音などに対して騒音低減対策を講ずる必要がある。騒音伝搬の予測方法と対策について解説する。

1 ― 音源の指向係数

　音の距離減衰については前項で解説したが，改めて音源の指向係数の考え方について解説する。

　音源の指向係数 Q の考え方として二通りある。

　まず，反射面があると，音源から放射されるエネルギーの拡がりが制約されるとの考え方，すなわち，空中にある点音源から全方向に放射される場合を指向係数 $Q=1$ とすると，床上に音源がある場合は，音源の全エネルギーは半球面に制約され，その方向に放射されるエネルギーは2倍（指向係数 $Q=2$）となる。直交する2平面の入隅部に音源がある場合は，1/4球面に制約され，エネルギーは4倍（指向係数 $Q=4$），そして，お互いに直交する3平面の入隅部に音源がある場合は，1/8球面に制約され，エネルギーは8倍（指向係数 $Q=8$）となる。

　一方，音源から放射された音は，反射面に入射すると，その反射面で正反射する。これを「鏡面反射」といい，鏡に映った音源から同時に音が放射されると考えることができる。この鏡に映った音源を「虚音源」と呼び，反射面の数を n とすると，実音源と虚音源を合わせた数は 2^n 個になる。実音源と虚音源のそれぞれから，距離減衰，回折減衰などを計算し合成すればよい。なお，実用的には，机上計算では，1～2次虚音源までを考慮すればほぼ足りる。

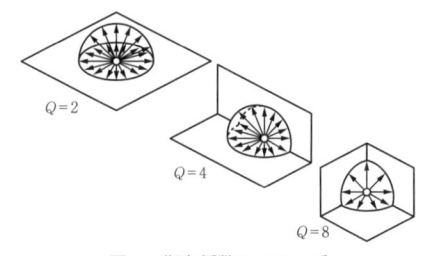

図1　指向係数のイメージ

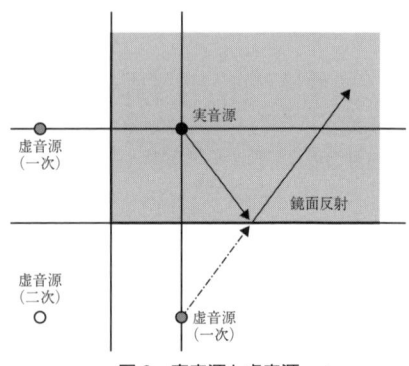

図2　実音源と虚音源

　なお，音源と反射面との距離に対して，評価点までの距離が十分に遠い場合は，反射面の数 $n=0$，1，2，3，…に対して，指向係数は $Q=2^n$ と見なすことができる。

2 ― 設備機械からの騒音伝搬防止

建物の屋上には，空調室外機や冷却塔，ポンプ，排煙ファンなど，多くの設備機器が設置される。

発生音の大きな設備機器は，極力敷地境界から離隔した位置に配置するなど，計画段階から意識した対応が必要である。

図3，4は，冷却塔ファンの騒音低減対策の事例である。近隣の集合住宅から冷却塔が見下ろせる位置にあるため，これを遮るように防音パネルを設置している。特に，冷却塔ファンのショートサーキットを回避するため，のこぎり状に上部パネルを組み立てた仕様としている。

また，図5は，冷却水配管からの発生音に対して，ラギング（配管をグラスウール巻きの上，鉛シート巻き＋保護鉄板）による低減対策事例である。

騒音源となる設備機器と影響を受ける住戸などの位置関係によっては，遮音壁設置による回折減衰効果が期待できない場合も出てくるので，計画段階で周囲の状況を把握することが重要である。

なお，外壁に取りつく給気ガラリ，排気ガラリからの発生音，有圧扇からの発生音の影響も見落としがちである。

ガラリ開口の面積 S_t，敷地境界から外壁面のガラリ位置までの距離 r，敷地境界における騒音規制値 L_r とから，ガラリ近傍における目標発生音レベル L_0 は，次式で求められる。

図3　冷却塔の騒音防止対策

図4　冷却塔の騒音防止対策

図5　管路系放射音低減対策

$$L_0 = L_r - 10\log S_t + 10\log r + 8 \tag{1}$$

実際には複数の騒音源による影響を勘案した上で，ガラリに接続されるファンなどの消音計画を進める必要がある。

13 建物内の固体伝搬音対策

空気中を伝搬してくる空気伝搬音に対して，建築躯体に入力された振動が躯体を伝搬し，伝搬先の躯体や内装仕上げから音となって再放射される現象を固体伝搬音または固体音という。決して大きな音ではないが，非常に気になる音としてクレームとなりやすい。ここでは建築設備に係る固体伝搬音で，特に留意すべき項目を取り上げ解説する。

1 ― 固体伝搬音の要因

固体伝搬音でしばしば問題となる代表的な建築設備について，その要因と特徴を**表1**に示す。ここで取り上げたもの以外にも，歩行音や小物を落とした音などの床衝撃音も固体伝搬音に含まれる。

表1 固体伝搬音の要因と特徴 [1]

設備名	固体伝搬音の要因および聴感的な特徴
空調設備	空調機内のファン，送風機ファンの回転に伴う振動。ダクト内気流の乱れや脈動に伴うダクト振動。
給水設備	ポンプ本体の振動および接続された管路系の振動。「ブーン」という純音性の音で，低レベルでもクレームが生じやすい。加圧給水ポンプ，揚水ポンプ，排水ポンプなどのほか，不定期に作動する消火用ジョッキーポンプなども注意が必要。
排水設備	排水竪管の最下部曲がり管における排水時の汚物の落下，流水に伴う振動。
冷凍機	冷凍機本体および接続ポンプ管路系の振動。
発電機	発電機本体の振動および消音器，煙道からの振動。タービン型はエンジン型に比べ低周波成分は少ない。
受変電機器	トランスの磁励振動。「ブーン」という純音性の音で，低レベルでもクレームが生じやすい。電源周波数の2倍を基本周波数とした整数倍の周波数（東日本100Hz，200Hz，西日本120Hz，240Hz）の音が卓越する。油型トランスは，モールド型に比べ発生音・振動ともに10dB程度小さい。
エレベータ	エレベータのかご，カウンターウェイトのローラーガイドの転動振動に伴う「ゴー」という音。シューガイドがレールの継目を通過するときの「コーン」という衝撃音。機械室に隣接する室では，巻上げ機モータ駆動に伴う「ブーン」という音。
機械式駐車場	駆動装置，スプロケットとチェーンとの接触，ガイドへの衝突による振動。リフトの昇降，パレットの移動に伴う振動。独立架構式，ロープ式の採用など，低騒音・低振動化が進んでいる。

2 ― 防振装置による固体伝搬音対策

固体伝搬音の低減は，設備機器の振動が建築躯体へ伝わらないように，振動している機器（質量）を防振装置（ばね）を介して支持すればよい。このとき，防振系の固有振動数 f_0 は，質量 M，ばね定数 k として次式で表され，質量が増す，あるいはばねが柔らかくなると，f_0 は低い周波数へ移行する。

$$f_0 = \frac{1}{2\pi}\sqrt{\frac{k}{M}} \tag{1}$$

一方，固有振動数と防振効果の関係は，**図1**に示すようになる。防振効果量は，防振材料の減衰比に左右されるが，$\sqrt{2}f_0$から防振効果が現れる。

防振材料としては，防振ゴム，発泡ポリウレタン，コイルスプリング，空気ばね，高密度グラスウール・ロックウールなどがあり，許容荷重と制御可能な固有振動数が異なる。一般的に目標とする固有振動数は，スプリング5Hz，防振ゴム10Hz，グラスウール20Hzであり，防振対象周波数に対して十分な防振効果が得られるよう適正な防振材料を選定する必要がある。

なお，実際の機器稼動時の防振系は，理想的な単振動にならないため，その防振効果は20dB程度を上限として対応するのが望ましい。

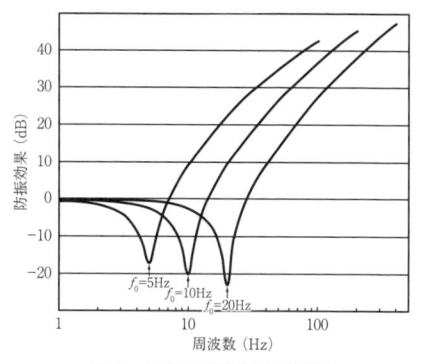

図1 固有振動数と防振効果

3 ― 防振装置支持部の剛性の影響

防振装置の防振効果を確実に発揮させるためには，防振装置の支持床の剛性が必要となる。例として，トランスの防振改修事例を紹介する。

トランスの一般的な防振仕様では，防振ゴムの支持部は，盤底板の形鋼の上に車輪を介して支持されているため，上部荷重に対して剛性が不足し，結果として期待した防振ゴムの効果が得られなかった。そこで，防振ゴムの支持部の剛性を上げる方法として，**図2**に示すように，盤底板下にモルタルを充てんするとともに車輪を撤去し，**図3**のような無垢鋼材上に防振ゴムを設置するよう改修した。その結果，100Hz，200Hzで卓越していたトランス固体伝搬音を10～20dB低減することができた。これは，防振対策全般にいえることであり，十分に配慮する必要がある。

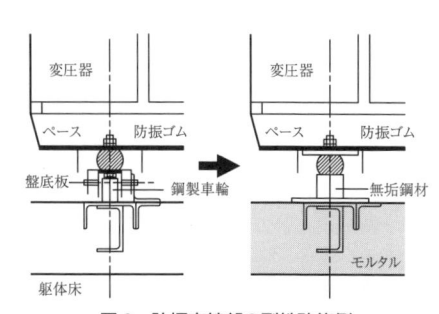

図2 防振支持部の剛性改修例

図3 防振支持部改修例

1) 田野正典ほか，建築と音のトラブル，学芸出版社，p.53，表1，1998(改編)

14 外部騒音に対する遮音計画

集合住宅やオフィス，病院などでは，室内の静ひつ性に対する要求が高くなっている。特に，幹線道路や鉄道軌道に隣接して計画される場合には，計画敷地周辺の環境騒音や道路交通騒音，鉄道騒音など，屋外騒音に対して外装サッシを含む外装材の遮音計画・設計が重要となる。

1 — 外部騒音に対する必要遮音性能の算定

道路騒音や鉄道騒音など，外部騒音に対する外周壁の窓サッシなどの必要遮音性能を算定するためには，外周壁への入射音特性と室内の目標とする静ひつ性能から求めることができる。

特定の外部音源から放射される音は，外周壁面に対してある角度をもって入射すると考えられるが，道路騒音や鉄道騒音などの外部騒音も，外周壁面に対してランダムに入射すると仮定すると，室内の平均音圧レベルL_eは，外周壁近傍の音圧レベルL_{out}，窓サッシなどの外装部材の音響透過損失TL，外周壁部材の透過面積S_t，室内の吸音力A_eとして，次式で求められる。

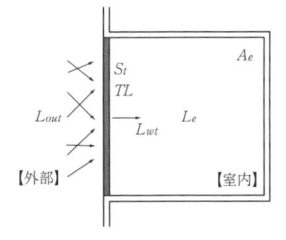

図1 外部から室内への音の伝搬

なお，実際には環境騒音の測定点と計画建物の評価対象室との位置の補正，バルコニーや庇などの有無，給気口からの影響補正などを加えた形で必要遮音性能を算定することになる。

$$L_e = (L_{out} - TL - 6) + 10\log S_t - 10\log A_e + 6 \qquad (1)$$
$$\therefore TL = L_{out} - L_e + 10\log S_t - 10\log A_e \qquad (2)$$

2 — 外部騒音の把握

変動する外部騒音に対して，室内の静ひつ性を確保するためには，外部騒音の特性を把握し，目標とする室内の静ひつ性能から必要な外装サッシの遮音仕様を選定する必要がある。計画敷地周辺の環境騒音データがない場合，あるいは類似物件などから推定できない場合は，事前に環境騒音測定を実施することになる。

65tラフタークレーンを使用すれば，地上約60mの高さまでマイクロホンを揚重できる。タワー型集合住宅のような高層建物を対象とするような場合には，気球を使用して騒音計と録音機を揚重する場合もある。

遮音設計で設定する環境騒音の代表値は，主たる音源が道路騒音であるとき，集合住宅やホテルを対象とする場合は，就寝時間帯の22：00〜翌朝6：00の毎正時から10分間の等価音圧レベル（$L_{eq,10min}$）9データのエネルギー平均値または最大値，オフィスを対象とする場合には，就業時間帯の8：00〜20：00を計測対象とした計測データを採用する。主たる音源が鉄道騒音のときには，列車走行ごとの最大騒音レベル

($L_{A,smax}$)を計測し，複数のサンプルのエネルギー平均値を代表値として採用する。なお，代表値の設定に当たっては，事前に関係者の確認が必要である。

図2 環境騒音測定状況（クレーン揚重，気球揚重）

3 — 外装サッシの選定

外部騒音に対する室内騒音の目標値は，建物の性格，グレードなどにより若干異なるが，主たる音源が道路騒音の場合には，室内騒音レベル40dB（L_{Aeq}），鉄道騒音の場合には，室内騒音レベル50dB（$L_{A,smax}$）がひとつの目安となっている。集合住宅における居室の窓サッシの必要遮音性能の目安を，道路騒音，鉄道騒音のそれぞれの場合について**表1**，**表2**に示す。

なお，サッシの遮音性能が同じ遮音等級であっても，採用するガラスの種類，厚さ，サッシの機構（Fix，引違い，滑り出しなど）やメーカーによって，遮音性能の周波数特性が大きく異なる。また，サッシの気密性の善し悪しも大きく影響するため，施工時の気密性調整が重要となる。

表1 道路騒音に対する窓サッシの遮音性能の目安

室内騒音目標値	外部騒音	必要遮音性能	窓サッシ遮音性能
40dB	60dB	20dB	T-1
	65dB〜70dB	25dB〜30dB	T-2〜T-3
	70dB〜75dB	30dB〜35dB	T-3以上
	75dB〜80dB	35dB〜40dB	二重サッシ

※評価量：等価騒音レベル（$L_{Aeq,10min}$）

表2 鉄道騒音に対する窓サッシの遮音性能の目安

室内騒音目標値	外部騒音	必要遮音性能	窓サッシ遮音性能
50dB	70dB〜75dB	20dB〜25dB	T-2
	75dB〜80dB	25dB〜30dB	T-3
	80dB以上	35dB以上	二重サッシ

※評価量：スローピークの平均値（$L_{A,smax}$）

索引

[あ―お]

アメダス	130
暗所視	99
安全側の判断	21
維持照度	134
一次エネルギー換算係数	49
一次エネルギー消費	48
一次エネルギー消費量基準	45
移動灯器具,可搬型照明器具	125
色温度	119
インバータ	60
インバータターボ冷凍機	60
内断熱	36
埋込み形照明器具	125
エネルギーシミュレーション	57
演色評価数	119
鉛直面日射量	29
オーニング	16
オープン監視制御	67
屋上緑化	15
音の大きさ	144
音の強さ	144
オフセット角	112
音圧	142
音圧分布	153
音圧レベル	144
音響透過損失	150
音響透過損失等級 Rr (旧TLD)	158
音源の指向係数	162
音速	142

[か―こ]

外気取入れ口	26
回折減衰	147
外皮平均熱貫流率	44
外部騒音	166
外壁面太陽光発電	28
拡散音場	152
拡張暖房デグリーデー	47
拡張冷房デグリーデー	47
可視放射	98
かぶせ角	112
環境基準	160
環境騒音測定	166
間接照明	123
気化式加湿器	95
期間COP	61
期間暖房熱量	43
期間熱負荷	21
輝度	101
キャビテーション	92
吸音処理	157
吸音率	148
給水圧力	73
虚音源	162
局部照明	124
距離減衰	146
距離の逆二乗則	129
均時差	105
空調機負荷	20
空調騒音	154
クールビズ	64
グレア	103
グローブ温度	14
蛍光ランプ	118,120
結露判定	34
建築環境性能評価手法	57
建築物の環境効率BEE	50
顕熱負荷	21
コインシデンス効果	150
高圧ナトリウムランプ	120
高効率モータ	62
光井戸	116
光束	100,119
光束維持率	132
光束発散度	100
光束法	126
高調波抑制	90
光庭	116
光度	100
コーニス照明	124
コーブ照明	124
呼水槽	93

固体伝搬音	164
固有振動数	165

[さ―そ]

在室検知制御	132
再生可能エネルギー	62
最大熱負荷	21
最適運転制御	62,66
作業面切断公式	129
サッシの必要遮音性能	167
作用温度	14
残響	152
残響時間	152
残響式	152
シーリングライト	125
直付け形照明器具	125
敷地境界線上の評価点	161
システムCOP	61
システム天井	125
自然エネルギー	62
室間音圧レベル差等級 Dr（旧D値）	158
実効温度差 ETD	41
室内負荷	20
質量則	150
自動調光制御	133
死水対策	68
シミュレーション	130
湿り空気線図	24
遮音性能と生活実感	159
遮音対策	156
遮音壁	163
周波数	142
寿命	118
純音	143
消音	155
蒸気加湿式	24
冗長設計	80
照度	100
照明率	126
ショートサーキット	27
初期照度補正	132
真太陽時	105
振動数	142
水銀ランプ	120

吸込み全揚程	92
水平面全天日射量	29
スタンド	125
スポットライト	125
静圧	88
制振構造	83
静ひつ性能	166
赤緯	106
設計用地震力	82
全圧	88
線音源	146
センサ	132
潜熱回収	61
潜熱顕熱分離	65
潜熱負荷	21
全般拡散照明	123
全般照明	124
増圧直結給水	68
騒音	141
騒音規制法	160
騒音等級	145
騒音レベル	144
相関色温度	119
装置負荷	20
相当外気温度	40
送風機	154
送風発熱	94
外断熱	36

[た―と]

大温度差送水	62
代謝量	16
耐震クラス	82
耐震設計	80
太陽位置図	107
太陽高度	106
耐用年数	79
太陽方位角	106
ダウンライト	125
多孔質材料	148
タスク・アンビエント照明	124
暖房デグリーデー	42
暖房度日	42
暖房プロセス	23

地下水利用・天井放射空調	14		波長	142
逐点法	129		発光効率	118
蓄熱システム	63		ハロゲン電球	120
地中熱利用	63		半間接照明	123
着衣量	16		板状材料	149
中央標準時	105		半直接照明	123
昼光率	114		ヒートポンプ	53
頂側窓	116		光ダクトシステム	116
長波放射率	30		光天井	124
直接照明	123		庇	111
直膨式空調機	58		比視感度	99
吊下げ形照明器具	125		必要遮音性能	156
低音域共鳴透過	151		ピトー管	88
デシカント	63		ビル用マルチエアコン	58
点音源	146		ファンの比例法則	91
天窓	116		フーリエの基本式	38
動圧	88		ブラインド	112
等価温度	40		ブラケット	125
等価騒音レベル $L_{Aeq,T}$	160		フリークーリング	62
			プルキンエ現象	99

[な―の]

[は―ほ]

内部結露	35		プレハブ工法	84
南中	105		プロファイル角	110
二酸化炭素排出係数	49		分光視感効率	99
日影	108		分光分布	118
日射反射率	30		平均演色評価数	103
熱貫流率	32		平均太陽時	105
熱源負荷	20		平均放射温度	14
熱損失係数	43		ペリメータゾーン	46
熱伝導微分方程式	38		ベルヌーイの定理	89
熱伝導率	33		ヘルムホルツ型共鳴器	149
ネットゼロエネルギー	52		ペンダントライト	125
熱負荷	20		変流量制御	62
年間熱負荷係数	44		防湿層	35
			放射空調システム	63
			防振装置	164
			飽和効率	95
			ホワイトノイズ	143

[ま―も]

配管耐圧	72		水噴霧式・気化式	24
配光	122		明所視	99
排熱回収	62		メタルハライドランプ	120
バイパスエア	23		面音源	146
白熱電球	120		免震構造	83
薄明視	99			

免震継手	83

[や―よ]

ユニット工法	84

[ら―ろ]

ライトシェルフ	111
落水防止弁	92
立体角投射率	115
リニューアル	76
ルーバー天井	124
冷却塔	26
冷房プロセス	23
レジオネラ属菌	26
レゾネータ	149

[A―Z]

ASHRAE	18
BACnet	67
BCP	62
BIM	86
BREEAM	137
CASBEE	50, 57, 114, 137
CEC	44
CEC/L	136
COP	60
ERR	136
HIDランプ	120
IFC	87
$IPLV$	61
IPMモータ	62
JIS	103
LCEMツール	57
LED	118, 120
LEED	137
LONWORKS	67
N値	145
NC値	145
$NPSH$	93
PAL	44, 46
PMV	16
PMV制御	17
PPD	16
QMS	85
SAT	40
SAT温度	40
SET^*	18
SHF	23
T等級	159
WTF	62
ZEB	52, 62

著者略歴

垂水弘夫（たるみ ひろお）
1978年　鹿児島大学工学部建築学科卒業（赤坂裕研究室）
1983年　東京工業大学大学院建築学専攻，博士課程修了，工学博士（早川一也研究室）
現　在　金沢工業大学 地域防災環境科学研究所副所長・教授
研究業績　「鉛直面8方位における日射及び太陽光パネル発電データの解析」（日本建築学会・技術報告集（2013）），"Effectiveness of Subterranean Heat Use in Earth Tube Houses, ICRERA (2012)"，「排湿外壁構造の排湿効果に関する基礎的研究」（日本建築学会・環境系論文集（2011）），「ヒート＆クールチューブ住宅の地中熱利用効果に関する調査研究」（日本建築学会・環境系論文集（2010））など．

大立啓之（おおだち ひろゆき）
1980年　東京工業大学工学部建築学科卒業（早川一也研究室）
現　在　三建設備工業（株）東京支店 設計部長
資　格　技術士（衛生工学部門），設備設計一級建築士，エネルギー管理士他

望月悦子（もちづき えつこ）
1997年　早稲田大学理工学部建築学科卒業（木村建一研究室）
2004年　東海大学大学院工学研究科建築学専攻，博士課程後期修了，博士（工学）（岩田利枝研究室）
現　在　千葉工業大学工学部建築都市環境学科 准教授
著　書　日本建築学会編：昼光照明デザインガイド−自然光を楽しむ建築のために−（分担執筆）

買手正浩（かいて まさひろ）
1986年　東京工業大学工学部建築学科卒業（乾正雄研究室）
1991年　東京大学大学院工学系研究科建築学専攻，博士課程修了（橘秀樹研究室）
現　在　大成建設株式会社 設計本部 シニア・コンサルタント
資　格　技術士（建設部門・建設環境），一級建築施工管理技士
業　績　さいたまスーパーアリーナ（さいたま市），こまつドーム（小松市），つどーむ（札幌市），穂の国とよはし芸術劇場プラット（豊橋市），清水文化会館マリナート（静岡市），サンポートホール高松（高松市），クロスエアタワー（目黒区），ザ・タワーズ・イースト（市川市）など．

［再読］実務に役立つ 建築環境工学＋建築設備

2013年4月1日　第1版第1刷発行

・本書の複製権・翻訳権・上映権・譲渡権・公衆送信権（送信可能化権を含む）は株式会社井上書院が保有します．
・JCOPY〈（社）出版者著作権管理機構 委託出版物〉
本書の無断複写は著作権法上での例外を除き禁じられています．複写される場合は，そのつど事前に，（社）出版者著作権管理機構（電話03-3513-6969，FAX03-3513-6979，e-mail：info@jcopy.or.jp）の許諾を得てください．

著　者　垂水弘夫・大立啓之・望月悦子・買手正浩 ©
発行者　関谷 勉
発行所　株式会社 井上書院
　　　　東京都文京区湯島2-17-15 斎藤ビル
　　　　電話(03)5689-5481　FAX(03)5689-5483
　　　　http://www.inoueshoin.co.jp
　　　　振替00110-2-100535
装　幀　高橋揚一
印　刷　美研プリンティング株式会社
製本所　美研プリンティング株式会社

ISBN978-4-7530-1756-0　C3052　　　　Printed in Japan

最新 建築環境工学 [改訂3版]

田中俊六・武田仁・土屋喬雄・岩田利枝・寺尾道仁
A5判・326頁　定価3150円

日照・日射，採光・照明，換気と通風，建築伝熱，湿気・結露，建築音響などを中心に，広範な取扱い分野をもつ環境工学についての基礎知識を，最新のデータに基づき学習環境に即して平易に解説した建築科学生の教科書。

建築環境工学 [演習編]

田中俊六・武田仁・土屋喬雄・岩田利枝・寺尾道仁
A5判・238頁　定価2835円

『最新建築環境工学』の姉妹編。建築環境工学の知識を反復練習することによって効果的に体得できるよう，演習問題を基礎，中級，応用のレベル別に作成し，巻末に模範解答をまとめた，建築系学生のための演習テキスト。

建築環境学テキスト
熱と空気のデザイン

垂水弘夫・石川善美・松原斎樹・永野紳一郎
B5判・116頁　定価2625円

建築環境工学の熱と空気について，必要最低限の知識と環境設計に向けた実践的な能力が身につくよう，実際の建築への応用に即したテーマに沿ってまとめた，建築科学生のためのテキスト。章末には演習問題を収録。

生活環境学

岩田利枝・上野佳奈子・高橋達・二宮秀與・光националь恵・吉澤望
B5判・210頁・二色刷　定価3150円

人の感覚が感知する生活上もっとも基本的な要件である生活環境のあり方と，それを作り，維持する方法について，音，空気，熱，光，水，廃棄物等の要素に分けて，科学的・工学的に平易に解説。章末には演習問題を収録。

最新 建築設備工学 [改訂版]

田中俊六監修　宇田川光弘・武田仁・斎藤忠義・大塚雅之・松本敏男・田尻陸夫著
B5判・332頁　定価3360円

建築科学生に向けた建築設備の教科書として，基礎理論から応用分野までを体系的に扱うとともに，授業に沿った単元ごとに図表や例題をまじえて平易に解説。地球環境・省エネ問題の正しい知識や最新設備まで網羅する。

建築設備実用語辞典 [改訂版]

紀谷文樹・酒井寛二・前島健・伊藤卓治編
A5変形判・428頁・カラー　定価3938円

空気調和設備，給排水衛生設備，電気設備，情報・通信・防災設備と，環境問題を含むこれらの関連領域から，建築現場に即した実用語6300余語とカラー図版約560点を収録した，初学者から実務者まで役立つ本格的設備辞典。

標準気象データと熱負荷計算プログラムLESCOM

武田仁・稲沼實・吉澤望・磯崎恭一郎
A4判・108頁　CD-ROM2枚(函入り)　定価24150円

建物の熱負荷シミュレーションが簡易に行うことができる熱負荷計算プログラムLESCOMと，さまざまな環境予測への対応も可能な各種標準気象データを収録。データの詳細やプログラムの使用方法はマニュアルに掲載した。

* 上記価格は，消費税5%を含んだ総額表示となっております。